普通高等教育"十二五"规划教材

MATLAB教程及实训 第2版

曹弋 ◎ 主编

机械工业出版社
CHINA MACHINE PRESS

MATLAB教程及实训 第2版 曹弋 主编 机械工业出版社

Black 13-12-13 下午4:50

2017
北京区域统计年鉴

北京市统计局
国家统计局北京调查总队 编

中国统计出版社
China Statistics Press

图书在版编目（CIP）数据

北京区域统计年鉴. 2017 / 北京市统计局, 国家统计局北京调查总队编.
—北京：中国统计出版社, 2017.12
ISBN 978-7-5037-8390-6

Ⅰ. ①北… Ⅱ. ①北… ②国… Ⅲ. ①统计资料—北京—2017—年鉴
Ⅳ. ①C832.1-54

中国版本图书馆CIP数据核字(2017)第256839号

北京区域统计年鉴-2017

作　者：北京市统计局 国家统计局北京调查总队
责任编辑：佘竞雄
出版发行：中国统计出版社
地　址：北京市丰台区西三环南路甲6号 邮政编码/100073
电　话：邮购（010）63376909 书店（010）68783171
网　址：http://www.zgtjcbs.com
印　刷：北京力信诚印刷有限公司
经　销：新华书店
开　本：880mm×1230mm 1/16
字　数：500千字
印　张：19 彩页2.25
版　别：2017年12月第1版
版　次：2017年12月第1次印刷
定　价：180.00元

本书附同版本CD-ROM一张，光盘内容以书面文字为准。

北京市行政区划示意图

怀柔区
延庆区
密云区
昌平区
平谷区
顺义区
海淀区
门头沟区
朝阳区
石景山区
西城区
东城区
丰台区
通州区
房山区
大兴区

东城区

实施文化强区战略　推进全国文化中心建设

地区生产总值（单位：亿元）

一般公共预算收入（单位：亿元）

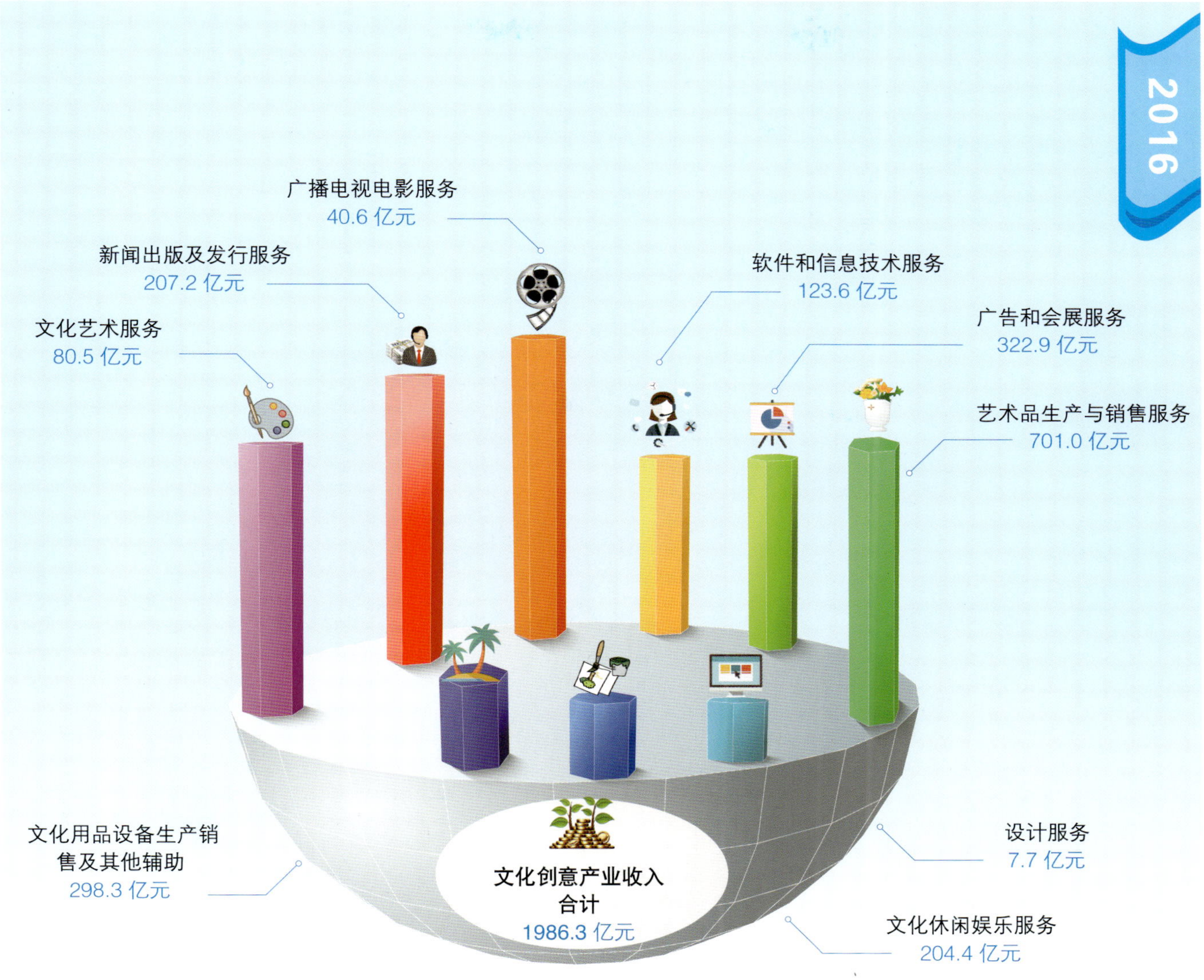

社会消费品零售总额（单位：亿元）

城镇居民人均可支配收入（单位：元）

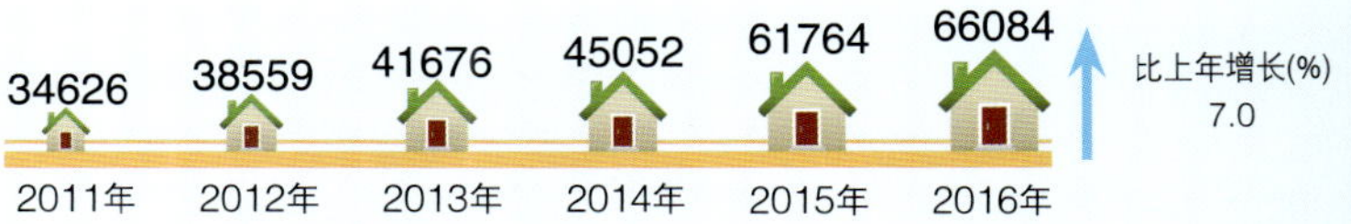

西城区

金融强力支撑区域发展 文化科技助推结构升级

地区生产总值（单位：亿元）

一般公共预算收入（单位：亿元）

社会消费品零售总额（单位：亿元）

城镇居民人均可支配收入（单位：元）

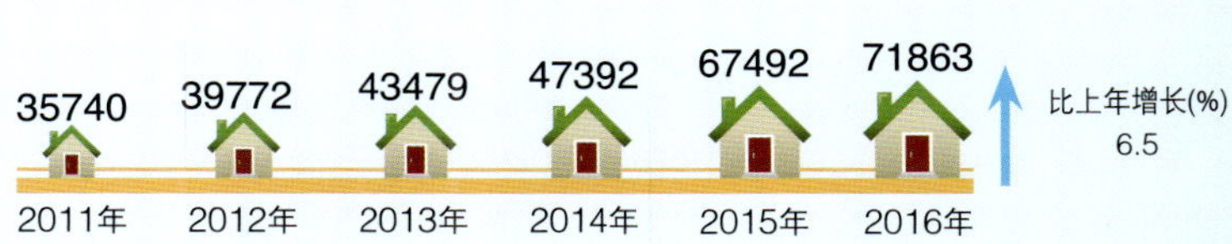

朝阳区

高水平建设“三区” 率先全面建成小康社会

地区生产总值（单位：亿元）

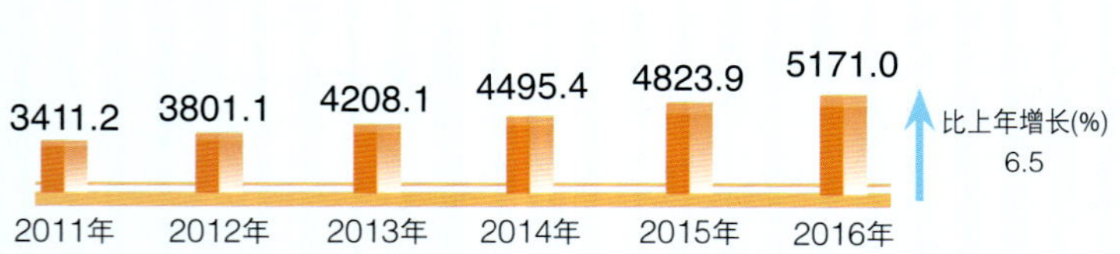

一般公共预算收入（单位：亿元）

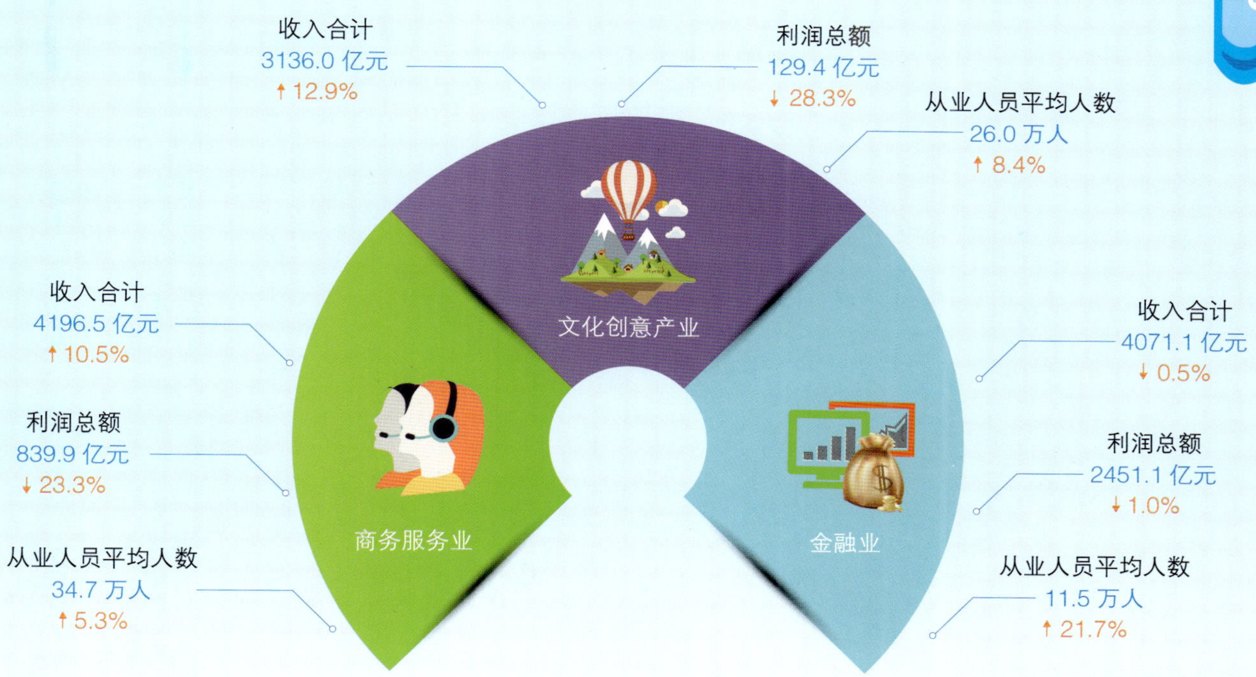

社会消费品零售总额（单位：亿元）

城镇居民人均可支配收入（单位：元）

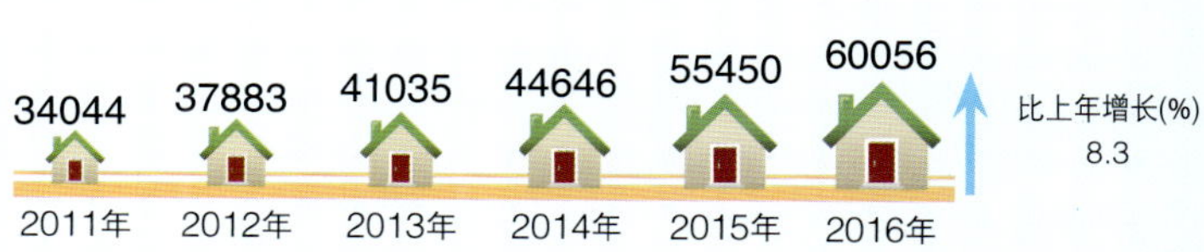

丰台区

经济发展提质增效 区域建设步伐加快

地区生产总值（单位：亿元）

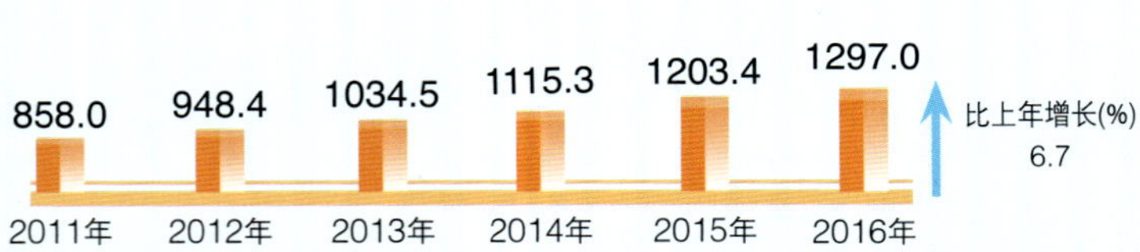

全社会固定资产投资（单位：亿元）

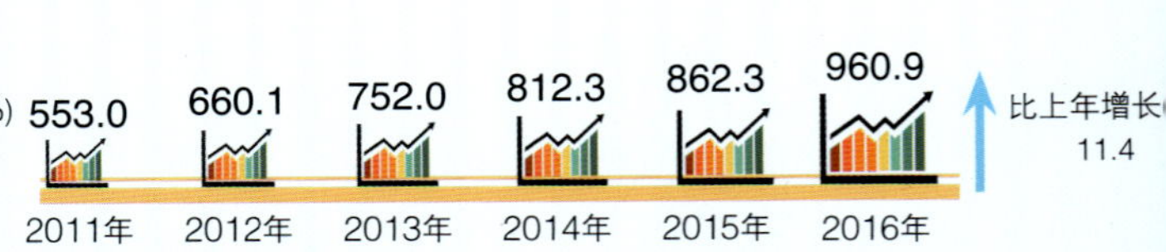

规模以上工业总产值（单位：亿元）

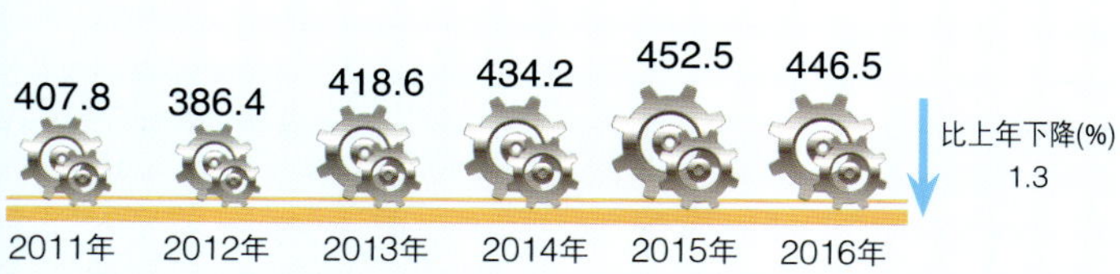

城镇居民人均可支配收入（单位：元）

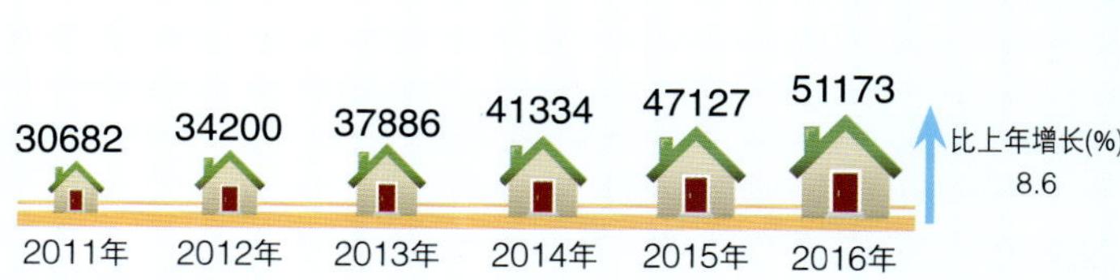

石景山区

构建高精尖经济结构　推进高端绿色崛起

地区生产总值（单位：亿元）

第三产业增加值（单位：亿元）

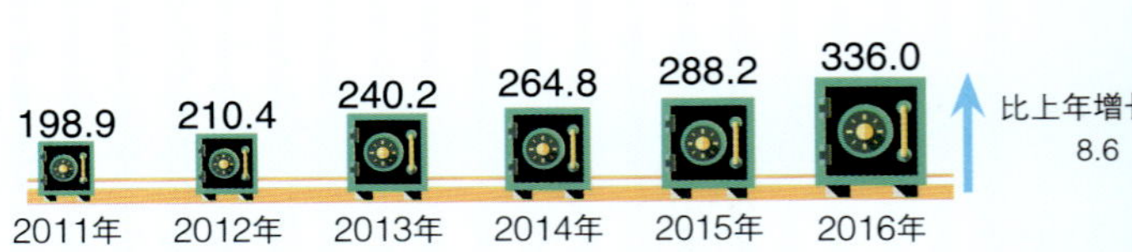

2016

信息传输、软件和信息技术服务业收入
252.1 亿元

商务服务业收入
149.6 亿元

金融业收入
444.2 亿元

中关村国家自主创新示范区石景山园总收入
1881.5 亿元

规模以上文化创意产业收入（单位：亿元）

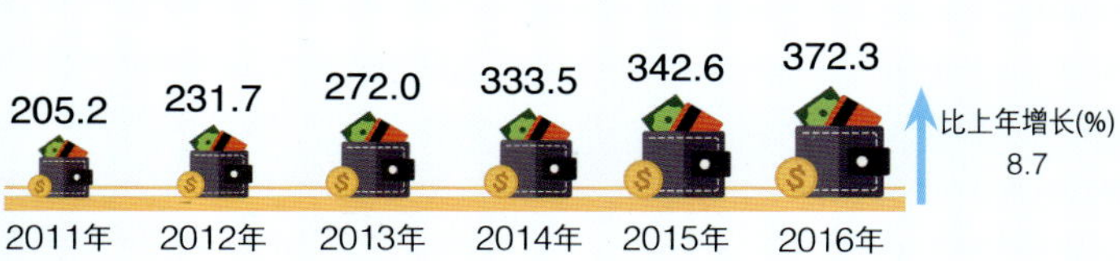

城镇居民人均可支配收入（单位：元）

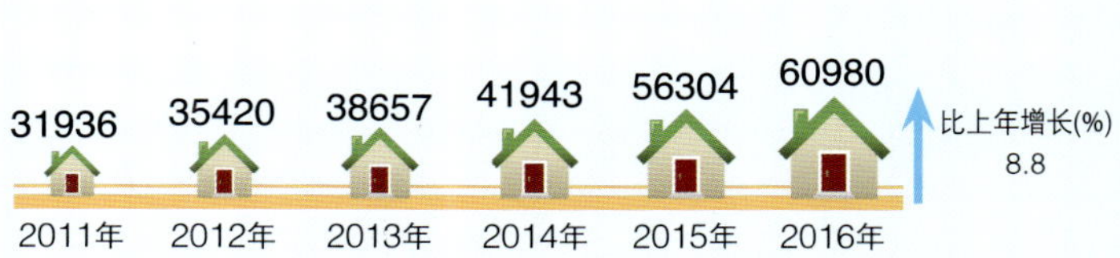

海淀区

创新驱动经济发展 科学城建设步伐加快

地区生产总值（单位：亿元）

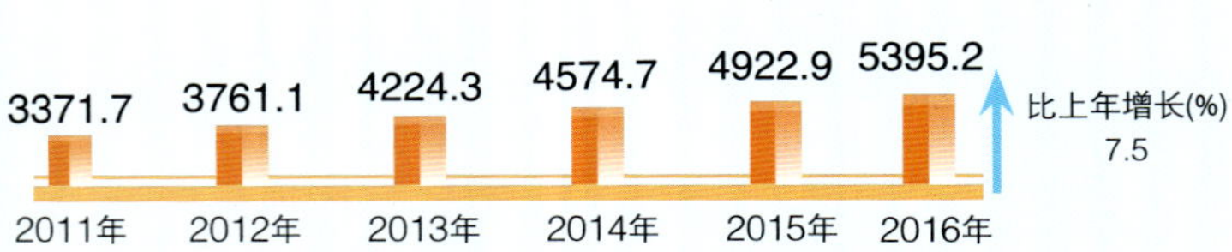

一般公共预算收入（单位：亿元）

2016

海淀园总收入
18355.4 亿元
↑12.2%

信息传输、软件和信息技术服务业收入
5006.6 亿元
↑19.3%

技术合同成交总金额
1523.9 亿元
↑6.1%

文化创意产业收入
6389.2 亿元
↑12.1%

文化艺术服务	新闻出版及发行服务	广播电视电影服务	软件和信息技术服务	广告和会展服务
80.0 亿元	180.4 亿元	558.6 亿元	4361.3 亿元	551.7 亿元
艺术品生产与销售服务	设计服务	文化休闲娱乐服务	文化用品设备生产销售及其他辅助	
33.1 亿元	226.9 亿元	128.5 亿元	268.6 亿元	

技术合同成交总额（单位：亿元）

2011年	2012年	2013年	2014年	2015年	2016年	比上年增长(%)
967.7	1134.4	1248.5	1366.7	1436.8	1524.0	6.1

城镇居民人均可支配收入（单位：元）

2011年	2012年	2013年	2014年	2015年	2016年	比上年增长(%)
37746	41841	45953	50088	62325	67022	7.5

房山区

服务“三区一节点” 创新转型谋发展

地区生产总值（单位：亿元）

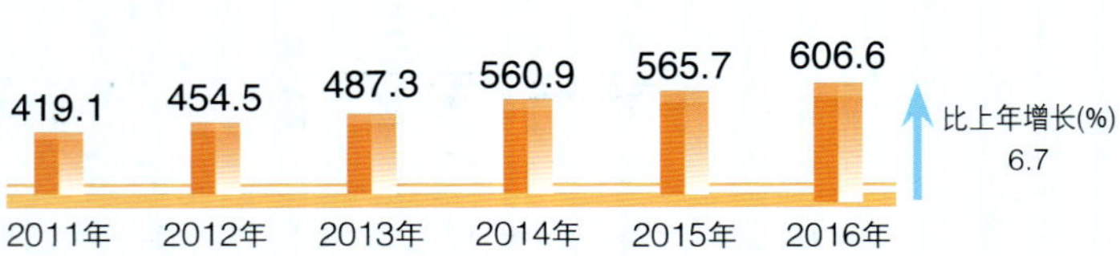

全社会固定资产投资（单位：亿元）

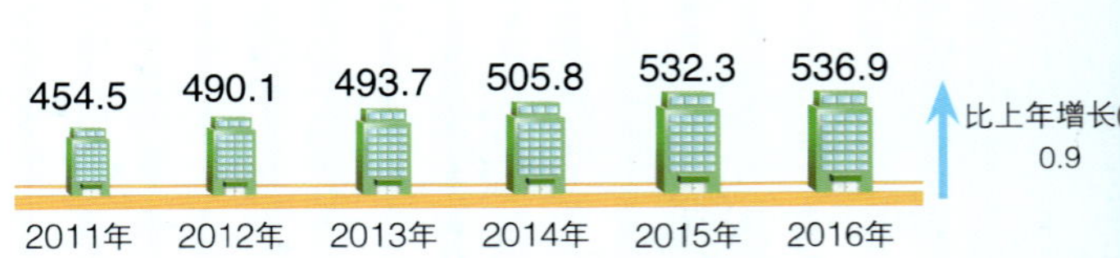

2016

中央休闲购物区（CSD）长阳核心区

本年完成投资
130.2 亿元
落地项目个数
61 个
社会消费品零售总额
17.3 亿元

北京高端制造业基地

本年完成投资
12.3 亿元
落地项目个数
26 个
新增工业企业总产值
203.3 亿元

中国房山世界地质公园

本年完成投资
28.7 亿元
落地项目个数
42 个
景区旅游营业收入
14606.1 万元
景区旅游接待人数
343.9 万人次
民俗旅游收入
8512.7 万元
民俗旅游户数
2139 户

北京石化新材料科技产业基地核心区

本年完成投资
13.8 亿元
落地项目个数
103 个
规模以上工业总产值
509.7 亿元

中国北京农业生态谷

企业个数
4 个
主营业务收入
17.4 亿元

社会消费品零售总额（单位：亿元）

城乡居民人均可支配收入（单位：元）

通州区

加快城市副中心建设　努力打造和谐宜居示范区

地区生产总值（单位：亿元）

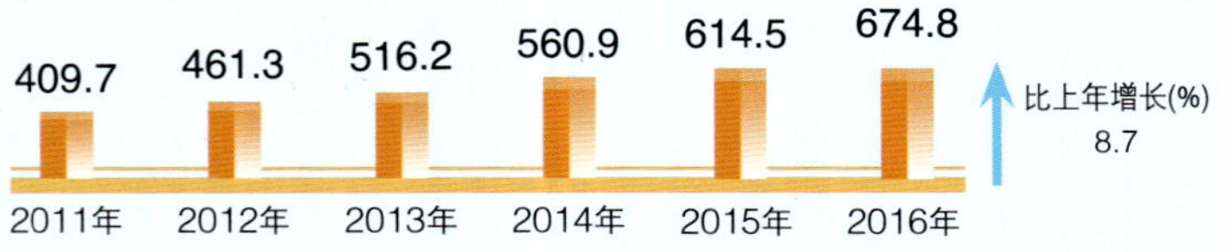

一般公共预算收入（单位：亿元）

2016

三次产业结构比

2016 年　2.5:45.7:51.8
2015 年　3.2:46.7:50.1
2014 年　4.0:50.4:45.6

产业结构向第三产业主导转变

限额以上第三产业主要指标

资产总计	收入合计	利润总额	税金	从业人员平均人数
5109.4 亿元	1693.7 亿元	127.3 亿元	87.8 亿元	9.6 万人
↑ 16.9 %	↑ 18.6 %	↑ 41.4%	↑ 14.0%	↑ 4.2%

房地产开发投资（单位：亿元）

2011年	2012年	2013年	2014年	2015年	2016年
268.1	296.4	360.9	446.8	603.4	349.0

比上年下降(%) 42.2

城乡居民人均可支配收入（单位：元）

	2011年	2012年	2013年	2014年	2015年	2016年	比上年增长(%)
城镇居民人均可支配收入	27713	30476	33662	37095	37608	40845	8.6
农村居民人均可支配收入	14273	15936	17925	20076	21648	23538	8.7

顺义区

建设绿色国际港　打造航空中心核心区

地区生产总值（单位：亿元）

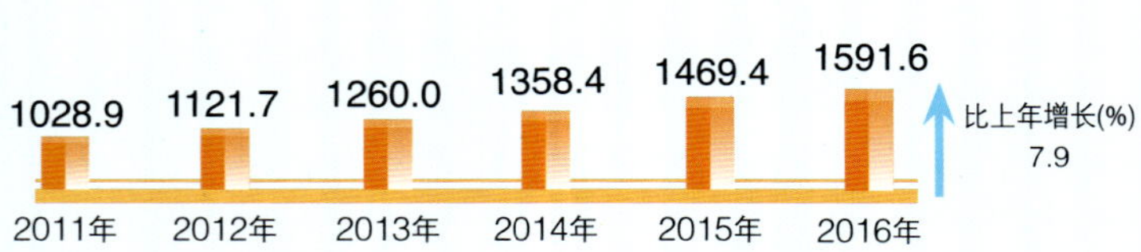

一般公共预算收入（单位：亿元）

2016

交通运输、仓储和邮政业

资产总计 3208.5 亿元 ↑ 8.9%
营业收入 1647.7 亿元 ↑ 4.3%
利润总额 148.5 亿元 ↑ 4.1%
从业人员 12.2 亿元 ↓ 1.8%

仓储业

资产总计 37.0 亿元 ↓ 8.4%
营业收入 17.7 亿元 ↑ 23.5%
利润总额 0.5 亿元 ↑ 86.2%
从业人员 801 人 ↓ 6.5%

装卸搬运和运输代理业

资产总计 343.5 亿元 ↑ 9.5%
营业收入 317.7 亿元 ↑ 3.1%
利润总额 310.4 亿元 ↑ 7.8%
从业人员 15665 人 ↓ 9.3%

道路运输业

资产总计 107.3 亿元 ↑ 7.3%
营业收入 119.9 亿元 ↑ 5.4%
利润总额 4.0 亿元 ↓ 26.8%
从业人员 12842 人 ↓ 9.0%

航空运输业

资产总计 2764.1 亿元 ↑ 9.3%
营业收入 1088.2 亿元 ↑ 3.4%
利润总额 102.0 亿元 ↑ 1.3%
从业人员 64270 人 ↑ 1.8%

邮政业

资产总计 56.7 亿元 ↑ 2.1%
营业收入 104.1 亿元 ↑ 14.1%
利润总额 11.0 亿元 ↑ 47.9 %
从业人员 28834 人 ↓ 1.8%

规模以上工业总产值（单位：亿元）

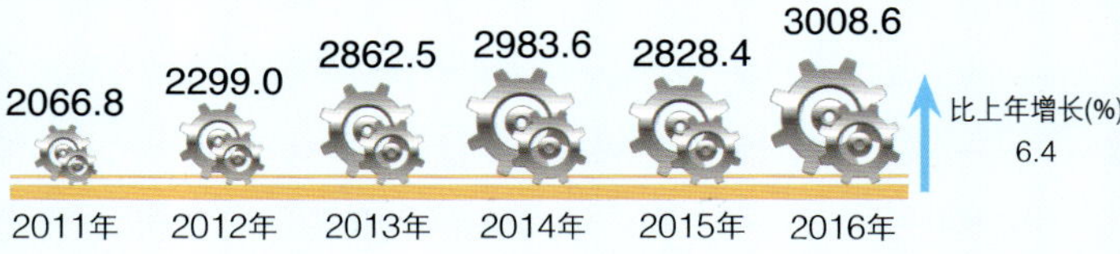

城乡居民人均可支配收入（单位：元）

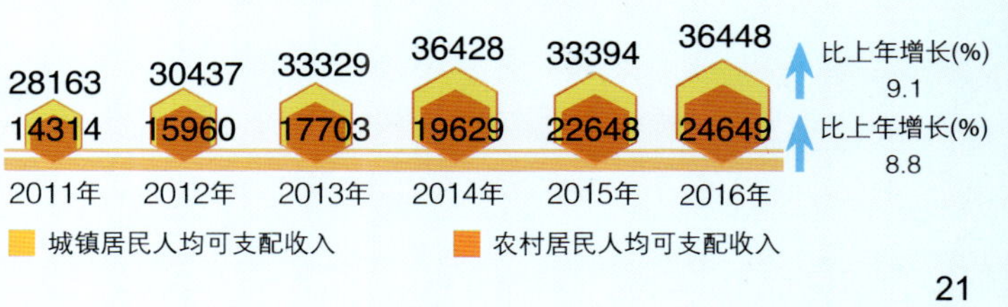

昌平区

服务国家战略和首都发展　加快建设国际一流科教新区

地区生产总值（单位：亿元）

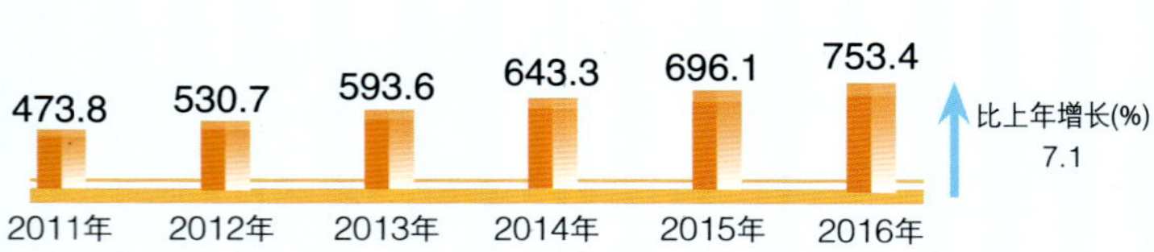

一般公共预算收入（单位：亿元）

规模以上工业总产值（单位：亿元）

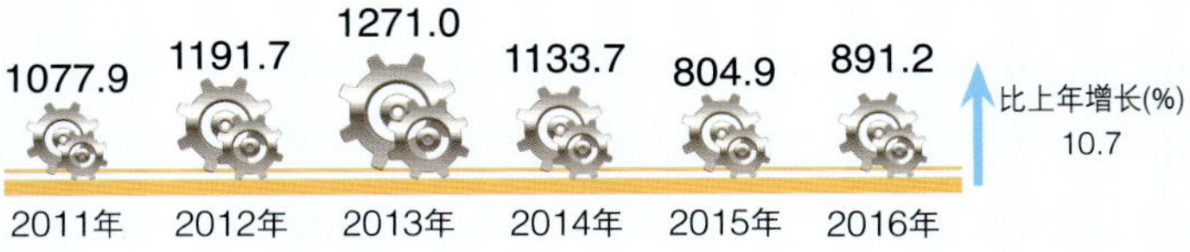

城乡居民人均可支配收入（单位：元）

大兴区

打造首都南部发展新高地　建设京津冀协同发展桥头堡

地区生产总值（单位：亿元）

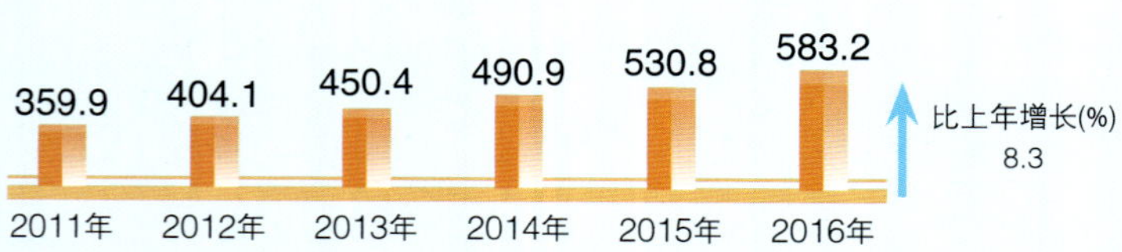

一般公共预算收入（单位：亿元）

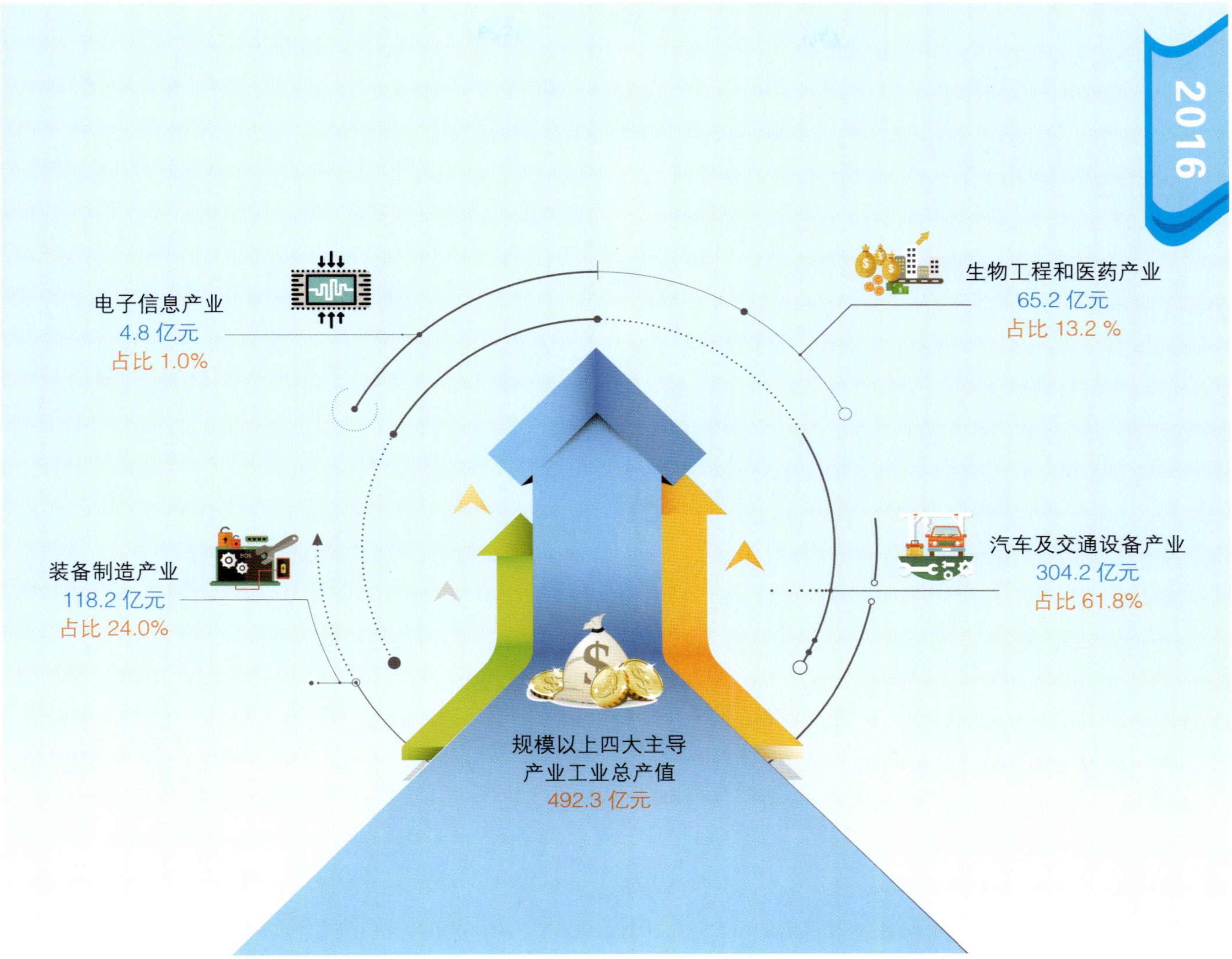

全社会固定资产投资（单位：亿元）

城乡居民人均可支配收入（单位：元）

门头沟区

强化京西生态屏障　打造低碳发展新区

地区生产总值（单位：亿元）

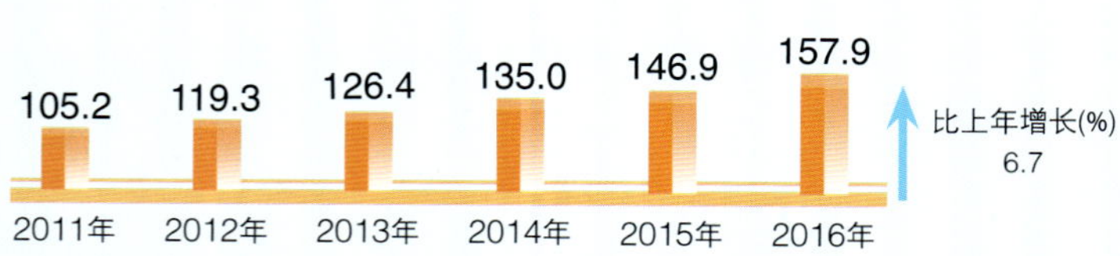

一般公共预算收入（单位：亿元）

2016

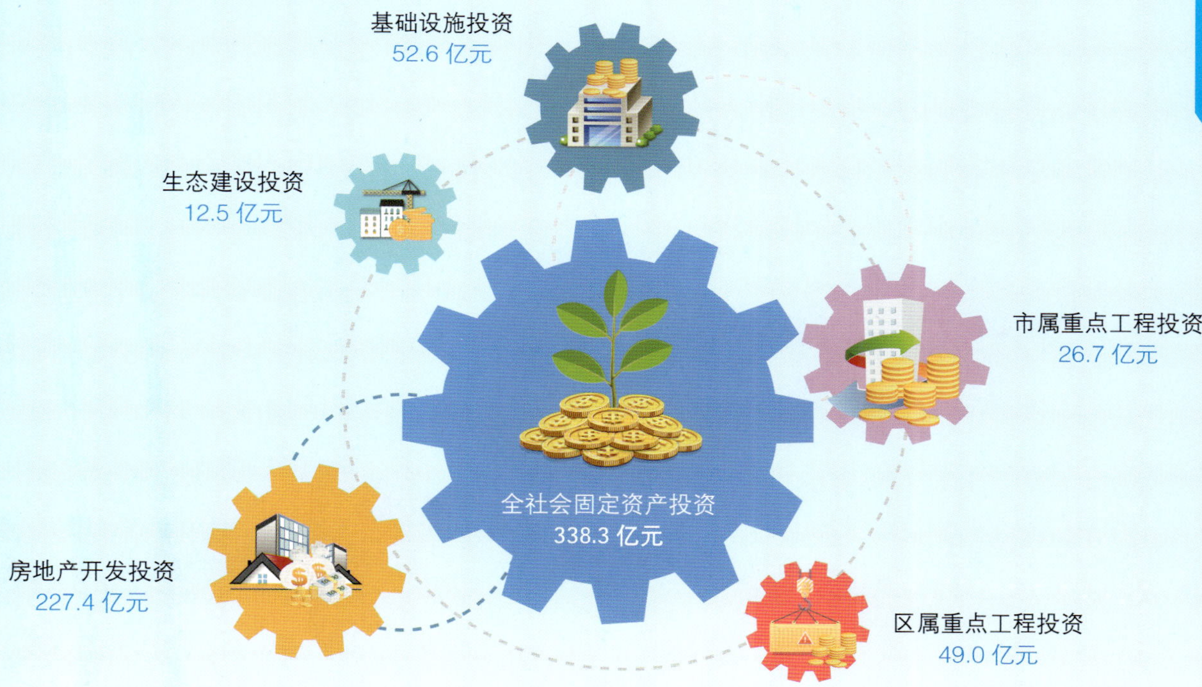

林木绿化率（单位：%）

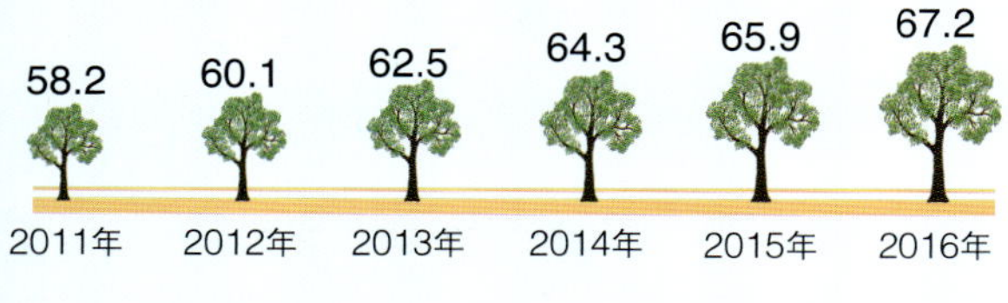

城乡居民人均可支配收入（单位：元）

怀柔区

着力服务首都功能　奋力书写发展新篇

地区生产总值（单位：亿元）

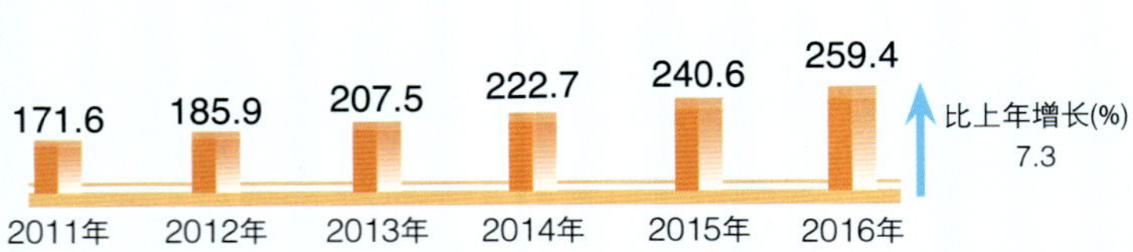

规模以上工业总产值（单位：亿元）

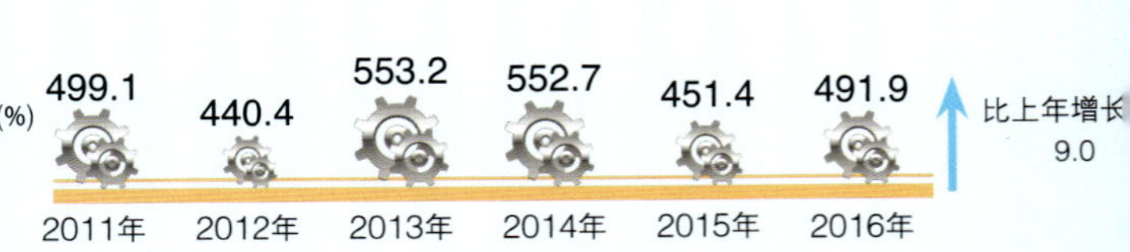

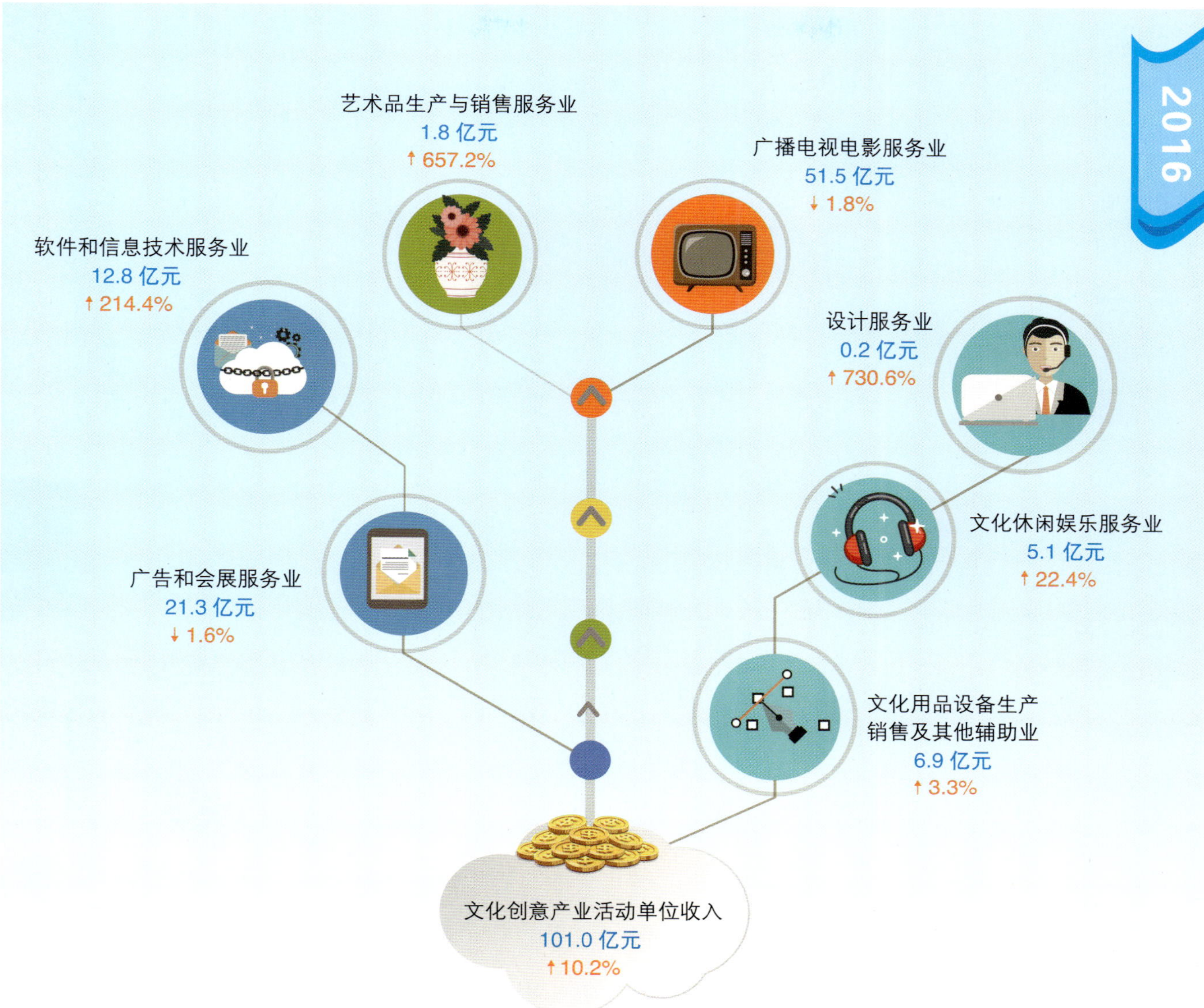

规模以上文化创意产业收入（单位：亿元）

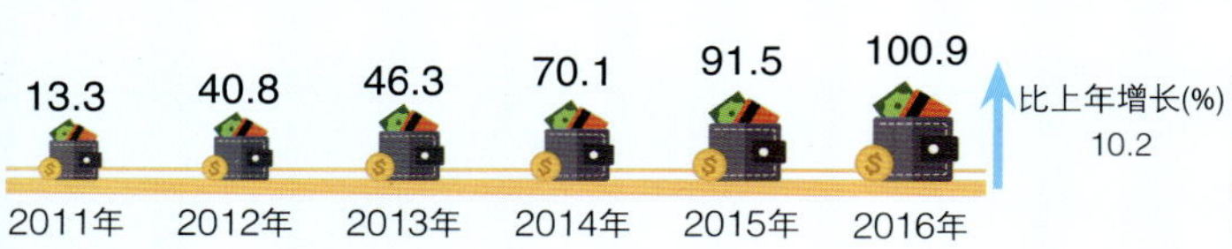

城乡居民人均可支配收入（单位：元）

平谷区

营造休闲旅游生态圈 建设绿色宜居花园城

地区生产总值（单位：万元）

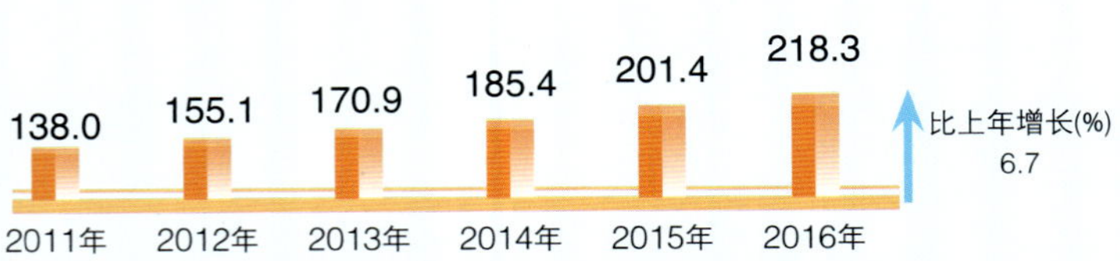

设施农业总收入（单位：万元）

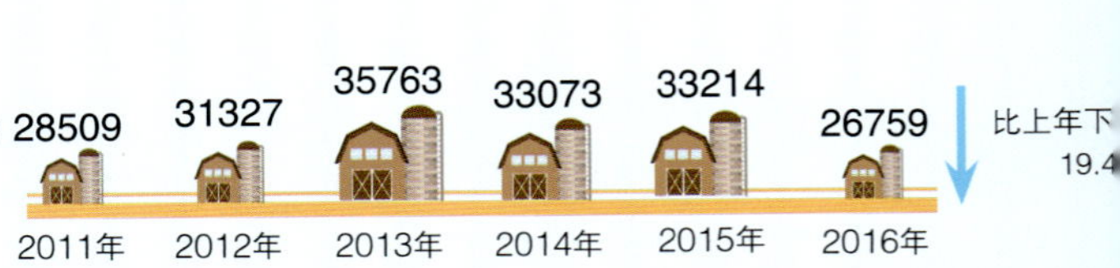

2016

观光、民俗旅游收入（单位：亿元）

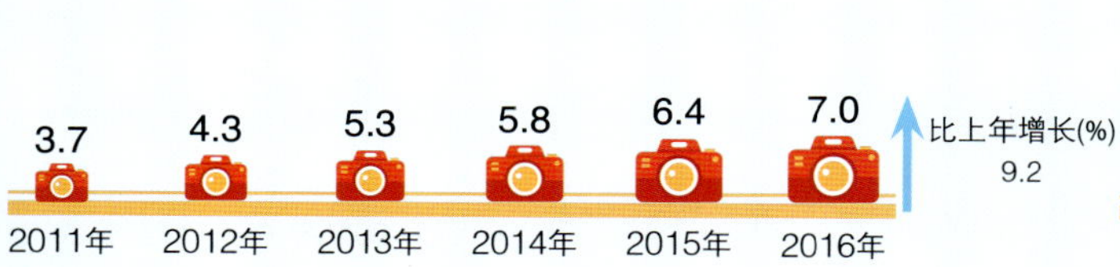

城乡居民人均可支配收入（单位：元）

密云区

建设生态密云 打造绿色休闲之都

地区生产总值（单位：亿元）

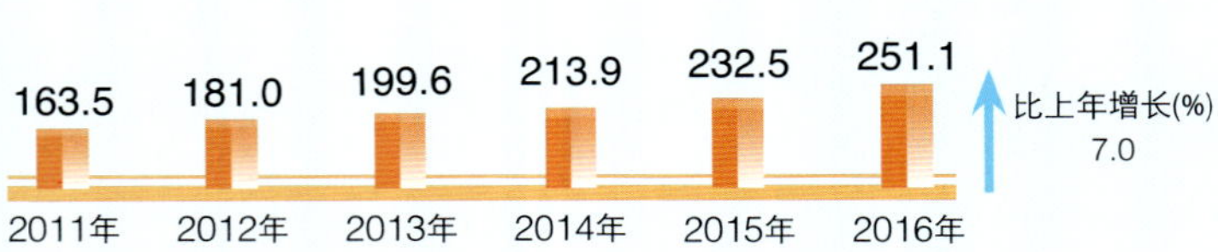

林木绿化率（单位：%）

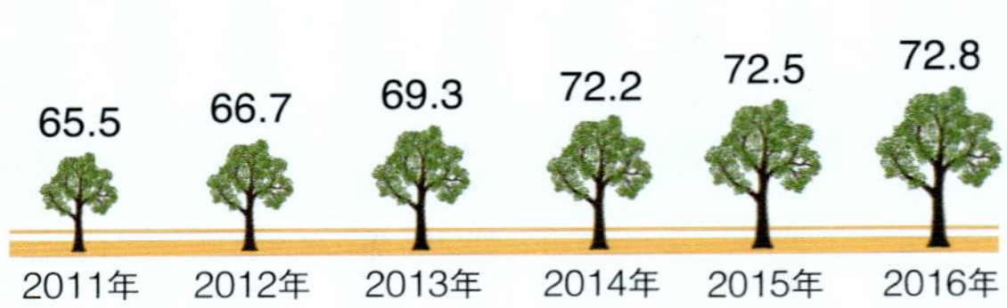

2016

观光、民俗旅游收入（单位：亿元）

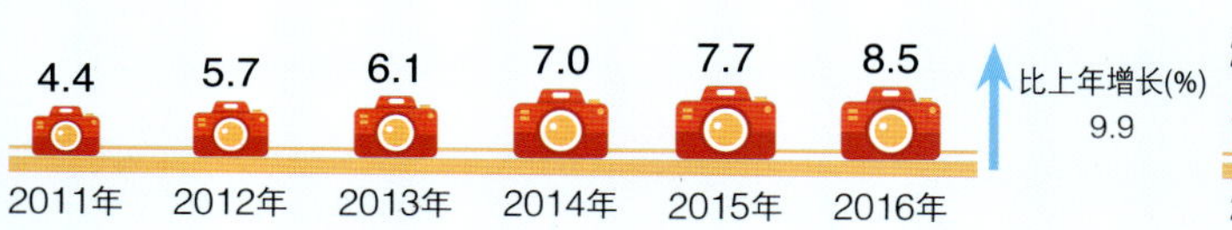

城乡居民人均可支配收入（单位：元）

延庆区

建设生态保育区　打造文化休闲区

地区生产总值（单位：亿元）

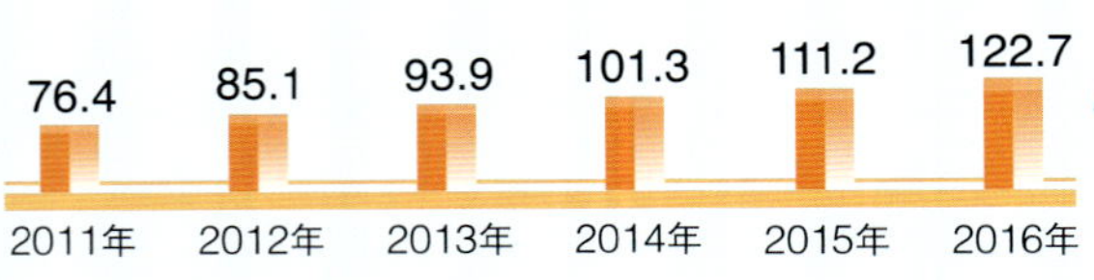

观光、民俗旅游收入（单位：亿元）

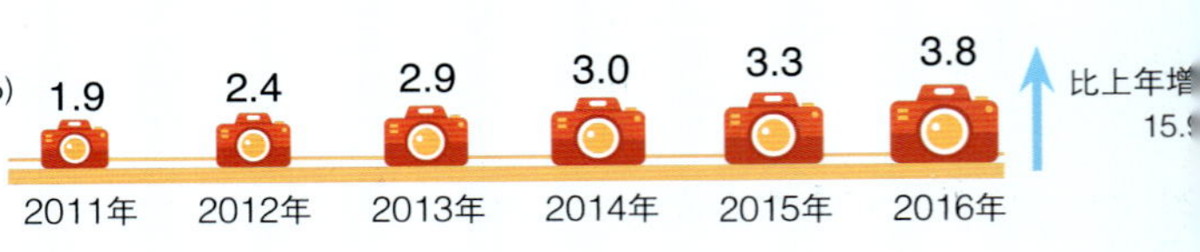

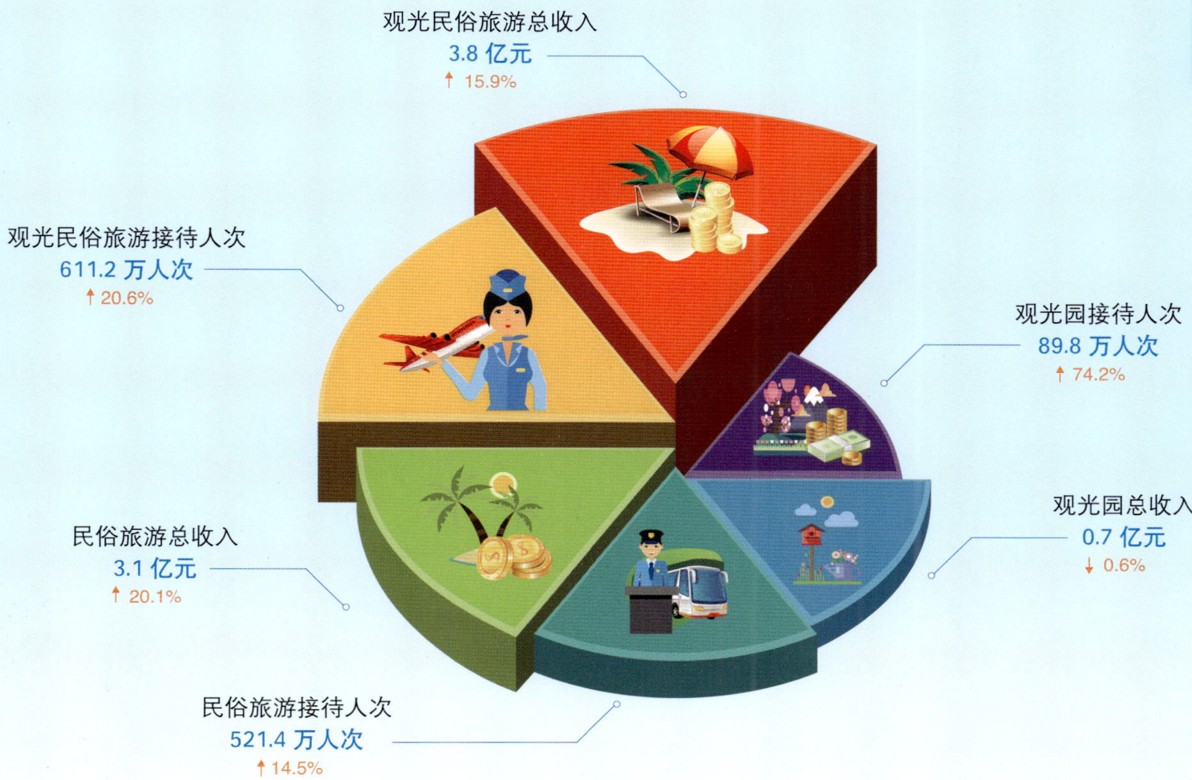

林木绿化率（单位：%）

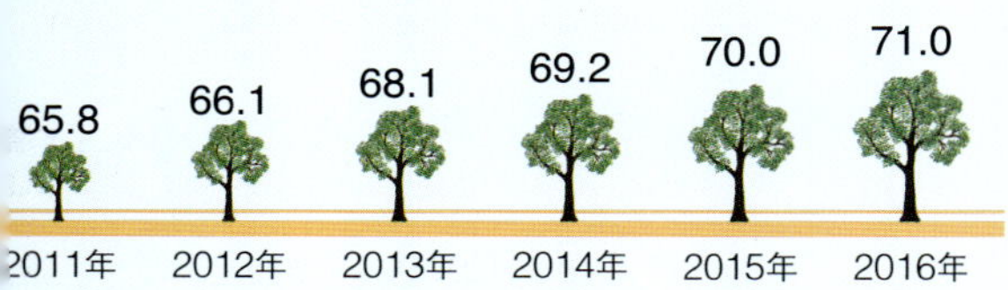

城乡居民人均可支配收入（单位：元）

《北京区域统计年鉴 2017》编辑委员会

编 辑 说 明

《北京区域统计年鉴 2017》是一部全面、系统反映北京市各区 2016 年经济社会发展状况的年度资料，同时收录了四大直辖市、全国主要经济区域 2016 年经济社会发展状况数据资料。

1. 全书共包括 9 个部分，分别为：北京概览、分区历史数据、北京各区概览、开发区、六大高端产业功能区、四大功能区、四大直辖市经济社会发展比较、全国主要经济区域、北京与全国对比。

2. 自 2011 年开始，企业规模划分标准执行《国家统计局关于印发统计上大中小微企业划分办法的通知》（国统字[2011]75 号）；分区资料，除特殊说明外，全部为“在地”（即：法人经营地）口径；受口径和资料来源不同等因素影响，书内所列分区数据可能与区统计部门编印的统计资料不同，请读者在使用时加以注意；分区资料中若未单独列出北京经济技术开发区，则其数据包括在大兴区中；2016 年按照国家统计局统一部署，开始实施地区研发支出核算方法改革，并对全市 1996 年以来地区生产总值进行了调整，对各区 2005 年以来的数据进行了调整；同时对 2016 年万元地区生产总值能耗及下降率、平均每万元地区生产总值能源消费量指标进行了相应调整。

3. 书中未注明的分区数据均由北京市统计局、国家统计局北京调查总队提供，部门数据在表下注有资料来源；全国及外省市统计资料摘自《中国统计年鉴》及相关省市统计年鉴，具体数据来源请参阅各章简要说明。

4. 书中使用的符号说明：“…”表示数据不足本表最小单位；“空格”表示该项指标数据不详或没有数据；“#”表示其中项目；“‖”表示不在同一分组类中的其中项。

5. 本书配有电子光盘，具有数据加工等功能。

目　录

第一章　北京概览

第二章　分区历史数据

第三章　北京各区概览

第四章　开发区

第五章　六大高端产业功能区

第六章　四大功能区

第七章　四大直辖市经济社会发展比较

第八章　全国主要经济区域

第九章　北京与全国对比

附录　指标解释

2017

北京区域统计年鉴

第一章

BEIJING AREA STATISTICAL YEARBOOK

北京概览

简要说明

一、本章资料的主要内容

本章主要包括反映北京市社会经济发展的主要总量、速度、结构、效益指标及“十三五”时期监测指标等。

二、本章资料的数据来源

北京市社会经济主要指标及“十三五”时期主要监测指标资料由北京市统计局根据相关资料整理取得。

三、有关统计标准变化和数据调整的说明

为更好地反映我国三次产业的发展情况，满足国民经济核算、服务业统计及其他统计调查对三次产业划分的需求，根据《国民经济行业分类》（GB/T 4754—2011），国家统计局对2003年《三次产业划分规定》进行了修订。

按照国家统计局要求，自2015年起北京按照改革后新口径发布全市和分城乡的居民收支数据，增长速度为同口径增速。

2016年按照国家统计局统一部署，开始实施地区研发支出核算方法改革，并对全市1996年以来地区生产总值进行了调整。

1-1 “十三五”时期全市经济社会发展主要监测指标

项　　目		“十三五”时期监测发展目标	2016
常住人口规模	（万人）	<2300	2172.9
用水总量	（亿立方米）	<43	38.8
森林覆盖率	（%）	44	42.3
生活垃圾无害化处理率	（%）	>99.8%	99.8
全市污水处理率	（%）	<95%	90.0
全市居民人均可支配收入实际增长	（%）	与经济增长同步	6.9
城镇登记失业率	（%）	控制在4%以内	1.41
重点食品安全监测抽检合格率	（%）	达到98%以上	98.5
药品抽验合格率	（%）	达到99%以上	99.85
亿元地区生产总值生产安全事故死亡率	（人/亿元）	累计降低20%	0.02
地区生产总值年均增速	（%）	年均增长6.5%	6.8
社会劳动生产率	（万元/人）	达到23	21.3
第三产业占地区生产总值比重	（%）	>80%	80.2
全社会研究与试验发展经费支出占地区生产总值的比例	（%）	6%左右	5.78
服务贸易总额	（亿美元）	达到2000亿美元	1508.6
万元地区生产总值能耗降低	（%）	达到国家要求	4.87
万元地区生产总值水耗降低	（%）	累计降低15%	4.87

1-2 主要年份全市国民经济和社会发展总量与速度指标

项目		总量指标				
		1990	1995	2000	2005	2010
人口与就业						
人 口						
年末全市常住人口	（万人）	1086.0	1251.1	1363.6	1538.0	1961.9
按性别分						
男性人口		545.0	627.0	710.9	778.7	1013.0
女性人口		541.0	624.1	652.7	759.3	948.9
按城乡分						
城镇人口		798.0	946.2	1057.4	1286.1	1686.4
乡村人口		288.0	304.9	306.2	251.9	275.5
年末户籍人口	（万人）	1032.2	1070.3	1107.5	1180.7	1257.8
就 业						
从业人员年末人数	（万人）	627.1	665.3	619.3	878.0	1031.6
#城镇单位在岗职工人数		454.9	470.9	434.2	448.4	587.7
年末实有城镇登记						
失业人员	（万人）	1.7	2.2	3.3	10.6	7.7
宏观经济						
国民经济核算						
地区生产总值	（亿元）	500.8	1507.7	3212.8	7141.4	14441.6
第一产业		43.7	72.2	79.3	86.9	122.8
第二产业		262.0	643.6	1040.6	2045.6	3387.9
第三产业		195.1	791.9	2092.9	5008.9	10930.9
人均地区生产总值	（元/人）	4635	12690	24518.0	47127.0	75573.0
固定资产投资						
全社会固定资产投资	（亿元）	179.2	841.5	1297.4	2827.2	5493.5
#房地产开发投资		22.5	352.8	522.1	1525.0	2901.1
全社会房屋施工面积	（万平方米）	2864.9	5524.3	6995.9	14096.2	15572.1
全社会房屋竣工面积	（万平方米）	1081.2	1530.2	2358.2	4679.2	3908.4
财 政						
一般公共预算收入	（亿元）			345.0	919.2	2353.9
一般公共预算支出	（亿元）			443.0	1058.3	2717.3
价格指数(上年=100)						
居民消费价格指数	(%)	105.4	117.3	103.5	101.5	102.4
商品零售价格指数	(%)	104.1	112.6	98.9	99.7	100.4
农产品生产价格指数	(%)	101.9	130.6	95.0	102.9	106.5
工业生产者出厂价格指数	(%)	107.9	107.3	102.5	101.3	102.2
工业生产者购进价格指数	(%)	114.8	106.7	100.0	111.4	110.5
固定资产投资价格指数	(%)		113.9	101.0	100.7	102.5
能源消费总量	（万吨标准煤）	2709.7	3533.3	4144.0	5049.8	6359.5
产 业						
农村经济						
耕地面积	（万公顷）	41.3	39.4	32.9	23.3	22.4
农林牧渔业总产值(现价)	（亿元）	70.2	164.4	188.6	239.3	328.0

注：1.地区生产总值绝对值按现价计算，发展速度按可比价格计算；2006-2010年人均地区生产总值根据第六次人口普查数据进行修正。自2013年开始，地区生产总值三次产业分组口径根据国家统计局规定调整,并对2012年以前三次产业数据进行相应调整。

2.2016年按照国家统计局统一部署，实施地区研发支出核算方法改革，并对全市1996年以来地区生产总值数据进行了调整（下表同）。

3.从2011年起，根据国家统计局相关规定，固定资产投资起点由50万元调整至500万元。

1-2 续表1

2015	2016	速度指标（%）					
		指数（2016年为以下各年）					
		1990	1995	2000	2005	2010	2015
2170.5	2172.9	200.1	173.7	159.4	141.3	110.8	100.1
1113.4	1112.7	204.2	177.5	156.5	142.9	109.8	99.9
1057.1	1060.2	196.0	169.9	162.4	139.6	111.7	100.3
1877.7	1879.6	235.5	198.6	177.8	146.1	111.5	100.1
292.8	293.3	101.8	96.2	95.8	116.4	106.5	100.2
1345.2	1362.9	132.0	127.3	123.1	115.4	108.4	101.3
1186.1	1220.1	194.6	183.4	197.0	139.0	118.3	102.9
724.8	733.5	161.2	155.8	168.9	163.6	124.8	101.2
9.2	9.1	537.6	415.5	275.3	86.5	118.2	99.8
23685.7	25669.1	1353.2	773.6	469.4	263.4	154.2	106.8
140.4	129.8	107.8	103.3	96.8	93.9	87.3	91.3
4660.6	4944.4	1018.0	607.8	385.1	224.7	144.5	106.3
18885	20595	1872.4	932.5	519.4	281.5	158.0	107.0
109603.0	118198	674.9	424.6	283.8	184.1	135.8	106.3
7990.9	8461.7						
4226.3	4045.4						
20009.1	22721.4	793.1	411.3	324.8	161.2	145.9	113.6
4170.2	3594.0	332.4	234.9	152.4	76.8	92.0	86.2
4723.9	5081.3						
5737.7	6406.8						
101.8	101.4						
98.5	98.1						
99.8	99.7						
96.9	98.1						
93.7	98.5						
97.6	99.7						
6852.6	6961.7	256.9	197.0	168.0	137.9	109.5	101.6
21.9							
368.2	338.1	481.6	205.7	179.3	141.3	103.1	91.8

1-2 续表2

项目		总量指标				
		1990	1995	2000	2005	2010
工 业						
工业增加值(规模以上)	(亿元)		473.1	776.0	1627.0	2751.7
工业企业主要经济指标(规模以上)						
资产总计	(亿元)	498.3	2582.6	4612.7	12829.8	22750.6
负债总额	(亿元)		1528.8	2676.4	4706.7	11548.1
主营业务收入	(亿元)	610.5	1590.4	2821.4	7279.1	14807.1
利润总额	(亿元)	48.9	85.3	127.1	413.5	1028.3
建 筑						
建筑业总产值	(亿元)	94.7	426.6	812.5	1894.0	5196.0
建筑业企业年末从业人员	(万人)	60.2	82.6	56.6	67.2	59.9
运 输						
货物周转量	(亿吨公里)	268.8	323.1	299.6	457.7	513.7
铁　路		206.7	239.3	200.2	310.8	257.5
公　路		57.5	76.2	82.6	85.5	101.6
民　航		4.5	7.5	16.8	28.2	48.2
管　道		0.2	0.1	0.0	33.3	106.4
旅客周转量	(亿人公里)	119.8	207.7	314.0	838.1	1399.5
邮 电						
邮电业务总量	(亿元)	11.9	56.1	214.7	413.0	1108.9
固定电话用户	(万户)	33.3	150.5	451.2	943.5	885.6
固定电话主线普及率	(线/百人)	3.1	12.0	33.1	61.3	45.1
移动电话用户	(万户)	0.3	16.9	347.2	1459.8	2129.8
移动电话普及率	(户/百人)	0.0	1.4	25.5	94.9	108.6
商 业						
社会消费品零售总额	(亿元)	345.1	950.4	1658.7	2911.7	6340.3
对外经济贸易和旅游						
北京地区进出口总值	(亿美元)	236.4	370.4	494.0	1255.1	3016.6
进口值		192.3	267.9	374.3	946.4	2462.2
出口值		44.1	102.5	119.7	308.7	554.4
实际利用外商直接投资额	(亿美元)	2.8	14.0	24.6	35.3	63.6
接待入境旅游者人数	(万人次)	100.0	207.0	282.1	362.9	490.1
旅游外汇收入	(亿美元)	6.6	21.8	27.7	36.2	50.4
金融保险						
金融机构(含外资)本外币存款余额	(亿元)			11526.0	28969.9	66584.6
金融机构(含外资)本外币贷款余额	(亿元)			6407.9	15335.5	36479.6
原保险保费收入	(亿元)			93.4	498.2	966.5

注：1.工业增加值按生产法计算。

2. 邮电业务总量2000年及以前按1990年不变价格计算，2010年及以前按2000年不变价格计算,从2011年开始按2010年不变价格计算。

3. 社会消费品零售总额2010年数据根据第三次全国经济普查数据进行了修订。

1-2 续表3

2015	2016	速度指标(%)					
		指 数(2016年为以下各年)					
		1990	1995	2000	2005	2010	2015
3676.6	3748.7						
38609.8	43093.7	8648.1	1668.6	934.2	335.9	189.4	111.6
18102.4	19798.1		1295.0	739.7	420.6	171.4	109.4
18864.9	19747.0	3234.8	1241.7	699.9	271.3	133.4	104.7
1597.7	1608.3	3286.4	1885.6	1265.5	388.9	156.4	100.7
8436.7	8841.2	9336.0	2072.5	1088.1	466.8	170.2	104.8
59.0	59.2	98.3	71.7	104.6	88.1	98.8	100.3
623.7	671.3	249.7	207.8	224.0	146.7	130.7	107.6
224.8	229.0	110.8	95.7	114.4	73.7	89.0	101.9
156.4	161.3	280.7	211.7	195.2	188.7	158.8	103.2
63.7	67.1	1503.3	895.9	400.4	238.4	139.2	105.4
178.9	213.8				642.9	201.0	119.5
1747.7	1889.3	1577.1	909.6	601.7	225.4	135.0	108.1
991.2	1468.6						148.2
784.7	694.4	2085.6	461.3	153.9	73.6	78.4	88.5
36.2	32.0						
4051.6	3868.7			1114.3	265.0	181.6	95.5
186.7	178.0						
10338.0	11005.1	3189.0	1157.9	663.5	378.0	173.6	106.5
3194.2	2823.8	1194.3	762.5	571.6	225.0	93.6	88.4
2647.5	2303.6	1197.8	860.0	615.4	243.4	93.6	87.0
546.7	520.2	1178.7	507.5	434.6	168.5	93.8	95.2
130.0	130.3	4704.2	928.8	530.1	369.5	204.7	100.2
420.0	416.5	416.5	201.2	147.6	114.8	85.0	99.2
46.1	50.7	771.5	232.3	183.1	140.0	100.5	110.1
128573.0	138408.9			1200.8	477.8	207.9	107.7
58559.4	63739.4			994.7	415.6	174.7	108.8
1403.9	1839.0			1968.0	369.1	190.3	131.0

1–2　续表4

项　　目		总量指标				
		1990	1995	2000	2005	2010
教育、文化、科技、卫生						
教 育						
在校学生数	(万人)		238.0	229.9	226.4	330.0
专任教师数	(万人)		17.7	16.7	17.5	20.7
文 化						
公共图书馆总藏数	(万册、万件)	2205.4	2629.0	3020.0	3626.3	4613.0
科 技						
研究与试验发展经费内部支出	(亿元)			155.7	379.5	821.8
技术合同成交总额	(亿元)	20.3	41.2	140.3	434.4	1579.5
专利授权量	(件)	2268	4025	5905	10100	33511
卫 生						
卫生机构个数	(个)	4953	4955	6176	4818	6539
卫生机构病床数	(万张)	5.9	6.7	7.1	7.9	9.3
卫生技术人员数	(万人)	11.2	11.6	11.6	12.0	17.1
#执业(助理)医师		5.1	5.4	5.2	5.1	6.6
注册护师(士)		3.5	3.7	4.0	4.3	6.7
生活与环境						
婚 姻						
登记结婚对数	(万对)	9.3	8.6	8.0	9.7	13.8
离婚对数	(万对)	1.5	2.0	2.7	3.4	4.4
居民收入						
城镇居民人均可支配收入	(元)	1787	5868	10350	17653	29073
农村居民人均可支配收入	(元)	1297	3209	4687	7860	13262
工 资						
城镇单位在岗职工工资总额	(亿元)	118.9	382.0	695.5	1520.1	3789.1
城镇单位在岗职工平均工资	(元)	2653	8144	15726	34191	65683
市政建设						
全社会用电量	(亿千瓦时)	150.5	222.6	384.4	570.5	809.9
自来水销售总量	(亿立方米)	5.3	6.8	7.5	7.2	8.9
居民燃气用户	(万户)	176.1	219.8	291.9	462.6	634.2
城市公共交通客运量	(亿人次)	33.5	37.2	40.7	51.8	69.0
环 境						
城市绿化覆盖率	(%)	28.0	32.7	36.5	42.0	45.0
污水处理率	(%)	7.3	19.4	39.4	62.4	81.0

注：1. 北京地区用电量来源于北京市电力公司，2000年以前工业用电量不包含输配损失和发电企业自产自用电量。

2. 从2001年开始，有关职工的指标调整为在岗职工的指标。2007年及以前城镇单位在岗职工工资包括乡及乡以上独立核算法人单位，不包括乡镇企业、私营单位和个体工商户；2008年及以后包括乡镇企业。

3. 离婚对数包括在民政部门登记的对数和经法院调离和判离的对数。

4. 2010年及以前，本表中卫生机构数据都不包含村卫生室及驻京部队医院情况。2011年开始，包含村卫生室情况。2012年开始，卫生机构数、卫生技术人员数据中包含驻京部队医院，床位数不包含。

5. 2015年开始，根据国家统计局城乡居民统计新口径要求，农村居民人均纯收入统一改为农村居民人均可支配收入。

1-2 续表5

2015	2016	速度指标(%) 指　数(2016年为以下各年) 1990	1995	2000	2005	2010	2015
373.4	373.4		156.9	162.4	164.9	113.2	100.0
22.6	23.1		131.0	138.4	132.5	111.9	102.3
5943.0	6229.0	282.4	236.9	206.3	171.8	135.0	104.8
1384.0	1484.6			953.5	391.1	180.6	107.3
3452.6	3940.8	19441.5	9572.0	2809.0	907.2	249.5	114.1
94031	100578	4434.7	2498.8	1703.3	995.8	300.1	107.0
10425	10637	214.8	214.7	172.2	220.8	162.7	102.0
11.2	11.7	198.1	174.8	164.2	147.9	125.9	104.8
25.7	26.5	237.3	228.4	229.3	220.9	154.8	103.2
9.6	10.1	198.1	186.4	195.6	199.3	153.0	104.6
11.4	11.8	340.7	320.7	295.1	274.5	175.0	103.0
16.6	16.6	178.7	194.4	207.2	171.4	120.3	100.1
8.2	10.6	717.4	524.8	397.5	309.0	240.6	128.7
52859	57275						108.4
20569	22310						108.5
8225.2	9005.0	7573.6	2357.3	1294.8	592.4	237.7	109.5
113073	122749	4626.8	1507.2	780.5	359.0	186.9	108.6
952.7	1020.3	678.0	458.4	265.4	178.8	126.0	107.1
10.4	10.8	205.6	159.7	143.8	151.4	121.5	104.3
885.7	900.7	511.5	409.8	308.6	194.7	142.0	101.7
73.8	73.5	219.6	197.8	180.7	141.9	106.5	99.5
48.4	48.4						
87.9	90.0						

1-3 主要年份全市国民经济和社会发展结构指标

单位：%

项 目	1990	1995	2000	2005	2010	2015	2016
人口与就业							
常住人口							
按性别分							
男	50.2	50.1	52.1	50.6	51.6	51.3	51.2
女	49.8	49.9	47.9	49.4	48.4	48.7	48.8
按城乡分							
城 镇	73.5	75.6	77.5	83.6	86.0	86.5	86.5
乡 村	26.5	24.4	22.5	16.4	14.0	13.5	13.5
就 业							
从业人员年末人数							
第一产业	14.5	10.6	11.8	7.1	6.0	4.2	4.1
第二产业	44.9	40.7	33.6	26.3	19.6	17.0	15.8
第三产业	40.6	48.7	54.6	66.6	74.4	78.8	80.1
宏观经济							
国民经济核算							
地区生产总值							
第一产业	8.7	4.8	2.5	1.2	0.9	0.6	0.5
第二产业	52.3	42.7	32.4	28.6	23.5	19.7	19.3
第三产业	39.0	52.5	65.1	70.1	75.7	79.7	80.2
投 资							
全社会固定资产投资							
城 镇	88.2	94.4	91.9	91.8	91.1	90.9	91.3
农 村	9.7	4.8	6.5	8.2	8.9	9.1	8.7
资金来源结构							
国家预算内资金	25.3	7.7	7.4	2.8	1.2	1.7	0.9
国内贷款	16.7	13.4	26.0	23.2	26.6	22.2	22.2
利用外资	11.2	20.5	3.6	1.6	0.5	0.1	0.1
债券、自筹和其他资金	46.8	58.4	63.0	72.4	71.6	76.0	76.8
财 政							
一般公共预算							
收入主要税种							
#增值税			13.3	10.6	8.9	15.2	23.9
房产税				3.8	3.6	3.2	3.9
土地增值税				0.3	3.6	3.7	3.5
契税				6.6	5.7	4.5	5.0
营业税			43.2	41.7	36.3	25.1	11.5
个人所得税			16.3	9.2	9.1	10.1	11.2
企业所得税			16.8	17.9	21.8	21.7	21.6
能源消费总量							
第一产业	3.9	3.4	2.5	1.7	1.5	1.2	1.2
第二产业	63.5	65.9	58.5	46.8	37.2	27.8	26.9
第三产业	19.0	17.9	26.1	35.1	41.7	48.3	49.0
生活消费	13.6	12.8	12.9	16.4	19.5	22.7	22.9

注：1. 自2012年开始，从业人员年末人数和能源消费总量三次产业分组口径根据国家统计局规定进行了调整。
2. 自2013年开始，地区生产总值三次产业分组口径根据国家统计局规定调整,并对2012年以前三次产业数据进行相应调整。

1-3 续表1

单位：%

项　　目	1990	1995	2000	2005	2010	2015	2016
产业							
农业							
农林牧渔业产值结构							
农　业	55.6	52.8	46.7	38.0	47.0	42.0	42.9
林　业	1.3	1.7	2.8	5.2	5.1	15.6	15.4
牧　业	39.8	41.8	46.4	50.5	42.6	36.9	36.3
渔　业	3.3	3.7	4.1	3.6	3.5	3.2	2.7
农林牧渔服务业				2.7	1.8	2.3	2.6
工业							
规模以上工业主要行业增加值结构							
#医药制造业		1.6	3.6	3.0	5.6	8.2	9.0
汽车制造业		9.4	3.7	8.7	16.6	21.8	25.3
计算机、通信和其他电子设备制造业		9.9	24.7	16.7	8.7	7.7	4.9
电力、热力的生产和供应业		7.0	6.4	11.8	14.9	18.0	19.4
建筑业							
建筑业总产值结构							
#国有企业	68.7	69.1	44.8	27.4	6.3	3.0	2.6
集体企业	31.3	26.4	21.7	4.7	2.0	1.2	1.1
港澳台商投资企业		1.4	1.4	1.2	1.8	0.7	0.8
外商投资企业		1.2	2.0	1.7	1.0	0.5	0.4
交通运输业							
货运量结构(按运输方式分)							
铁　路	11.4	9.2	8.5	6.1	6.6	4.3	3.0
公　路	87.5	90.4	91.2	92.4	85.1	82.0	82.9
民　航	0.0	0.1	0.1	0.2	0.5	0.7	0.7
管　道	1.0	0.3	0.2	1.2	7.7	13.0	13.4
客运量结构(按运输方式分)							
铁　路	50.4	45.1	24.2	9.5	6.3	18.3	19.3
公　路	46.7	47.7	70.7	85.3	89.7	71.4	69.3
民　航	2.9	7.2	5.1	5.2	4.0	10.3	11.4
国内贸易							
社会消费品零售总额结构							
吃类商品	39.6	42.7	28.4	25.8	21.4	19.0	20.9
穿类商品	13.2	14.6	12.0	9.7	8.8	7.2	7.1
用类商品	44.8	40.8	56.2	56.5	62.4	69.2	67.5
烧类商品	2.4	1.9	3.4	8.1	7.5	4.6	4.6
对外贸易							
海关出口商品结构							
#一般贸易		70.6	65.9	54.5	45.0	54.8	51.5
加工贸易		21.3	29.6	39.6	42.1	28.0	29.5
海关进口商品结构							
#一般贸易		84.4	87.3	85.2	88.7	85.7	85.5
加工贸易		5.2	3.5	8.2	5.9	7.7	8.4
入境旅游							
接待海外旅游人数结构							
外国人	63.7	80.5	84.4	85.9	86.0	85.1	85.2
港澳台同胞	34.6	17.6	15.6	14.1	14.0	14.9	14.8

1-3 续表2

单位：%

项 目	1990	1995	2000	2005	2010	2015	2016
教育、科技、文化、卫生							
教 育							
在校学生结构							
#普通本专科		7.7	12.3	23.7	17.5	15.9	15.8
中等教育		35.1	42.3	37.9	22.1	15.7	14.8
小学教育		42.3	32.3	21.8	19.8	22.8	23.3
专任教师结构							
#高等教育	24.6	22.7	22.2	32.7	35.9	30.3	30.0
中等教育	38.3	38.6	40.5	33.6	29.1	32.0	31.5
小学教育	36.7	37.9	36.8	25.3	23.9	22.1	22.4
科 技							
研究与试验发展(R&D)							
人员折合全时当量结构							
基础研究				12.9	15.2	16.8	18.3
应用研究				29.8	27.1	25.1	25.1
试验发展				57.3	57.7	58.1	56.6
研究与试验发展(R&D)							
经费内部支出结构							
基础研究				10.1	11.6	13.8	14.2
应用研究				27.8	26.4	23.0	23.4
试验发展				53.1	62.0	63.2	62.3
卫 生							
卫生技术人员结构							
#执业(助理)医师	45.6	46.7	44.6	42.2	38.5	37.6	38.1
注册护士	31.0	31.7	34.5	35.8	39.3	44.6	44.5
生活与环境							
生 活							
城镇居民消费结构							
#食品烟酒(恩格尔系数)	54.2	48.5	36.3	31.8	32.1	22.1	21.1
衣 着	14.8	15.1	8.9	8.9	10.4	7.2	6.9
医疗保健	1.4	2.9	6.9	9.8	6.7	6.5	6.9
交通和通信	1.5	4.7	7.1	14.7	17.2	13.3	13.3
教育文化娱乐服务	11.5	10.2	15.1	16.5	14.6	11.0	10.6
农村居民消费结构							
#食品烟酒(恩格尔系数)	50.7	49.6	36.7	32.8	30.9	27.7	26.9
衣 着	9.5	10.9	7.6	7.8	7.7	6.3	6.3
医疗保健	3.8	4.8	8.0	9.0	8.9	8.5	7.8
交通和通信	1.7	4.1	6.3	11.0	13.1	13.5	13.3
教育文化娱乐服务	6.6	10.6	14.4	15.1	9.7	7.2	7.7
环 境							
林木绿化率	28.3	36.3	42.0	50.5	53.0	59.0	59.3

1-4 全市国民经济和社会发展比例和效益指标

项　　目		2016	2015
人口与就业			
人　口			
常住人口出生率	(‰)	9.32	7.96
常住人口死亡率	(‰)	5.20	4.95
常住人口自然增长率	(‰)	4.12	3.01
就　业			
城镇登记失业率	(%)	1.41	1.39
宏观经济			
国民经济核算			
人均地区生产总值	(元/人)	118198	109603
社会劳动生产率	(元/人)	213356	202200
第一产业		25984	27339
第二产业		251114	226963
第三产业		215372	206459
固定资产投资			
全社会固定资产投资相当于			
地区生产总值比例	(%)	32.96	33.74
能源消费			
能源消费弹性系数		0.23	0.05
电力消费弹性系数		1.07	0.28
万元地区生产总值能耗(可比价)	(吨标准煤)	0.28	0.34
万元地区生产总值水耗(现价)	(立方米)	15.12	16.60
产　业			
规模以上工业企业效益			
综合效益指数	(%)	313.42	302.38
总资产贡献率	(%)	6.19	6.79
资产保值增值率	(%)	113.63	124.95

1-4 续表

项　　目		2016	2015
资产负债率	(%)	45.94	46.89
流动资产周转率	(次)	1.21	1.27
成本费用利润率	(%)	8.45	8.83
全员劳动生产率	(元/人)	358907	332913
产品销售率	(%)	98.62	99.02
建筑业			
产值竣工率	(%)	48.9	50.8
面积竣工率	(%)	17.5	16.5
邮电通信业			
移动电话普及率	(户/百人)	178.0	186.7
固定电话主线普及率	(线/百人)	32.0	36.2
国内贸易			
人均社会消费品零售总额	(元)	50675	47838
教育、科技、文化、卫生			
教 育			
平均每一专任教师负担学生数			
#普通中学	(人)	7.9	8.4
小学学校	(人)	14.0	14.3
科 技			
研究与试验发展经费内部支出			
相当于地区生产总值比例	(%)	5.78	5.84
文 化			
每万人拥有公共图书馆	(个)	0.01	0.01
每万人拥有博物馆	(个)	0.08	0.08
卫 生			
婴儿死亡率	(‰)	2.21	2.42
孕产妇死亡率	(1/10万)	10.83	8.69
平均每千人口拥有执业医师数(常住人口)	(人)	4.64	4.44
家庭、生活、环境、灾害			
家 庭			
少儿抚养比(常住人口)	(%)	13.02	12.67
老年抚养比(常住人口)	(%)	13.41	12.89
居民收入			
城镇与农村居民收入比例(以农村居民收入为1)		2.57	2.57
环境、灾害			
人均公园绿地面积	(平方米)	16.1	16.0
平均每起火灾直接经济损失	(元)	13867	16195
平均每起交通事故直接经济损失	(元)	8916	7918
重点食品安全监测抽检合格率	(%)	98.50	98.42
药品抽验合格率	(%)	99.85	99.71

1-5 北京一日

项目		2016	2015
每天创造的财富			
地区生产总值	(万元)	701341.5	648923.3
第一产业		3546.4	3846.6
第二产业		135092.9	127687.7
第三产业		562702.2	517389.0
#批发和零售业		64833.3	64446.6
信息传输、软件和信息技术服务业		76661.2	66901.4
金融业		116688.5	107572.6
科学研究和技术服务业		68633.9	60991.8
一般公共预算收入	(万元)	138832.2	129420.8
一般公共预算支出	(万元)	175048.3	157197.3
发电量	(万千瓦时)	11848.9	11435.2
汽车生产量	(辆)	7115	6080
移动电话机生产量	(台)	189178	261392
每天收入与消费量			
城镇居民人均可支配收入	(元)	156.5	144.8
城镇居民人均消费性支出	(元)	104.5	100.4
农村居民人均可支配收入	(元)	61.0	56.4
农村居民人均生活消费支出	(元)	47.3	43.3
城镇单位在岗职工平均工资	(元)	335.4	309.8
社会消费品零售总额	(万元)	300685.8	283232.9
居民生活用电量	(万千瓦时)	5339.7	4787.9
每天其他活动			
地区出口值	(万元)	93722.5	93013.3
旅游外汇收入	(万美元)	1385.0	1261.6
国内旅游收入	(万元)	127950.8	118356.2
接待入境旅游人数	(人次)	11380	11506
接待国内旅游者人数	(人次)	768169	735863
市内公共交通客运量	(万人次)	2008.1	2023.0
每天人口和婚姻变动			
出生人口(常住人口)	(人)	553	471
死亡人口(常住人口)	(人)	309	293
登记结婚对数	(对)	454	455
离婚对数	(对)	289	225

注：离婚对数包括在民政部门登记的对数和经法院调离和判离的对数。

2017
北京区域统计年鉴

第二章

BEIJING AREA STATISTICAL YEARBOOK

分区历史数据

简要说明

一、本章资料的主要内容

本章主要包括户籍人口、常住人口、地区生产总值、一般公共预算收支、全社会固定资产投资、社会消费品零售总额、农林牧渔业总产值、规模以上工业总产值、建筑业总产值、外商投资、入境旅游、城乡居民收支、在校学生和幼儿数、卫生机构等指标的分功能区和分区2005年以来的历史数据。

二、本章资料的数据来源

户籍人口数据来自北京市公安局；财政收支情况来自北京市财政局；外商投资情况来自北京市商务委员会；在校学生和幼儿数来自北京市教育委员会；卫生情况来自北京市卫生和计划生育委员会；城乡居民收支数据来自国家统计局北京调查总队；其他数据来自北京市统计局。

三、有关统计标准变化和调整的说明

从2011年起，根据国家统计局相关规定，固定资产投资统计起点由50万元调整至500万元。

2005年开始，社会消费品零售总额数据按法人在地原则核算,从2009年开始数据按产业在地原则核算。

规模以上工业总产值2005年为全部国有及年主营业务收入在500万元及以上非国有工业口径；2007年调整为年主营业务收入500万元及以上的全部工业法人企业；2011年及以后调整为年主营业务收入2000万元及以上的全部工业法人企业。

2012年开始，北京市卫生机构数中包含驻京部队医院，分区数据中不包含驻京部队医院，所以各区数据相加不等于全市合计。

按照国家统计局要求，自2015年起北京按照改革后新口径发布全市和分城乡的居民收支数据，增长速度为同口径增速。

2016年按照国家统计局统一部署，开始实施地区研发支出核算方法改革，将研发支出未计入地区生产总值部分进行补充核算。

四、本章中关于历史数据调整的问题

2005-2008年地区生产总值数据，按照国家统一规定，根据“北京市第二次全国经济普查”和“北京市第二次全国农业普查”的数据结果进行了修正。

社会消费品零售总额2005—2007年数据根据第二次全国经济普查数据进行了修订，2008年数据为第二次全国经济普查数据，2009-2012年数据根据第三次全国经济普查数据进行了修订，2013年数据为第三次全国经济普查数据。

农林牧渔业总产值2005年数据为根据第二次全国农业普查修订数据。

2016年对全市1996年以来地区生产总值进行了调整，对各区2005年以来的数据进行了调整。

2-1 主要年份户籍人口

单位：万人

各　区	2005	2010	2011	2012	2013	2014	2015	2016
全　市	**1180.7**	**1257.8**	**1277.9**	**1297.5**	**1316.3**	**1333.4**	**1345.2**	**1362.9**
首都功能核心区	**225.7**	**230.1**	**232.5**	**235.3**	**238.2**	**240.9**	**242.6**	**243.9**
东 城 区	97.0	95.6	96.1	96.8	97.4	98.0	97.4	97.4
西 城 区	128.7	134.5	136.4	138.5	140.8	142.9	145.2	146.5
城市功能拓展区	**495.3**	**550.7**	**563.3**	**574.9**	**585.4**	**593.4**	**598.8**	**605.1**
朝 阳 区	171.1	188.6	193.2	197.4	201.2	204.2	207.4	210.9
丰 台 区	97.4	106.3	108.1	109.7	111.4	112.8	113.7	115.3
石景山区	35.0	36.2	36.6	37.1	37.6	38.0	38.3	38.7
海 淀 区	191.8	219.6	225.5	230.7	235.3	238.5	239.5	240.2
城市发展新区	**299.0**	**314.6**	**319.2**	**323.9**	**328.8**	**334.5**	**339.0**	**348.2**
房 山 区	75.4	76.8	77.4	78.0	78.6	79.4	79.9	81.3
通 州 区	62.9	66.3	67.3	68.3	69.3	70.5	71.8	74.7
顺 义 区	55.9	58.2	58.8	59.4	60.1	60.9	61.5	62.7
昌 平 区	48.2	53.3	54.8	56.1	57.3	58.5	59.5	61.1
大 兴 区	56.6	59.9	61.0	62.2	63.6	65.1	66.3	68.4
生态涵养发展区	**160.7**	**162.4**	**162.9**	**163.4**	**163.9**	**164.6**	**164.7**	**165.6**
门头沟区	23.8	24.6	24.7	24.8	24.9	24.9	24.9	25.1
怀 柔 区	27.3	27.7	27.7	27.8	27.9	28.1	28.2	28.3
平 谷 区	39.5	39.5	39.6	39.8	39.9	40.1	40.1	40.2
密 云 区	42.5	42.8	42.9	43.0	43.1	43.3	43.3	43.6
延 庆 区	27.6	27.9	27.9	28.0	28.1	28.2	28.2	28.4

资料来源：北京市公安局。

2-2 主要年份常住人口

单位：万人

各区	2005	2010	2011	2012	2013	2014	2015	2016
全市	**1538.0**	**1961.9**	**2018.6**	**2069.3**	**2114.8**	**2151.6**	**2170.5**	**2172.9**
首都功能核心区	**205.2**	**216.2**	**215.0**	**219.5**	**221.2**	**221.3**	**220.3**	**213.7**
东城区	86.0	91.9	91.0	90.8	90.9	91.1	90.5	87.8
西城区	119.2	124.3	124.0	128.7	130.3	130.2	129.8	125.9
城市功能拓展区	**748.0**	**955.4**	**986.4**	**1008.2**	**1032.2**	**1055.0**	**1062.5**	**1033.8**
朝阳区	280.2	354.5	365.8	374.5	384.1	392.2	395.5	385.6
丰台区	156.8	211.2	217.0	221.4	226.1	230.0	232.4	225.5
石景山区	52.4	61.6	63.4	63.9	64.4	65.0	65.2	63.4
海淀区	258.6	328.1	340.2	348.4	357.6	367.8	369.4	359.3
城市发展新区	**411.6**	**603.2**	**629.9**	**653.0**	**671.5**	**684.9**	**696.9**	**730.3**
房山区	87.0	94.5	96.7	98.6	101.0	103.6	104.6	109.6
通州区	86.7	118.4	125.0	129.1	132.6	135.6	137.8	142.8
顺义区	71.1	87.7	91.5	95.3	98.3	100.4	102.0	107.5
昌平区	78.2	166.1	173.8	183.0	188.9	190.8	196.3	201.0
大兴区	88.6	136.5	142.9	147.0	150.7	154.5	156.2	169.4
生态涵养发展区	**173.2**	**186.4**	**187.3**	**188.6**	**189.9**	**190.4**	**190.8**	**195.1**
门头沟区	27.7	29.0	29.4	29.8	30.3	30.6	30.8	31.1
怀柔区	32.2	37.3	37.1	37.7	38.2	38.1	38.4	39.3
平谷区	41.4	41.6	41.8	42.0	42.2	42.3	42.3	43.7
密云区	43.9	46.8	47.1	47.4	47.6	47.8	47.9	48.3
延庆区	28.0	31.7	31.9	31.7	31.6	31.6	31.4	32.7

注：1.2005年数据为1%人口抽样调查推算数据；2010年为第六次人口普查数据；2011—2016年为人口抽样调查推算数据（下表同）。

2.2010年全市常住人口是根据2010年人口普查结果推算的年末数，分功能区和分区的数据为2010年人口普查数据，普查标准时点为2010年11月1日零时(另：普查时点全市常住人口为1961.2万人)。

2-3 主要年份常住外来人口

单位：万人

各　区	2005	2010	2011	2012	2013	2014	2015	2016
全　市	**357.3**	**704.7**	**742.2**	**773.8**	**802.7**	**818.7**	**822.6**	**807.5**
首都功能核心区	**36.4**	**54.7**	**53.4**	**54.5**	**55.4**	**54.0**	**51.7**	**48.4**
东 城 区	15.3	22.0	21.4	21.2	21.0	21.2	20.7	19.2
西 城 区	21.1	32.7	32.0	33.3	34.4	32.8	31.0	29.2
城市功能拓展区	**209.2**	**379.1**	**400.0**	**413.0**	**426.0**	**436.4**	**437.4**	**413.0**
朝 阳 区	84.0	151.5	160.9	169.5	176.1	179.8	184.0	174.8
丰 台 区	36.6	81.3	84.3	83.7	85.0	85.1	83.8	79.9
石景山区	14.9	20.7	21.3	21.4	21.4	21.2	21.0	19.0
海 淀 区	73.7	125.6	133.5	138.4	143.5	150.3	148.6	139.3
城市发展新区	**94.4**	**240.0**	**257.7**	**275.1**	**289.6**	**296.9**	**302.2**	**313.9**
房 山 区	11.9	19.5	21.4	22.8	24.6	26.7	27.4	28.0
通 州 区	19.7	43.5	47.7	50.7	53.6	55.5	55.9	57.0
顺 义 区	15.6	27.9	31.3	34.5	37.3	38.9	40.2	43.0
昌 平 区	21.9	84.7	89.6	95.7	100.6	100.2	102.6	103.8
大 兴 区	25.3	64.4	67.7	71.4	73.5	75.6	76.1	82.1
生态涵养发展区	**17.3**	**30.7**	**31.1**	**31.2**	**31.7**	**31.4**	**31.3**	**32.2**
门头沟区	4.1	4.7	4.8	4.9	5.0	4.9	4.8	5.0
怀 柔 区	5.3	10.3	10.2	10.3	10.6	10.4	10.5	10.6
平 谷 区	2.4	4.9	5.1	5.2	5.3	5.3	5.3	5.5
密 云 区	3.5	6.9	7.0	7.1	7.2	7.2	7.1	7.2
延 庆 区	2.0	3.9	4.0	3.7	3.6	3.6	3.6	3.9

注：2010年全市常住外来人口是根据2010年人口普查结果推算的年末数，分功能区和分区的数据为2010年人口普查数据，普查标准时点为2010年11月1日零时(另：普查时点全市常住外来人口为704.5万人)。

2-4 主要年份地区生产总值

单位：亿元

各 区	2005	2010	2011	2012	2013	2014	2015	2016
全 市	**7141.4**	**14441.6**	**16627.9**	**18350.1**	**20330.1**	**21944.1**	**23685.7**	**25669.1**
首都功能核心区	**1735.6**	**3329.5**	**3769.0**	**4143.8**	**4548.3**	**4863.8**	**5254.3**	**5664.2**
东 城 区	656.1	1243.2	1370.7	1494.1	1655.2	1766.0	1913.7	2061.8
西 城 区	1079.5	2086.4	2398.3	2649.7	2893.0	3097.8	3340.6	3602.4
城市功能拓展区	**3398.8**	**6876.4**	**7970.0**	**8859.9**	**9853.3**	**10597.8**	**11394.2**	**12345.4**
朝 阳 区	1357.0	2892.1	3411.2	3801.1	4208.1	4495.4	4823.9	5171.0
丰 台 区	386.5	747.8	858.0	948.4	1034.5	1115.3	1203.4	1297.0
石景山区	211.7	302.5	329.1	349.2	386.4	412.5	444.0	482.1
海 淀 区	1443.6	2934.0	3371.7	3761.1	4224.3	4574.7	4922.9	5395.2
城市发展新区	**1237.5**	**3066.5**	**3507.2**	**3833.1**	**4255.8**	**4610.0**	**4993.3**	**5423.4**
房 山 区	210.8	374.4	419.1	454.5	487.3	524.6	565.7	606.6
通 州 区	146.6	352.1	409.7	461.3	516.2	560.9	614.5	674.8
顺 义 区	261.8	878.4	1028.9	1121.7	1260.0	1358.4	1469.4	1591.6
昌 平 区	201.1	416.1	473.7	530.7	593.6	643.3	696.1	753.4
大 兴 区	157.5	319.2	359.9	404.1	450.4	490.9	530.8	583.2
北京经济技术开发区	259.6	726.3	815.9	860.8	948.2	1031.9	1116.8	1213.8
生态涵养发展区	**308.9**	**568.1**	**654.8**	**726.5**	**798.2**	**858.4**	**932.7**	**1009.4**
门头沟区	46.7	87.6	105.2	119.3	126.4	135.0	146.9	157.9
怀 柔 区	84.5	150.6	171.6	185.9	207.5	222.7	240.6	259.4
平 谷 区	57.7	118.9	138.0	155.1	170.9	185.4	201.4	218.3
密 云 区	79.5	142.7	163.5	181.0	199.6	213.9	232.5	251.1
延 庆 区	40.5	68.3	76.4	85.1	93.9	101.3	111.2	122.7

注： 1.表内数据按现价计算。

2.2005年数据根据第二次全国农业普查和第二次全国经济普查结果进行了修订，2013年数据为第三次全国经济普查数据。

3.地区生产总值各区合计数不等于全市是由于各区中扣除了划归市一级核算的部分。

4.部分数据合计数由于计量单位取舍不同而产生的计算误差，均未作机械调整。

5.2016年根据国家统计局统一部署，实施地区研发支出核算方法改革，全市1996年以来数据、各区2005年以来数据均进行了调整。

2-5 主要年份一般公共预算收入

单位：亿元

各 区	2005	2010	2011	2012	2013	2014	2015	2016
全 市	**919.20**	**2353.93**	**3006.28**	**3314.93**	**3661.11**	**4027.16**	**4723.86**	**5081.26**
首都功能核心区	**120.23**	**316.42**	**402.13**	**443.95**	**489.08**	**528.71**	**615.97**	**580.15**
东 城 区	49.15	102.79	122.29	134.84	147.13	155.95	164.56	166.34
西 城 区	71.08	213.63	279.84	309.11	341.95	372.76	451.41	413.81
城市功能拓展区	**165.55**	**484.10**	**634.46**	**701.90**	**775.46**	**852.10**	**945.07**	**1019.91**
朝 阳 区	84.49	231.34	312.79	345.19	376.47	411.83	447.98	477.13
丰 台 区	17.80	45.64	60.81	68.58	76.93	86.14	94.49	104.59
石景山区	10.26	18.85	22.66	25.07	30.61	37.97	45.09	52.07
海 淀 区	70.80	188.28	238.20	263.06	291.45	316.16	357.50	386.11
城市发展新区	**64.82**	**183.98**	**241.71**	**269.95**	**308.49**	**344.88**	**390.02**	**424.07**
房 山 区	12.79	28.16	34.80	40.03	45.08	45.60	50.15	53.70
通 州 区	11.45	31.65	40.44	45.95	52.91	60.86	70.80	76.51
顺 义 区	16.45	58.44	80.91	86.24	98.03	110.62	124.76	137.86
昌 平 区	13.20	35.59	45.37	52.21	60.08	66.28	73.05	78.28
大 兴 区	10.93	30.14	40.19	45.51	52.39	61.52	71.25	77.72
生态涵养发展区	**29.99**	**65.25**	**83.58**	**94.66**	**106.84**	**117.74**	**130.39**	**136.16**
门头沟区	6.89	10.68	16.87	19.07	20.72	22.03	26.07	27.79
怀 柔 区	7.43	18.24	21.06	23.46	26.70	30.34	33.38	35.65
平 谷 区	5.47	13.65	18.09	21.01	23.97	26.55	27.93	27.95
密 云 区	7.43	15.58	19.51	22.18	25.42	27.79	29.50	31.17
延 庆 区	2.77	7.10	8.06	8.94	10.02	11.02	13.50	13.61

资料来源：北京市财政局。

2–6 主要年份一般公共预算支出

单位：亿元

各　区	2005	2010	2011	2012	2013	2014	2015	2016
全　市	**1058.30**	**2717.32**	**3245.23**	**3685.31**	**4173.66**	**4524.67**	**5737.70**	**6406.77**
首都功能核心区	**122.73**	**346.40**	**367.03**	**413.69**	**455.60**	**513.83**	**712.07**	**663.62**
东 城 区	54.50	115.59	135.87	154.70	168.96	195.37	237.16	237.54
西 城 区	68.23	230.81	231.15	258.99	286.65	318.46	474.91	426.09
城市功能拓展区	**190.02**	**511.50**	**612.28**	**774.86**	**917.00**	**996.16**	**1239.62**	**1322.50**
朝 阳 区	59.62	168.00	215.08	275.10	316.77	380.79	443.65	453.03
丰 台 区	32.40	84.56	107.21	142.36	150.63	152.92	207.93	194.11
石景山区	16.90	42.85	45.87	51.82	61.25	68.83	91.33	97.97
海 淀 区	81.10	216.09	244.11	305.58	388.35	393.62	496.71	577.40
城市发展新区	**139.99**	**395.49**	**496.88**	**540.51**	**675.45**	**751.89**	**1084.52**	**1201.46**
房 山 区	31.28	80.23	116.91	114.11	144.81	154.12	183.57	224.20
通 州 区	25.22	74.22	81.29	99.34	125.46	131.84	198.31	338.44
顺 义 区	31.17	95.22	124.51	130.35	146.69	167.84	225.11	239.09
昌 平 区	25.68	73.59	83.20	95.36	123.25	138.44	185.74	160.29
大 兴 区	26.64	72.23	90.97	101.36	135.25	159.66	291.80	239.45
生态涵养发展区	**103.41**	**266.53**	**304.79**	**343.15**	**423.59**	**419.72**	**501.58**	**522.17**
门头沟区	19.57	45.75	54.96	60.10	76.10	68.89	93.31	87.52
怀 柔 区	22.34	63.08	70.37	75.55	96.47	97.89	106.98	107.44
平 谷 区	20.61	52.33	58.14	70.88	82.36	83.25	107.25	121.23
密 云 区	23.93	61.73	70.31	76.90	89.62	95.59	110.21	113.51
延 庆 区	16.96	43.65	51.01	59.72	79.04	74.10	83.83	92.47

资料来源：北京市财政局。

2-7 主要年份全社会固定资产投资

单位：亿元

各 区	2005	2010	2011	2012	2013	2014	2015	2016
全 市	**2827.2**	**5493.5**	**5910.6**	**6462.8**	**7032.2**	**7562.3**	**7990.9**	**8461.7**
首都功能核心区	**522.4**	**362.4**	**362.5**	**381.0**	**408.1**	**455.9**	**481.2**	**517.3**
东 城 区	242.2	180.7	175.2	182.5	195.1	214.7	235.2	264.6
西 城 区	280.2	181.7	187.3	198.4	213.0	241.2	246.0	252.7
城市功能拓展区	**1466.6**	**2456.9**	**2486.2**	**2689.3**	**2906.7**	**3073.5**	**3172.7**	**3316.9**
朝 阳 区	729.5	1230.7	1177.0	1195.5	1216.7	1235.4	1238.7	1257.9
丰 台 区	232.2	504.6	553.0	660.1	752.0	812.3	862.3	960.9
石景山区	76.5	154.5	130.9	144.8	162.9	184.1	201.3	225.6
海 淀 区	428.3	567.0	625.3	688.9	775.1	841.7	870.5	872.5
城市发展新区	**665.4**	**2216.0**	**2504.6**	**2725.3**	**2947.4**	**3188.1**	**3588.3**	**3770.2**
房 山 区	127.0	403.8	454.5	490.1	493.7	505.8	532.3	536.9
通 州 区	112.3	364.7	415.8	506.1	590.8	687.7	800.8	939.9
顺 义 区	133.8	413.7	436.0	418.6	429.7	432.3	465.2	485.0
昌 平 区	120.5	374.4	412.6	490.1	551.9	614.5	581.1	594.5
大 兴 区	87.1	422.7	465.5	480.5	506.2	556.7	811.3	827.3
北京经济技术开发区	84.8	236.6	320.2	339.9	375.2	391.0	397.6	386.7
生态涵养发展区	**172.8**	**458.3**	**557.2**	**667.2**	**769.9**	**844.7**	**748.7**	**857.3**
门头沟区	22.8	94.8	142.3	190.7	230.1	267.8	292.1	338.3
怀 柔 区	54.9	103.6	119.9	138.3	156.0	167.1	130.9	121.1
平 谷 区	33.5	82.4	100.6	122.5	141.2	162.7	146.9	164.7
密 云 区	44.8	121.7	132.1	145.3	165.1	177.3	107.6	126.0
延 庆 区	16.7	55.7	62.3	70.4	77.6	69.9	71.2	107.2

注：1.本表资料按项目所在建设地地址划分。
2.从2011年起，根据国家统计局相关规定，固定资产投资统计起点由50万元调整至500万元。

2-8 主要年份社会消费品零售总额

单位：亿元

各　区	2005	2010	2011	2012	2013	2014	2015	2016
全　市	**2911.66**	**6340.35**	**7222.17**	**8123.54**	**8872.12**	**9638.00**	**10338.01**	**11005.08**
首都功能核心区	**583.47**	**1211.41**	**1401.76**	**1547.13**	**1656.54**	**1775.92**	**1898.51**	**2015.41**
东 城 区	293.88	603.39	700.28	784.64	839.16	913.34	985.92	1046.64
西 城 区	289.59	608.01	701.48	762.49	817.38	862.58	912.59	968.78
城市功能拓展区	**1821.96**	**3797.26**	**4236.29**	**4725.19**	**5117.11**	**5517.69**	**5882.90**	**6230.51**
朝 阳 区	795.81	1683.38	1870.01	2071.27	2243.43	2377.63	2514.85	2654.51
丰 台 区	317.32	696.38	734.09	808.43	864.61	937.37	1007.31	1075.33
石景山区	132.38	144.46	168.87	192.34	215.77	241.88	266.00	287.46
海 淀 区	576.46	1273.04	1463.32	1653.14	1793.31	1960.80	2094.74	2213.21
城市发展新区	**377.29**	**1080.83**	**1287.26**	**1511.93**	**1718.47**	**1927.27**	**2102.79**	**2268.49**
房 山 区	63.31	124.81	146.61	170.22	190.68	211.78	230.24	248.55
通 州 区	82.33	191.54	221.79	255.31	286.92	323.20	355.53	388.13
顺 义 区	68.19	195.10	236.29	282.42	332.35	376.66	409.97	442.99
昌 平 区	56.17	244.28	270.71	311.89	339.43	368.67	395.91	422.72
大 兴 区	64.64	154.97	198.05	240.24	282.25	321.87	356.63	386.41
北京经济技术开发区	42.66	170.12	213.79	251.86	286.85	325.10	354.52	379.70
生态涵养发展区	**128.94**	**250.86**	**296.86**	**339.29**	**379.99**	**417.12**	**453.81**	**490.67**
门头沟区	12.84	30.36	37.99	43.71	48.98	53.11	57.55	61.68
怀 柔 区	32.89	55.92	65.34	74.18	83.94	94.12	102.87	111.48
平 谷 区	20.29	47.20	58.12	66.94	75.02	84.40	92.27	100.17
密 云 区	35.94	69.01	79.50	91.76	102.41	110.71	120.06	129.75
延 庆 区	26.97	48.37	55.91	62.70	69.64	74.79	81.05	87.59

注：1.2005年数据按法人在地原则核算，2009年开始数据按产业在地原则核算。

2.2005年社会消费品零售总额数据根据第二次全国经济普查进行了修订。

3.2010—2012年社会消费品零售总额数据根据第三次全国经济普查进行了修订，2013年数据为第三次全国经济普查数据。

2-9 主要年份农林牧渔业总产值

单位：亿元

各　区	2005	2010	2011	2012	2013	2014	2015	2016
全　市	**239.30**	**328.02**	**363.14**	**395.71**	**421.78**	**420.07**	**368.24**	**338.06**
城市功能拓展区	**9.99**	**11.13**	**10.94**	**13.69**	**13.68**	**12.66**	**10.65**	**10.07**
朝 阳 区	3.91	4.08	3.55	4.51	4.25	4.28	3.51	3.19
丰 台 区	2.71	3.03	2.63	3.45	3.64	2.51	1.85	1.70
海 淀 区	3.38	4.02	4.76	5.73	5.79	5.87	5.30	5.17
城市发展新区	**154.69**	**206.02**	**226.95**	**246.32**	**263.41**	**267.81**	**226.40**	**203.52**
房 山 区	31.41	42.64	45.02	46.45	50.58	52.50	40.25	38.20
通 州 区	28.94	39.79	45.37	51.54	55.41	57.82	50.12	42.41
顺 义 区	49.55	58.58	65.17	67.55	68.34	68.49	58.11	53.41
昌 平 区	10.08	16.80	19.83	25.99	27.85	25.76	22.05	20.67
大 兴 区	34.71	48.21	51.56	54.79	61.24	63.24	55.87	48.82
生态涵养发展区	**68.78**	**109.92**	**124.50**	**134.74**	**143.79**	**137.86**	**129.31**	**122.93**
门头沟区	2.06	3.93	5.06	5.32	5.33	3.53	2.41	2.49
怀 柔 区	12.07	17.08	18.26	19.13	20.33	20.39	17.70	15.25
平 谷 区	17.65	29.44	34.42	39.71	44.70	48.24	46.71	44.99
密 云 区	24.01	39.17	44.06	45.61	47.34	41.60	41.90	40.89
延 庆 区	12.99	20.30	22.69	24.97	26.09	24.11	20.58	19.31

注：1.农林牧渔业总产值按现价计算，其中包含农林牧渔服务业产值。
　　2.农林牧渔业总产值使用的价格为农产品生产价格。
　　3.全市总产值中2010年及以后年份包含远洋渔业的数据。

2-10 主要年份规模以上工业总产值

单位：亿元

各　区	2005	2010	2011	2012	2013	2014	2015	2016
全　市	**6946.2**	**13699.8**	**14513.6**	**15596.2**	**17370.9**	**18452.9**	**17449.6**	**18087.3**
首都功能核心区	**424.3**	**753.3**	**883.4**	**942.7**	**1006.7**	**1127.4**	**1270.2**	**1291.9**
东 城 区	89.3	67.1	106.6	109.6	123.5	161.6	203.0	195.9
西 城 区	334.9	686.3	776.8	833.1	883.2	965.8	1067.2	1096.0
城市功能拓展区	**2429.4**	**3447.4**	**3419.7**	**3418.4**	**3496.6**	**3893.7**	**3619.4**	**3585.0**
朝 阳 区	707.7	1040.5	1188.9	1239.2	1093.2	1006.8	723.4	816.3
丰 台 区	268.9	433.5	407.8	386.4	418.6	434.2	452.5	446.5
石景山区	602.3	630.5	379.2	303.5	276.5	241.4	226.9	213.5
海 淀 区	850.4	1343.0	1443.7	1489.3	1708.3	2211.2	2216.5	2108.6
城市发展新区	**3466.4**	**7065.2**	**7520.9**	**7879.3**	**8698.0**	**8958.6**	**8335.3**	**8909.3**
房 山 区	611.1	949.6	1025.7	1019.9	970.7	1064.7	833.0	751.2
通 州 区	228.7	593.0	586.7	610.0	667.7	691.1	618.9	644.0
顺 义 区	864.3	1851.6	2066.8	2299.0	2862.5	2983.6	2828.4	3008.6
昌 平 区	438.6	987.8	1077.9	1191.7	1271.0	1133.7	804.9	891.2
大 兴 区	204.2	455.1	479.2	570.9	633.1	664.6	694.5	771.8
北京经济技术开发区	1119.5	2228.1	2284.7	2187.9	2292.9	2421.0	2555.5	2842.5
生态涵养发展区	**366.4**	**976.6**	**1077.1**	**1091.5**	**1234.6**	**1283.4**	**1121.1**	**1219.0**
门头沟区	48.4	78.7	89.7	104.6	80.7	98.5	86.5	77.0
怀 柔 区	120.0	484.8	499.1	440.4	553.2	552.7	451.4	491.9
平 谷 区	86.2	184.7	199.1	216.8	242.6	253.9	244.8	246.8
密 云 区	92.9	177.0	223.4	262.0	293.1	309.0	284.4	331.8
延 庆 区	19.0	51.4	65.8	67.7	65.0	69.3	53.9	71.5

注：根据有关规定，自2004年起，国家电网公司、国网冀北电力有限公司的“工业总产值”由市统计局统一核算，故表中“工业总产值”指标分区数据之和不等于全市合计。

2-11 主要年份建筑业总产值

单位：亿元

各　区	2005	2010	2011	2012	2013	2014	2015	2016
全　市	**1894.0**	**5196.0**	**6046.3**	**6588.3**	**7459.6**	**8209.8**	**8436.7**	**8841.2**
首都功能核心区	**327.5**	**739.6**	**956.0**	**1005.9**	**1081.5**	**1174.5**	**1137.0**	**1274.7**
东 城 区	137.3	350.3	431.7	445.9	503.1	513.3	552.8	628.4
西 城 区	190.2	389.3	524.3	560.0	578.4	661.2	584.1	646.3
城市功能拓展区	**929.0**	**2769.9**	**3126.1**	**3394.4**	**3828.9**	**4239.4**	**4458.3**	**4711.6**
朝 阳 区	285.0	703.7	816.9	879.2	1012.0	1066.7	1073.6	1155.1
丰 台 区	174.3	622.1	777.7	819.7	981.4	1184.5	1280.3	1516.3
石景山区	80.0	311.5	342.1	358.5	391.0	460.2	454.5	429.4
海 淀 区	389.7	1132.6	1189.4	1337.0	1444.5	1528.0	1649.9	1610.8
城市发展新区	**446.0**	**1403.6**	**1607.7**	**1801.6**	**2158.6**	**2364.5**	**2423.7**	**2456.0**
房 山 区	145.7	260.0	291.8	294.0	329.0	364.6	346.3	349.5
通 州 区	78.1	324.2	421.8	478.2	757.1	923.7	1016.6	1064.5
顺 义 区	68.5	151.3	198.7	220.8	244.0	307.5	296.8	306.7
昌 平 区	68.5	197.2	234.5	260.7	293.3	219.8	179.3	184.9
大 兴 区	82.4	190.1	225.3	284.7	301.2	308.1	326.4	343.0
北京经济技术开发区	2.8	280.8	235.6	263.2	234.0	240.8	258.4	207.4
生态涵养发展区	**191.5**	**282.9**	**356.5**	**386.4**	**390.6**	**431.4**	**417.7**	**398.9**
门头沟区	41.3	50.8	58.8	71.7	80.9	84.4	92.6	93.5
怀 柔 区	54.1	75.0	84.7	84.9	71.6	77.8	77.1	82.1
平 谷 区	25.4	44.1	79.2	83.1	79.8	87.9	74.3	82.9
密 云 区	35.5	71.0	87.9	96.4	100.9	120.5	117.0	94.5
延 庆 区	35.2	42.0	45.9	50.3	57.4	60.8	56.7	46.0

注：建筑业相关数据是按照建筑业企业经营地划分，统计范围为施工总承包、专业承包建筑业企业。

2–12　主要年份实际利用外商直接投资额

单位：万美元

各　区	2005	2010	2011	2012	2013	2014	2015	2016
全　市	**352638**	**636358**	**705447**	**804160**	**852418**	**904085**	**1299635**	**1302858**
首都功能核心区	**41171**	**115126**	**109453**	**124282**	**116194**	**94415**	**86274**	**100676**
东 城 区	29433	53592	55256	63634	66149	51037	52735	50298
西 城 区	11738	61534	54197	60648	50045	43378	33539	50378
城市功能拓展区	**194140**	**395982**	**421030**	**494678**	**529621**	**604833**	**1079022**	**959390**
朝 阳 区	140029	240298	264703	320073	342225	390011	933873	745228
丰 台 区	5734	12758	7304	16632	18637	45291	5815	10414
石景山区	841	6583	6767	7809	8748	9370	9112	15026
海 淀 区	47536	136343	142256	150164	160011	160161	130222	188722
城市发展新区	**104042**	**107725**	**140409**	**151746**	**140400**	**187191**	**126343**	**229399**
房 山 区	1415	7455	4903	7998	1014	1367	275	4074
通 州 区	8419	9042	9017	10376	12004	35741	30534	36036
顺 义 区	25217	40014	40491	42053	36002	52218	52114	69305
昌 平 区	3909	8894	9092	9288	9865	10380	10903	78881
大 兴 区	4878	11554	13088	82031*	81515*	87485*	32517	41103
北京经济技术开发区	60204	30766	63818	66923	63558	63619	30217	30541
生态涵养发展区	**13285**	**17525**	**34555**	**33454**	**66203**	**17646**	**7996**	**13393**
门头沟区	430	200	4204	4485	100	805	1523	1004
怀 柔 区	5713	6575	5939	20659	37817	5020	2152	3725
平 谷 区	4202	5363	6023	7197	7206	9575	1500	4500
密 云 区	2569	4552	4455	587	984	1909	861	2098
延 庆 区	371	835	13934	526	20096	337	1960	2066

注："*"表示大兴区实际利用外商直接投资额中包含北京经济技术开发区数据。

资料来源：北京市商务委员会。

2–13　主要年份入境旅游者人数

单位：万人次

各　区	2005	2010	2011	2012	2013	2014	2015	2016
全　市	**362.9**	**490.1**	**520.4**	**500.9**	**450.1**	**427.5**	**420.0**	**416.5**
首都功能核心区	**137.1**	**157.2**	**165.9**	**164.0**	**151.7**	**144.4**	**143.2**	**138.8**
东 城 区	95.1	111.8	126.9	126.9	120.4	114.8	114.2	112.0
西 城 区	42.0	45.3	39.0	37.1	31.3	29.6	29.0	26.8
城市功能拓展区	**201.4**	**279.8**	**304.8**	**288.2**	**256.1**	**245.1**	**240.0**	**237.3**
朝 阳 区	153.9	214.0	229.4	215.3	195.3	194.3	190.7	194.1
丰 台 区	2.7	8.1	9.8	10.5	8.7	8.5	7.4	6.1
石景山区	0.2	4.7	8.4	11.3	6.3	2.5	3.0	2.5
海 淀 区	44.6	53.1	57.3	51.1	45.9	39.8	38.9	34.7
城市发展新区	**23.7**	**51.4**	**47.9**	**47.0**	**39.1**	**36.0**	**34.8**	**38.7**
房 山 区	0.1	0.04	0.05	0.07	0.04	0.05	0.07	0.06
通 州 区	2.3	4.4	3.9	2.6	1.6	1.1	1.5	0.9
顺 义 区	8.7	20.0	22.8	24.2	21.3	19.1	20.5	21.9
昌 平 区	12.0	6.8	4.7	4.6	3.5	4.5	2.6	2.0
大 兴 区	0.6	20.2	16.4	15.4	12.7	11.3	10.1	13.9
生态涵养发展区	**0.6**	**1.7**	**1.8**	**1.7**	**3.2**	**1.9**	**2.0**	**1.7**
门头沟区		0.03	0.11	0.05	1.36	0.86	0.05	0.06
怀 柔 区	0.2	0.1	0.2	0.2	0.4	0.4	1.2	1.2
平 谷 区	0.2	0.3	0.2	0.2	0.2	0.2	0.1	0.06
密 云 区	0.2	0.5	0.4	0.5	0.5	0.3	0.3	0.3
延 庆 区	…	0.8	0.8	0.8	0.7	0.1	0.4	0.1

2-14 主要年份城镇居民人均可支配收入

单位：元

各　区	2005	2010	2011	2012	2013	2014	2015	2016
全　市	**17653**	**29073**	**32903**	**36469**	**40321**	**43910**	**52859**	**57275**
首都功能核心区	**18035**	**31231**	**35280**	**39265**	**42798**	**46483**		
东 城 区		30684	34626	38559	41676	45052	61764	66084
西 城 区		31633	35740	39772	43479	47392	67492	71863
城市功能拓展区	**17204**	**30509**	**34495**	**38342**	**41862**	**45596**		
朝 阳 区	17506	30134	34044	37883	41035	44646	55450	60056
丰 台 区	15795	27081	30682	34200	37886	41334	47127	51173
石景山区	16183	28051	31936	35420	38657	41943	56304	60980
海 淀 区	18479	33351	37746	41841	45953	50088	62325	67022
城市发展新区	**15643**	**24352**	**27651**	**30337**	**33243**	**36340**		
房 山 区	15175	23769	26956	30025	32886	35912	36317	39486
通 州 区	15603	24427	27713	30476	33662	37095	37608	40845
顺 义 区	16167	24825	28163	30437	33329	36428	33394	36448
昌 平 区	15684	24428	27669	29950	32495	35517	38794	42149
大 兴 区	15179	24368	27786	31004	34128	37131	40598	43932
生态涵养发展区	**15502**	**23994**	**27355**	**30354**	**33146**	**36131**		
门头沟区	16006	25313	29172	32369	35141	38023	42350	45872
怀 柔 区	15661	23428	26647	29562	32519	35771	33247	36013
平 谷 区	15050	23606	26842	29850	32933	36226	35117	38080
密 云 区	15106	23438	26652	29551	32538	35499	33878	36631
延 庆 区	15596	23329	26080	28644	31132	33778	35603	38442

注：1.自2013年起，国家统计局对城镇住户调查和农村住户调查实施了一体化改革，正式开展了城乡一体的住户收支与生活状况调查。北京市住户调查样本量城乡共计1万户（下表同）。

2.按照国家统计局要求，自2015年起，我市按照改革后的新口径发布全市和分城乡的居民收支数据。与老口径相比，新口径的差异主要体现在三个方面：一是对居民收支指标口径进行了调整，将反映居民收入的核心指标由原来的城镇居民“人均可支配收入”和农村居民“人均纯收入”统一为“人均可支配收入”；二是按照国家城乡划分标准，将城镇地区的村委会由原来的农村划入城镇进行统计；三是在分城乡的居民收支数据基础上，增加了全体居民的人均可支配收入、人均消费支出数据。

2-15 主要年份城镇居民人均消费支出

单位：元

各　区	2005	2010	2011	2012	2013	2014	2015	2016
全　市	**13244**	**19934**	**21984**	**24046**	**26275**	**28009**	**36642**	**38256**
首都功能核心区	**14068**	**22243**	**24244**	**26622**	**28787**	**30636**		
东 城 区		22196	23813	25887	26994	28613	40865	43923
西 城 区		22277	24547	27149	29474	31921	43595	45329
城市功能拓展区	**12618**	**21017**	**23393**	**25462**	**27757**	**29596**		
朝 阳 区	13257	22406	24799	26785	28315	30467	39660	40034
丰 台 区	11988	18207	20548	22869	24783	26816	34240	37831
石景山区	11636	18903	21343	20530	22411	23845	36789	38547
海 淀 区	12942	21597	24000	26570	29430	31784	44626	46630
城市发展新区	**10842**	**15915**	**17432**	**19159**	**20881**	**22640**		
房 山 区	11648	15870	16540	19407	20386	21181	22742	25105
通 州 区	11077	16046	17779	18972	20604	23694	26944	29238
顺 义 区	10208	14257	16431	17463	18895	20784	22174	23810
昌 平 区	10849	17123	18489	19872	20322	21968	27340	29892
大 兴 区	10107	15805	17678	19852	22126	24382	26798	28166
生态涵养发展区	**10741**	**15711**	**16921**	**18978**	**20546**	**22066**		
门头沟区	11975	17617	18578	20442	22313	24053	30012	32977
怀 柔 区	10549	15137	16258	18590	20083	21730	21720	23633
平 谷 区	10478	14895	16790	18961	20966	22455	22519	24539
密 云 区	10175	15628	15971	17743	19079	21120	22741	23020
延 庆 区	10384	13467	14756	16481	18155	19808	22882	24809

2–16 主要年份农村居民人均可支配收入

单位：元

各　区	2005	2010	2011	2012	2013	2014	2015	2016
全　市	**7860**	**13262**	**14736**	**16476**	**18337**	**20226**	**20569**	**22310**
城市功能拓展区	**10179**	**16973**	**18954**	**21175**	**22991**	**25317**		
朝 阳 区	11085	18331	19839	22152	24426	26808		
丰 台 区	8995	14544	16554	18502	20442	22553		
海 淀 区	9987	17661	20015	22364	24673	27098		
城市发展新区	**7421**	**12574**	**13852**	**15473**	**17282**	**19220**		
房 山 区	7205	12492	13527	15192	16916	18809	19161	20849
通 州 区	7661	12613	14273	15936	17925	20076	21648	23538
顺 义 区	7459	12898	14314	15960	17703	19629	22648	24649
昌 平 区	7416	12548	13441	14971	16756	18689	20115	21871
大 兴 区	7405	12335	13723	15329	17044	18824	17796	19555
生态涵养发展区	**7233**	**12024**	**13182**	**14764**	**16382**	**18097**		
门头沟区	7556	12672	14031	15715	17408	18861	20167	21861
怀 柔 区	7201	12256	12991	14585	16356	18196	19937	21620
平 谷 区	7336	12036	13387	15067	16865	18785	20147	21866
密 云 区	7203	11858	12924	14590	16202	17855	19183	20798
延 庆 区	6985	11531	12761	14078	15504	17017	18088	19588

注：2005、2010-2014年数据为农村居民人均纯收入数据，自2015年起，根据国家统计局城乡居民统计新口径要求，农村居民人均纯收入统一改为农村居民人均可支配收入。

2–17 主要年份农村居民人均消费支出

单位：元

各 区	2005	2010	2011	2012	2013	2014	2015	2016
全 市	**5515**	**10109**	**11078**	**11879**	**13553**	**14529**	**15811**	**17329**
城市功能拓展区	**7662**	**14150**	**15773**	**17447**	**18109**	**19554**		
朝 阳 区	8017	15224	16888	18381	18593	20313		
丰 台 区	6848	12089	13414	15340	16896	18303		
海 淀 区	8069	14891	16498	18172	19307	20193		
城市发展新区	**5278**	**9703**	**10249**	**10776**	**12115**	**12932**		
房 山 区	5204	8915	9814	10934	11840	12529	14294	15470
通 州 区	4566	9840	10253	10623	11625	12702	15544	17098
顺 义 区	5450	8639	9926	10830	11634	12453	13926	15245
昌 平 区	6735	11379	11160	11932	13954	14206	18425	18949
大 兴 区	4426	9806	10230	9703	11523	12743	15322	17389
生态涵养发展区	**4610**	**8251**	**9119**	**9722**	**10968**	**11926**		
门头沟区	5532	8632	9598	9750	11456	12326	18980	20271
怀 柔 区	4502	9106	9483	9046	10167	11254	15567	17195
平 谷 区	4231	8348	9555	10708	11867	12615	14693	15755
密 云 区	4716	8860	8970	9962	11153	12150	13973	15300
延 庆 区	4383	6754	8135	9017	10091	11190	13382	14500

2-18 主要年份小学在校学生数

单位：万人

各　区	2005	2010	2011	2012	2013	2014	2015	2016
全　市	**49.45**	**65.33**	**68.05**	**71.87**	**78.93**	**82.12**	**85.03**	**86.84**
首都功能核心区	**8.12**	**9.56**	**9.97**	**10.24**	**10.98**	**11.53**	**12.22**	**12.84**
东 城 区	3.99	4.57	4.65	4.67	4.91	5.08	5.30	5.46
西 城 区	4.13	4.99	5.32	5.56	6.07	6.45	6.93	7.38
城市功能拓展区	**17.64**	**28.99**	**30.63**	**31.74**	**35.20**	**36.96**	**38.13**	**38.80**
朝 阳 区	4.78	8.41	9.10	9.85	11.88	12.80	13.29	13.57
丰 台 区	3.28	6.43	6.64	6.59	6.88	7.04	6.91	6.75
石景山区	1.33	2.07	2.10	2.14	2.29	2.35	2.38	2.35
海 淀 区	8.25	12.08	12.78	13.15	14.14	14.77	15.56	16.13
城市发展新区	**14.50**	**19.22**	**20.01**	**22.51**	**25.20**	**25.85**	**26.63**	**27.06**
房 山 区	3.80	3.71	3.81	4.20	4.48	4.66	4.82	4.89
通 州 区	2.87	4.79	5.08	5.42	5.94	6.07	6.21	6.36
顺 义 区	2.50	3.21	3.40	3.59	3.81	4.10	4.28	4.45
昌 平 区	2.22	3.50	3.65	5.07	5.36	5.40	5.39	5.28
大 兴 区	3.11	4.01	4.07	4.24	5.60	5.62	5.93	6.09
生态涵养发展区	**9.19**	**7.55**	**7.44**	**7.38**	**7.55**	**7.77**	**8.05**	**8.14**
门头沟区	1.07	1.19	1.15	1.11	1.11	1.13	1.17	1.19
怀 柔 区	1.65	1.48	1.51	1.55	1.61	1.65	1.70	1.70
平 谷 区	2.39	1.59	1.56	1.55	1.60	1.67	1.73	1.78
密 云 区	2.46	1.97	1.96	1.97	2.04	2.13	2.21	2.23
延 庆 区	1.61	1.32	1.26	1.19	1.18	1.19	1.23	1.23

注：从2007年开始，普通中学、小学、工读学校、特殊教育、学前教育在校学生数包括外省市户口借读学生。
资料来源：北京市教育委员会。

2-19 主要年份普通中学在校学生数

单位：万人

各　区	2005	2010	2011	2012	2013	2014	2015	2016
全　市	**59.99**	**50.83**	**49.73**	**49.90**	**49.82**	**48.43**	**45.28**	**43.14**
首都功能核心区	**12.89**	**9.92**	**9.72**	**9.59**	**9.45**	**9.09**	**8.46**	**8.03**
东 城 区	5.97	4.56	4.39	4.31	4.22	4.07	3.81	3.62
西 城 区	6.92	5.36	5.33	5.28	5.22	5.02	4.65	4.41
城市功能拓展区	**19.06**	**19.50**	**19.63**	**20.17**	**20.52**	**20.28**	**19.04**	**18.14**
朝 阳 区	5.29	5.00	5.19	5.49	5.63	5.43	5.15	4.90
丰 台 区	3.11	3.09	2.95	2.86	2.99	3.06	2.80	2.49
石景山区	1.42	1.46	1.44	1.47	1.52	1.47	1.30	1.20
海 淀 区	9.24	9.95	10.06	10.35	10.37	10.32	9.78	9.54
城市发展新区	**18.04**	**14.29**	**13.72**	**13.88**	**13.91**	**13.42**	**12.58**	**12.02**
房 山 区	4.52	3.14	2.96	2.89	2.81	2.74	2.58	2.46
通 州 区	4.06	3.06	2.94	2.88	2.83	2.72	2.55	2.50
顺 义 区	4.05	3.04	2.94	2.91	2.85	2.79	2.68	2.61
昌 平 区	1.98	2.19	2.20	2.46	2.58	2.45	2.25	2.13
大 兴 区	3.42	2.87	2.67	2.75	2.85	2.72	2.52	2.31
生态涵养发展区	**9.99**	**7.12**	**6.66**	**6.26**	**5.94**	**5.65**	**5.20**	**4.95**
门头沟区	1.01	0.82	0.76	0.73	0.73	0.72	0.69	0.68
怀 柔 区	1.63	1.38	1.30	1.22	1.17	1.11	1.03	0.98
平 谷 区	3.14	1.70	1.53	1.40	1.27	1.20	1.09	1.04
密 云 区	2.40	1.95	1.84	1.72	1.62	1.53	1.41	1.37
延 庆 区	1.81	1.27	1.23	1.19	1.15	1.09	0.97	0.90

注：普通中学范围为普通高中和普通初中。
资料来源：北京市教育委员会。

2-20　主要年份幼儿园在园幼儿数

单位：人

各　区	2005	2010	2011	2012	2013	2014	2015	2016
全　市	**202301**	**276994**	**311417**	**331524**	**348681**	**364954**	**394121**	**416982**
首都功能核心区	**24547**	**27051**	**28003**	**28583**	**29107**	**29891**	**31591**	**33111**
东 城 区	11908	11877	12355	12061	12722	13193	14464	15628
西 城 区	12639	15174	15648	16522	16385	16698	17127	17483
城市功能拓展区	**99967**	**136649**	**154756**	**163886**	**169090**	**174167**	**183537**	**193394**
朝 阳 区	33662	48324	53915	56171	58653	62329	66518	72166
丰 台 区	19481	31410	37040	40252	40694	40401	41724	43421
石景山区	6703	9879	11232	12393	13319	13409	14853	15238
海 淀 区	40121	47036	52569	55070	56424	58028	60442	62569
城市发展新区	**49554**	**80139**	**90881**	**99203**	**110689**	**121776**	**136070**	**144687**
房 山 区	14136	22466	24794	25953	28752	28878	30280	27281
通 州 区	8951	13514	14692	16505	20894	25455	28817	30371
顺 义 区	8112	12545	14247	15199	16962	19184	22749	25246
昌 平 区	10076	16069	17285	19885	20579	23294	25854	29707
大 兴 区	8279	15545	19863	21661	23502	24965	28370	32082
生态涵养发展区	**28233**	**33155**	**37777**	**39852**	**39795**	**39120**	**42923**	**45790**
门头沟区	4285	5229	5066	5470	5442	5241	5943	6302
怀 柔 区	4874	6190	9272	9534	9547	8642	9523	10125
平 谷 区	6451	6448	7149	7760	8113	8393	9098	10235
密 云 区	6564	9473	10065	10433	10253	10343	11316	11762
延 庆 区	6059	5815	6225	6655	6440	6501	7043	7366

资料来源：北京市教育委员会。

2–21 主要年份卫生机构数

单位：个

各　区	2005	2010	2011	2012	2013	2014	2015	2016
全　市	**4818**	**6539**	**9699**	**9974**	**10141**	**10265**	**10425**	**10637**
首都功能核心区	**1102**	**1073**	**1163**	**1144**	**1159**	**1196**	**1216**	**1236**
东 城 区	458	484	547	537	548	564	570	576
西 城 区	644	589	616	607	611	632	646	660
城市功能拓展区	**2065**	**2773**	**2863**	**2938**	**3072**	**3136**	**3181**	**3291**
朝 阳 区	798	1185	1201	1239	1275	1337	1362	1438
丰 台 区	248	482	502	516	541	549	554	550
石景山区	203	192	196	197	205	214	212	223
海 淀 区	816	914	964	986	1051	1036	1053	1080
城市发展新区	**1109**	**2001**	**3661**	**3777**	**3816**	**3882**	**3987**	**4086**
房 山 区	227	472	1006	1009	1023	989	984	971
通 州 区	205	257	593	604	601	615	611	609
顺 义 区	165	275	502	606	608	651	707	745
昌 平 区	284	517	849	843	856	865	907	958
大 兴 区	228	480	711	715	728	762	778	803
生态涵养发展区	**542**	**692**	**2012**	**2100**	**2079**	**2036**	**2022**	**2005**
门头沟区	117	110	255	261	265	260	259	252
怀 柔 区	146	175	453	479	487	484	481	484
平 谷 区	68	113	309	431	434	430	437	427
密 云 区	106	208	672	662	641	610	589	585
延 庆 区	105	86	323	267	252	252	256	257

注：2011年开始，卫生机构中包含村卫生室。

资料来源：北京市卫生和计划生育委员会。

2-22 主要年份卫生机构床位数

单位：张

各 区	2005	2010	2011	2012	2013	2014	2015	2016
全 市	**79067**	**92871**	**94735**	**100167**	**104034**	**109789**	**111555**	**116963**
首都功能核心区	**23074**	**23925**	**23853**	**24591**	**25510**	**26284**	**26650**	**26783**
东 城 区	10904	10106	10022	10440	10948	10930	11046	11175
西 城 区	12170	13819	13831	14151	14562	15354	15604	15608
城市功能拓展区	**30743**	**36946**	**37563**	**39719**	**41742**	**43914**	**45483**	**49213**
朝 阳 区	12064	15709	16107	17493	18252	19053	20075	22222
丰 台 区	6158	7876	7999	8275	8926	9347	9534	10045
石景山区	2897	3529	3515	3647	4007	4140	4636	4595
海 淀 区	9624	9832	9942	10304	10557	11374	11238	12351
城市发展新区	**18102**	**23725**	**24672**	**26959**	**27841**	**30457**	**30213**	**31702**
房 山 区	4569	6077	6152	6034	5864	6173	6362	6641
通 州 区	2351	2608	2593	3170	3203	3216	3494	3651
顺 义 区	2259	3149	3252	3202	3270	3283	3430	3516
昌 平 区	5885	7457	7982	9085	9430	11110	10147	10882
大 兴 区	3038	4434	4693	5468	6074	6675	6780	7012
生态涵养发展区	**7148**	**8275**	**8647**	**8898**	**8941**	**9134**	**9209**	**9265**
门头沟区	2381	2651	2653	2705	2842	2859	2858	2863
怀 柔 区	1284	1377	1534	1584	1576	1596	1683	1681
平 谷 区	1229	1900	1972	2043	2056	2001	2020	2007
密 云 区	1182	1270	1440	1535	1485	1696	1666	1700
延 庆 区	1072	1077	1048	1031	982	982	982	1014

资料来源：北京市卫生和计划生育委员会。

2017

北京区域统计年鉴

第三章

BEIJING AREA STATISTICAL YEARBOOK

北京各区概览

简要说明

一、本章资料的主要内容

本章各区数据主要涉及国民经济核算、财政、税收、金融、利用外资、产业（农业、工业、建筑业、旅游、文化创意等）、投资、消费、房地产、人口、资源、环境、科技、教育、文化、卫生、体育、法律、社会保险、社会保障、就业、城乡居民收入支出、城市公用事业、城市安全等多个领域的主要情况，重点反映主要指标的总量和增速。

二、本章资料的数据来源

各区数据主要来源于三个方面：

一是来源于北京市统计局，主要包括国民经济核算、产业、投资、消费、房地产、常住人口、能源消费等指标。

二是来源于国家统计局北京调查总队，由其直接调查、获取生成的数据， 主要包括城乡居民收入支出等指标。

三是来源于政府相关委办局，由其通过相关调查或行政记录等方式获取生成的数据，主要包括户籍人口、土地、财政、税收、金融、利用外资、教育、文化、卫生、体育、城市公用事业、环境、专利、社会保险、社会保障、城市安全、资源、环境等方面指标，分别由市公安局、市规划国土委、市财政局、市地税局、中国人民银行营管部、市商务委、市教委、市文化局、市文物局、市档案局、市卫计委、市体育局、市交通委、市人力社会保障局、市水务局、市城管委、市环保局、市园林绿化局、市安监局、市知识产权局、市技术市场办公室和市司法局等部门提供。具体来源见每张表下的注解说明。

3-1 土地利用状况(2015年)

单位:公顷

各 区	耕 地	园 地	林 地	草 地	城镇村及工矿用地	交通运输用地	水域及水利设施用地
全 市	**219326.49**	**134857.89**	**737078.88**	**85066.77**	**304393.05**	**47062.78**	**78304.28**
首都功能核心区							
东 城 区					4182.04		
西 城 区					5033.13		
城市功能拓展区							
朝 阳 区	2528.58	658.99	3442.55	12.1	34140.49	2235.02	2088.94
丰 台 区	2127.05	756.73	4198.46	78.47	19231.37	2737.71	1227.65
石景山区	66.58	65.45	2362.27	6.8	5390.69	221.19	308.87
海 淀 区	2014.38	2527.93	10349.47	47.06	24480.12	1559.35	1664.35
城市发展新区							
房 山 区	24919.73	15678.74	60574.8	45527.05	31165.9	5169.18	6979.7
通 州 区	33528.9	3450.26	7807.49	120.37	30281.35	4812.59	8577.86
顺 义 区	33598.84	4924.11	15169.12	1739.09	28607.57	7235.6	7621.69
昌 平 区	11601.44	12565.16	63249.54	1440.37	34218.18	5141.34	4137.55
大 兴 区	40561.33	8062.42	6404.52	327.45	34884.42	4163.36	6600.76
生态涵养发展区							
门头沟区	877.71	5173.17	100441.28	22977.86	8172.17	1467.19	1457.34
怀 柔 区	10030.46	17661.82	162666.7	1643.35	10587.03	2936.93	4821.48
平 谷 区	11707	23389.8	34859.61	6115.73	10495.74	2578	4040.22
密 云 区	17447.8	29307.08	130058.26	2295.34	14053.99	3263.51	22368.5
延 庆 区	28316.69	10636.23	135494.81	2735.73	9468.86	3541.81	6409.37

资料来源：北京市规划与国土资源管理委员会。

3-2 行政区划(2016年)

单位：个

各 区	街道办事处	建制镇	建制乡	社区居委会	村民委员会
全 市	**150**	**143**	**38**	**3054**	**3941**
首都功能核心区	**32**			**443**	
东 城 区	17			182	
西 城 区	15			261	
城市功能拓展区	**71**	**9**	**22**	**1469**	**303**
朝 阳 区	24		19	431	154
丰 台 区	16	2	3	309	65
石景山区	9			153	
海 淀 区	22	7		576	84
城市发展新区	**34**	**71**	**7**	**811**	**2193**
房 山 区	8	14	6	145	459
通 州 区	4	10	1	115	480
顺 义 区	6	19		125	426
昌 平 区	8	14		229	301
大 兴 区	8	14		197	527
生态涵养发展区	**13**	**63**	**9**	**331**	**1445**
门头沟区	4	9		119	178
怀 柔 区	2	12	2	34	284
平 谷 区	2	14	2	36	273
密 云 区	2	17	1	96	334
延 庆 区	3	11	4	46	376

资料来源：北京市民政局。

3-3 规模（限额）以上法人单位情况(2016年)

单位：个

各　区	法人单位数合计	单产业法人	多产业法人	#企业法人
全　市	**40207**	**33815**	**6392**	**34944**
首都功能核心区	**7243**	**5900**	**1343**	**5749**
东 城 区	3144	2547	597	2534
西 城 区	4099	3353	746	3215
城市功能拓展区	**21366**	**18088**	**3278**	**19251**
朝 阳 区	9428	7854	1574	8687
丰 台 区	2713	2386	327	2360
石景山区	976	822	154	828
海 淀 区	8249	7026	1223	7376
城市发展新区	**8594**	**7364**	**1230**	**7557**
房 山 区	1239	1062	177	1050
通 州 区	1440	1278	162	1255
顺 义 区	1797	1495	302	1584
昌 平 区	1851	1577	274	1592
大 兴 区	1472	1271	201	1296
北京经济技术开发区	795	681	114	780
生态涵养发展区	**3004**	**2463**	**541**	**2387**
门头沟区	457	389	68	352
怀 柔 区	769	619	150	639
平 谷 区	710	620	90	588
密 云 区	716	581	135	577
延 庆 区	352	254	98	231

3-4 户籍人口数

单位：万人

各区	2016	男	女	2015
全市	**1362.9**	**681.5**	**681.4**	**1345.2**
首都功能核心区	**243.9**	**120.8**	**123.1**	**242.6**
东城区	97.4	47.9	49.5	97.4
西城区	146.5	72.9	73.6	145.2
城市功能拓展区	**605.1**	**303.8**	**301.4**	**598.8**
朝阳区	**210.9**	105.4	105.5	207.4
丰台区	115.3	58.4	56.9	113.7
石景山区	38.7	19.9	18.8	38.3
海淀区	240.2	120.1	120.1	239.5
城市发展新区	**348.2**	**173.7**	**174.5**	**339.0**
房山区	81.3	40.8	40.5	79.9
通州区	74.7	37.1	37.6	71.8
顺义区	62.7	31.1	31.6	61.5
昌平区	61.1	30.7	30.4	59.5
大兴区	68.4	34.0	34.4	66.3
生态涵养发展区	**165.6**	**83.2**	**82.4**	**164.7**
门头沟区	25.1	12.8	12.3	24.9
怀柔区	28.3	14.1	14.2	28.2
平谷区	40.2	20.2	20.0	40.1
密云区	43.6	21.8	21.8	43.3
延庆区	28.4	14.3	14.1	28.2

注：户籍人口是指公民依照《中华人民共和国户口登记条例》已在其经常居住地的公安户籍管理机关登记了常住户口的人。
资料来源：北京市公安局。

3-5　户籍人口户数

单位：万户

各　区	2016	2015
全　市	**538.2**	**529.2**
首都功能核心区	83.8	**83.1**
东 城 区	34.7	34.6
西 城 区	49.1	48.5
城市功能拓展区	**218.7**	**215.1**
朝 阳 区	82.8	81.0
丰 台 区	47.7	47.0
石景山区	14.9	14.7
海 淀 区	73.3	72.4
城市发展新区	**142.6**	**153.7**
房 山 区	12.1	37.8
通 州 区	38.4	35.4
顺 义 区	37.6	27.0
昌 平 区	27.2	26.6
大 兴 区	27.3	26.9
生态涵养发展区	**93.1**	**77.4**
门头沟区	27.6	12.1
怀 柔 区	13.6	13.6
平 谷 区	17.1	17.0
密 云 区	20.7	20.7
延 庆 区	14.2	14.0

资料来源：北京市公安局。

3-6 户籍人口机械变动情况

单位：人

各　区	市外迁入人数		迁往市外人数		机械增加人数	
	2016	2015	2016	2015	2016	2015
全　市	**160739**	**167506**	**99751**	**92009**	**60988**	**75497**
首都功能核心区	**18827**	**19803**	**4402**	**4221**	**14425**	**15582**
东 城 区	5939	5911	1063	1040	4876	4871
西 城 区	12888	13892	3339	3181	9549	10711
城市功能拓展区	**112908**	**118376**	**85258**	**77585**	**27650**	**40791**
朝 阳 区	24967	29162	15546	14754	9421	14408
丰 台 区	8272	9818	2513	2594	5759	7224
石景山区	3172	3412	1215	1214	1957	2198
海 淀 区	76497	75984	65984	59023	10513	16961
城市发展新区	**24236**	**23770**	**9162**	**9227**	**15074**	**14543**
房 山 区	3464	3102	394	431	3070	2671
通 州 区	4269	3568	735	703	3534	2865
顺 义 区	2660	2646	687	839	1973	1807
昌 平 区	8349	8912	5574	5598	2775	3314
大 兴 区	5494	5542	1772	1656	3722	3886
生态涵养发展区	**4768**	**5557**	**929**	**976**	**3839**	**4581**
门头沟区	841	1029	107	135	734	894
怀 柔 区	878	986	164	173	714	813
平 谷 区	1034	1150	233	251	801	899
密 云 区	1158	1480	253	253	905	1227
延 庆 区	857	912	172	164	685	748

资料来源：北京市公安局。

3-7 户籍人口自然变动情况

单位：人

各 区	出生人数		死亡人数		自然增加人数	
	2016	2015	2016	2015	2016	2015
全 市	**205153**	**122627**	**88934**	**73261**	**116219**	**49366**
首都功能核心区	**30572**	**22435**	**23814**	**22704**	**6758**	**-269**
东 城 区	11719	8814	13776	16645	-2057	-7831
西 城 区	18853	13621	10038	6059	8815	7562
城市功能拓展区	**83175**	**54822**	**31421**	**21420**	**51754**	**33402**
朝 阳 区	31800	21146	9246	8020	22554	13126
丰 台 区	15575	9672	5078	4905	10497	4767
石景山区	5072	3236	1795	1580	3277	1656
海 淀 区	30728	20768	15302	6915	15426	13853
城市发展新区	**66878**	**33093**	**20123**	**18376**	**46755**	**14717**
房 山 区	13997	6630	4498	4392	9499	2238
通 州 区	14743	7193	5253	4267	9490	2926
顺 义 区	11518	5655	3662	3660	7856	1995
昌 平 区	11859	6443	3020	2928	8839	3515
大 兴 区	14761	7172	3690	3129	11071	4043
生态涵养发展区	**24528**	**12277**	**13576**	**10761**	**10952**	**1516**
门头沟区	3132	1635	1268	1448	1864	187
怀 柔 区	4365	2335	2548	1788	1817	547
平 谷 区	6817	3157	4777	3030	2040	127
密 云 区	6095	3133	3109	2733	2986	400
延 庆 区	4119	2017	1874	1762	2245	255

资料来源：北京市公安局。

3-8 常住人口及常住外来人口

各 区	常住人口 （万人）		#常住外来人口		常住人口密度（人/平方公里）	
	2016	2015	2016	2015	2016	2015
全 市	**2172.9**	**2170.5**	**807.5**	**822.6**	**1324**	**1323**
首都功能核心区	**213.7**	**220.3**	**48.4**	**51.7**	**23130**	**23845**
东 城 区	87.8	90.5	19.2	20.7	20975	21620
西 城 区	125.9	129.8	29.2	31.0	24916	25688
城市功能拓展区	**1033.8**	**1062.5**	**413.0**	**437.4**	**8102**	**8327**
朝 阳 区	385.6	395.5	174.8	184.0	8473	8691
丰 台 区	225.5	232.4	79.9	83.8	7374	7600
石景山区	63.4	65.2	19.0	21.0	7519	7732
海 淀 区	359.3	369.4	139.3	148.6	8342	8576
城市发展新区	**730.3**	**696.9**	**313.9**	**302.2**	**1160**	**1107**
房 山 区	109.6	104.6	28.0	27.4	551	526
通 州 区	142.8	137.8	57.0	55.9	1576	1521
顺 义 区	107.5	102.0	43.0	40.2	1054	1000
昌 平 区	201.0	196.3	103.8	102.6	1496	1461
大 兴 区	169.4	156.2	82.1	76.1	1635	1507
生态涵养发展区	**195.1**	**190.8**	**32.2**	**31.3**	**223**	**218**
门头沟区	31.1	30.8	5.0	4.8	214	212
怀 柔 区	39.3	38.4	10.6	10.5	185	181
平 谷 区	43.7	42.3	5.5	5.3	460	445
密 云 区	48.3	47.9	7.2	7.1	217	215
延 庆 区	32.7	31.4	3.9	3.6	164	157

注：表内常住人口数据根据人口抽样调查数据推算，为年末数。

3-9 常住人口(按城乡分)

单位：万人

各 区	常住人口		城镇人口		乡村人口	
	2016	2015	2016	2015	2016	2015
全 市	**2172.9**	**2170.5**	**1879.6**	**1877.7**	**293.3**	**292.8**
首都功能核心区	**213.7**	**220.3**	**213.7**	**220.3**		
东 城 区	87.8	90.5	87.8	90.5		
西 城 区	125.9	129.8	125.9	129.8		
城市功能拓展区	**1033.8**	**1062.5**	**1025.6**	**1051.1**	**8.2**	**11.4**
朝 阳 区	385.6	395.5	384.7	393.4	0.9	2.1
丰 台 区	225.5	232.4	224.8	231.0	0.7	1.4
石景山区	63.4	65.2	63.4	65.2		
海 淀 区	359.3	369.4	352.7	361.5	6.6	7.9
城市发展新区	**730.3**	**696.9**	**516.7**	**488.1**	**213.6**	**208.8**
房 山 区	109.6	104.6	78.4	74.0	31.2	30.6
通 州 区	142.8	137.8	93.0	88.2	49.8	49.6
顺 义 区	107.5	102.0	59.0	55.4	48.5	46.6
昌 平 区	201.0	196.3	164.5	159.6	36.5	36.7
大 兴 区	169.4	156.2	121.8	110.9	47.6	45.3
生态涵养发展区	**195.1**	**190.8**	**123.6**	**118.2**	**71.5**	**72.6**
门头沟区	31.1	30.8	27.2	26.7	3.9	4.1
怀 柔 区	39.3	38.4	26.6	25.5	12.7	12.9
平 谷 区	43.7	42.3	24.5	23.3	19.2	19.0
密 云 区	48.3	47.9	27.6	26.6	20.7	21.3
延 庆 区	32.7	31.4	17.7	16.1	15.0	15.3

注：表内数据根据人口抽样调查数据推算，为年末数。

3-10 常住人口(按性别分)

单位：万人

各　区	常住人口		男		女	
	2016	2015	2016	2015	2016	2015
全　市	**2172.9**	**2170.5**	**1112.7**	**1113.4**	**1060.2**	**1057.1**
首都功能核心区	**213.7**	**220.3**	**104.9**	**108.3**	**108.8**	**112.0**
东 城 区	87.8	90.5	42.7	44.2	45.1	46.3
西 城 区	125.9	129.8	62.2	64.1	63.7	65.7
城市功能拓展区	**1033.8**	**1062.5**	**530.0**	**547.5**	**503.8**	**515.0**
朝 阳 区	385.6	395.5	197.1	202.4	188.5	193.1
丰 台 区	225.5	232.4	114.3	117.9	111.2	114.5
石景山区	63.4	65.2	31.9	32.9	31.5	32.3
海 淀 区	359.3	369.4	186.7	194.3	172.6	175.1
城市发展新区	**730.3**	**696.9**	**378.3**	**360.3**	**352.0**	**336.6**
房 山 区	109.6	104.6	55.9	53.3	53.7	51.3
通 州 区	142.8	137.8	73.8	71.0	69.0	66.8
顺 义 区	107.5	102.0	55.4	52.2	52.1	49.8
昌 平 区	201.0	196.3	105.7	103.3	95.3	93.0
大 兴 区	169.4	156.2	87.5	80.5	81.9	75.7
生态涵养发展区	**195.1**	**190.8**	**99.5**	**97.3**	**95.6**	**93.5**
门头沟区	31.1	30.8	15.7	15.5	15.4	15.3
怀 柔 区	39.3	38.4	20.3	19.9	19.0	18.5
平 谷 区	43.7	42.3	22.2	21.4	21.5	20.9
密 云 区	48.3	47.9	24.7	24.5	23.6	23.4
延 庆 区	32.7	31.4	16.6	16.0	16.1	15.4

注：表内数据根据人口抽样调查数据推算，为年末数。

3-11 常住人口(按年龄分)

单位：万人

各 区	常住人口		0—14岁		15—64岁		65岁及以上	
	2016	2015	2016	2015	2016	2015	2016	2015
全 市	**2172.9**	**2170.5**	**223.8**	**219.1**	**1718.7**	**1728.6**	**230.4**	**222.8**
首都功能核心区	**213.7**	**220.3**	**22.9**	**22.3**	**157.4**	**163.9**	**33.4**	**34.1**
东 城 区	87.8	90.5	8.5	8.4	65.4	68.0	13.9	14.1
西 城 区	125.9	129.8	14.4	13.9	92.0	95.9	19.5	20.0
城市功能拓展区	**1033.8**	**1062.5**	**97.8**	**98.9**	**824.2**	**858.1**	**111.8**	**105.5**
朝 阳 区	385.6	395.5	37.4	37.8	306.4	317.1	41.8	40.6
丰 台 区	225.5	232.4	22.3	22.7	179.2	185.2	24.0	24.5
石景山区	63.4	65.2	5.8	5.9	50.9	52.5	6.7	6.8
海 淀 区	359.3	369.4	32.3	32.5	287.7	303.3	39.3	33.6
城市发展新区	**730.3**	**696.9**	**81.4**	**76.6**	**587.2**	**560.0**	**61.7**	**60.3**
房 山 区	109.6	104.6	12.4	11.8	85.5	81.3	11.7	11.5
通 州 区	142.8	137.8	14.0	13.3	116.4	113.0	12.4	11.5
顺 义 区	107.5	102.0	12.9	11.5	86.2	82.4	8.4	8.1
昌 平 区	201.0	196.3	22.9	21.9	161.5	157.6	16.6	16.8
大 兴 区	169.4	156.2	19.2	18.1	137.6	125.7	12.6	12.4
生态涵养发展区	**195.1**	**190.8**	**21.7**	**21.3**	**149.9**	**146.6**	**23.5**	**22.9**
门头沟区	31.1	30.8	3.5	3.4	23.5	23.3	4.1	4.1
怀 柔 区	39.3	38.4	4.5	4.4	30.7	30.0	4.1	4.0
平 谷 区	43.7	42.3	4.7	4.6	33.3	32.3	5.7	5.4
密 云 区	48.3	47.9	5.5	5.5	37.1	36.7	5.7	5.7
延 庆 区	32.7	31.4	3.5	3.4	25.3	24.3	3.9	3.7

注：表内数据根据人口抽样调查数据推算，为年末数。

3–12 城镇单位从业人员年末人数、工资总额

各　区	从业人员年末人数(人)			从业人员工资总额(万元)		
	2016	2015	增长速度(%)	2016	2015	增长速度(%)
全　市	**7915197**	**7773448**	**1.8**	**94632608**	**86435436**	**9.5**
首都功能核心区	**1674943**	**1623874**	**3.1**	**24872173**	**23390421**	**6.3**
东 城 区	659912	656680	0.5	8798293	8134670	8.2
西 城 区	1015031	967194	4.9	16073880	15255751	5.4
城市功能拓展区	**4141621**	**4052456**	**2.2**	**50795321**	**45633307**	**11.3**
朝 阳 区	1513142	1518253	-0.3	19652525	18010309	9.1
丰 台 区	656511	635355	3.3	5646191	4894098	15.4
石景山区	196270	198350	-1.0	2035885	1813105	12.3
海 淀 区	1775698	1700498	4.4	23460720	20915795	12.2
城市发展新区	**1656618**	**1645577**	**0.7**	**15587862**	**14362105**	**8.5**
房 山 区	144897	152944	-5.3	1256746	1155130	8.8
通 州 区	226014	226409	-0.2	1792796	1620077	10.7
顺 义 区	466389	467109	-0.2	4994658	4568574	9.3
昌 平 区	290251	293969	-1.3	2688120	2478591	8.5
大 兴 区	529067	505146	4.7	4855542	4539733	7.0
生态涵养发展区	**442015**	**451541**	**-2.1**	**3377252**	**3049603**	**10.7**
门头沟区	46924	56171	-16.5	427442	426603	0.2
怀 柔 区	91039	95999	-5.2	873475	812813	7.5
平 谷 区	126697	124505	1.8	843635	693454	21.7
密 云 区	104477	104168	0.3	797459	712670	11.9
延 庆 区	72878	70698	3.1	435241	404063	7.7

注：城镇单位是指不包括私营单位和个体工商户的独立核算法人单位。

3-13 城镇单位在岗职工年末人数、工资总额、平均工资

各　区	在岗职工年末人数(人)			在岗职工工资总额(万元)			在岗职工平均工资(元)		
	2016	2015	增长速度(%)	2016	2015	增长速度(%)	2016	2015	增长速度(%)
全　市	**7335386**	**7247899**	**1.2**	**90050421**	**82252242**	**9.5**	**122749**	**113073**	**8.6**
首都功能核心区	**1490829**	**1463693**	**1.9**	**23561064**	**22250059**	**5.9**	**158865**	**152446**	**4.2**
东 城 区	587729	587441	0.0	8283173	7645656	8.3	140050	129745	7.9
西 城 区	903100	876252	3.1	15277891	14604404	4.6	171346	167818	2.1
城市功能拓展区	**3894292**	**3807310**	**2.3**	**48234512**	**43226836**	**11.6**	**123687**	**113476**	**9.0**
朝 阳 区	1406896	1418572	-0.8	18097705	16580536	9.2	126946	116848	8.6
丰 台 区	624361	605072	3.2	5493775	4754819	15.5	88358	78254	12.9
石景山区	182001	184027	-1.1	1944373	1736372	12.0	105015	92057	14.1
海 淀 区	1681034	1599639	5.1	22698659	20155109	12.6	136150	126435	7.7
城市发展新区	**1532366**	**1552710**	**-1.3**	**14987834**	**13827443**	**8.4**	**97546**	**87758**	**11.2**
房 山 区	141095	149255	-5.5	1239346	1137993	8.9	85751	75236	14.0
通 州 区	215599	219113	-1.6	1742360	1584614	10.0	80338	71249	12.8
顺 义 区	441341	442110	-0.2	4713722	4328482	8.9	106745	95553	11.7
昌 平 区	273632	280246	-2.4	2596782	2401239	8.1	95885	84794	13.1
大 兴 区	460699	461986	-0.3	4695624	4375115	7.3	101488	93926	8.1
生态涵养发展区	**417899**	**424186**	**-1.5**	**3267011**	**2947904**	**10.8**	**78374**	**68589**	**14.3**
门头沟区	45358	54228	-16.4	418662	418932	-0.1	89815	74441	20.7
怀 柔 区	86637	91033	-4.8	833800	780375	6.8	95051	84628	12.3
平 谷 区	118971	116020	2.5	816018	664684	22.8	69672	58236	19.6
密 云 区	96794	94763	2.1	772818	688653	12.2	80587	71881	12.1
延 庆 区	70139	68142	2.9	425713	395260	7.7	61261	55389	10.6

注：城镇单位是指不包括私营单位和个体工商户的独立核算法人单位。

3–14 年末实有登记失业人员

单位：人

各　区	2016	2015
全 市	**91421**	**91593**
首都功能核心区	**11223**	**11544**
东 城 区	4623	4739
西 城 区	6600	6805
城市功能拓展区	**34586**	**35487**
朝 阳 区	8499	9729
丰 台 区	10294	10266
石景山区	4688	4787
海 淀 区	11105	10705
城市发展新区	**31514**	**31730**
房 山 区	7341	7293
通 州 区	5447	5376
顺 义 区	4018	4001
昌 平 区	4889	4718
大 兴 区	9778	10315
北京经济技术开发区	41	27
生态涵养发展区	**14098**	**12832**
门头沟区	3891	3434
怀 柔 区	2648	2459
平 谷 区	2607	2590
密 云 区	2422	2019
延 庆 区	2530	2330

资料来源：北京市人力资源和社会保障局。

3–15 地区生产总值

单位：万元

各区	地区生产总值 2016	地区生产总值 增长速度(%)	第一产业 2016	第一产业 增长速度(%)	第二产业 2016	第二产业 增长速度(%)	第三产业 2016	第三产业 增长速度(%)
全　市	**256691300**	**6.8**	**1297900**	**-8.7**	**49444400**	**6.3**	**205949000**	**7.0**
首都功能核心区	**56641609**	**6.5**			**3851196**	**6.7**	**52790413**	**6.5**
东 城 区	20617988	6.7			799047	5.9	19818941	6.7
西 城 区	36023621	6.5			3052149	6.9	32971472	6.4
城市功能拓展区	**123453572**	**7.0**	**34430**	**-4.4**	**13748474**	**2.8**	**109670668**	**7.5**
朝 阳 区	51710253	6.5	11164	-5.5	3510348	-0.5	48188741	7.1
丰 台 区	12970328	6.7	5751	-7.7	2765319	10.0	10199258	5.8
石景山区	4821412	7.1			1461420	4.0	3359992	8.6
海 淀 区	53951579	7.5	17515	-2.5	6011387	1.8	47922677	8.3
城市发展新区	**54233525**	**7.9**	**770410**	**-10.7**	**25861822**	**9.7**	**27601293**	**6.7**
房 山 区	6066080	6.7	137367	-5.3	3359622	6.2	2569091	8.3
通 州 区	6748060	8.7	164847	-14.1	3033956	8.3	3549257	10.5
顺 义 区	15916029	7.9	199531	-10.4	6580033	12.4	9136465	5.3
昌 平 区	7533873	7.1	75810	-7.7	2790505	11.5	4667558	4.7
大 兴 区	5831789	8.3	192855	-12.8	2330901	11.2	3308033	7.8
北京经济技术开发区	12137694	8.1			7766805	8.6	4370889	7.3
生态涵养发展区	**10093777**	**7.1**	**485532**	**-6.0**	**4582668**	**9.0**	**5025577**	**6.8**
门头沟区	1578610	6.7	9320	9.7	732307	6.5	836983	6.8
怀 柔 区	2594116	7.3	62439	-13.2	1454259	10.0	1077418	5.2
平 谷 区	2183108	6.7	177634	-6.3	953838	5.6	1051636	10.6
密 云 区	2511344	7.0	161892	-2.7	1077864	8.8	1271588	6.8
延 庆 区	1226599	7.8	74247	-7.5	364400	21.0	787952	4.1

注：1. 本表行业（产业）划分执行《国民经济行业分类》（GB/T 4754-2011）标准（下表同）。
2. 全市增长速度和各区增长速度均为可比价速度(下表同)。
3. 地区生产总值各区合计数不等于全市是由于各区的数据中扣除了划归市一级核算部分。
4. 2016年按照国家统计局统一部署，实施地区研发支出核算方法改革（下表同）。

3-15 续表1

单位：万元

各　区	地区生产总值按行业分							
	农林牧渔业		工　业		建筑业		批发和零售业	
	2016	增长速度(%)	2016	增长速度(%)	2016	增长速度(%)	2016	增长速度(%)
全　市	**1322000**	**-8.5**	**40266800**	**5.1**	**10255000**	**7.9**	**23728900**	**2.7**
首都功能核心区			**2753572**	**7.2**	**1097755**	**5.2**	**4785030**	**0.3**
东 城 区			403539	9.3	395639	2.4	2178442	5.0
西 城 区			2350033	6.9	702116	6.8	2606588	-3.3
城市功能拓展区	**37560**	**-4.1**	**9182631**	**0.6**	**5190820**	**6.9**	**14405484**	**2.0**
朝 阳 区	11994	-5.2	2926869	-2.6	1188434	5.2	10239420	3.0
丰 台 区	6139	-7.4	1367579	-0.5	1405579	22.2	1124204	1.5
石景山区			798645	-0.1	664787	9.4	227920	0.8
海 淀 区	19427	-2.3	4089538	3.9	1932020	-1.9	2813940	-0.9
城市发展新区	**786362**	**-10.5**	**23153337**	**9.7**	**3044760**	**9.8**	**4226411**	**4.9**
房 山 区	141099	-5.1	2924259	6.8	444022	1.9	209236	1.9
通 州 区	167600	-13.9	2079523	6.2	955432	13.1	457365	-1.2
顺 义 区	204468	-10.1	6157388	11.7	589972	19.4	618095	2.5
昌 平 区	77884	-7.6	2646770	12.9	287050	0.6	237727	3.6
大 兴 区	195311	-12.7	1872548	10.2	460524	15.4	343104	7.7
北京经济技术开发区			7472849	9.1	307760	-1.9	2360884	6.9
生态涵养发展区	**490528**	**-6.0**	**3664018**	**9.0**	**921665**	**8.9**	**311972**	**1.0**
门头沟区	9562	9.3	614778	4.2	118211	20.5	69269	4.1
怀 柔 区	62682	-13.2	1266507	11.6	188852	0.1	50557	4.8
平 谷 区	178210	-6.2	683239	4.7	271091	7.9	69654	1.9
密 云 区	164300	-2.7	835717	9.2	242826	7.5	80746	-3.9
延 庆 区	75774	-7.3	263777	20.5	100685	22.4	41746	0.4

3-15 续表2

单位：万元

各区	地区生产总值按行业分							
	交通运输、仓储和邮政业		住宿和餐饮业		信息传输、软件和信息技术服务业		金融业	
	2016	增长速度(%)	2016	增长速度(%)	2016	增长速度(%)	2016	增长速度(%)
全市	**10609700**	**6.6**	**3993500**	**0.1**	**28058000**	**12.3**	**42708200**	**9.1**
首都功能核心区	**1203412**	**16.6**	**1037231**	**1.7**	**3777114**	**11.8**	**21570943**	**7.8**
东城区	402055	5.5	594811	1.5	2353696	11.0	4769076	4.0
西城区	801357	23.1	442420	2.0	1423418	13.1	16801867	9.0
城市功能拓展区	**3327602**	**5.4**	**2113954**	**1.2**	**20326051**	**12.5**	**13134653**	**9.4**
朝阳区	2420564	5.1	1066325	2.0	3440707	13.2	6234712	10.6
丰台区	421885	6.3	277003	1.3	565511	10.3	1387422	12.4
石景山区	72124	4.8	64368	1.1	827559	10.3	382402	16.8
海淀区	413029	6.4	706258	0.1	15492274	12.5	5130117	6.7
城市发展新区	**5045647**	**5.3**	**679169**	**3.2**	**790404**	**7.4**	**2907916**	**8.7**
房山区	140612	6.2	55537	1.6	35349	6.6	256401	18.2
通州区	87633	6.1	80163	3.5	17268	4.7	431280	11.9
顺义区	4311806	5.5	145884	2.8	14116	8.0	1253281	-0.5
昌平区	31018	1.4	173910	3.9	267787	15.8	436147	26.2
大兴区	169612	3.3	46779	2.9	25053	2.7	310231	17.8
北京经济技术开发区	304966	4.6	176896	3.3	430831	3.2	220576	8.1
生态涵养发展区	**296419**	**3.5**	**163148**	**3.1**	**15941**	**13.6**	**482367**	**16.9**
门头沟区	20056	2.0	19287	8.1	1401	10.0	96722	21.0
怀柔区	36667	7.8	45957	0.5	6825	21.7	130284	22.4
平谷区	62437	7.1	31303	3.5	4461	6.6	83019	14.6
密云区	19848	4.6	44500	3.7	3089	9.9	123907	12.6
延庆区	157411	1.3	22101	2.9	165	10.4	48435	11.0

3-15 续表3

单位：万元

各区	地区生产总值按行业分							
	房地产业		租赁与商务服务业		科学研究和技术服务业		水利、环境和公共设施管理业	
	2016	增长速度(%)	2016	增长速度(%)	2016	增长速度(%)	2016	增长速度(%)
全　市	**16726800**	**5.5**	**18382500**	**1.5**	**25120200**	**9.6**	**2044200**	**8.6**
首都功能核心区	**2646737**	**6.5**	**4798704**	**1.0**	**4103567**	**9.3**	**268325**	**-0.3**
东 城 区	1282708	12.5	2122657	3.1	2109906	13.8	103464	0.1
西 城 区	1364029	1.4	2676047	-0.6	1993661	4.7	164861	-0.6
城市功能拓展区	**8939252**	**5.5**	**12103660**	**6.6**	**15960656**	**10.3**	**1114270**	**4.4**
朝 阳 区	5019887	7.1	8840286	8.2	4797428	9.3	426262	8.2
丰 台 区	1183064	8.5	1186511	1.8	2040827	7.2	156072	4.0
石景山区	303601	12.3	189002	3.7	388332	16.4	47508	4.1
海 淀 区	2432700	0.3	1887861	3.0	8734069	11.6	484428	1.5
城市发展新区	**4311927**	**7.5**	**1284316**	**1.8**	**2590373**	**12.6**	**403274**	**12.5**
房 山 区	725738	5.1	84715	-4.3	247076	34.6	47031	-0.6
通 州 区	958197	4.4	87811	0.4	189029	14.2	84583	55.5
顺 义 区	776289	17.8	595686	1.9	369874	10.3	68750	9.2
昌 平 区	932330	5.2	256502	3.1	960035	7.0	129588	-3.2
大 兴 区	835531	7.7	124339	4.7	260458	6.7	52798	18.9
北京经济技术开发区	83842	0.3	135263	1.6	563901	17.2	20524	32.1
生态涵养发展区	**828889**	**5.7**	**195822**	**-0.6**	**215005**	**10.0**	**258331**	**10.2**
门头沟区	147396	5.2	28859	-5.8	77397	11.6	11795	10.4
怀 柔 区	169671	4.0	45115	0.5	59982	2.6	57436	1.5
平 谷 区	186889	9.2	33424	-1.7	19591	16.6	15391	15.3
密 云 区	239930	5.1	74989	2.7	44726	11.8	112836	10.6
延 庆 区	85003	5.0	13435	-6.8	13309	18.8	60873	17.5

3-15 续表4

单位：万元

各区	地区生产总值按行业分									
	居民服务、修理和其他服务业		教育		卫生和社会工作		文化、体育和娱乐业		公共管理、社会保障和社会组织	
	2016	增长速度(%)	2016	增长速度(%)	2016	增长速度(%)	2016	增长速度(%)	2016	增长速度(%)
全市	**1596800**	**9.1**	**11732400**	**8.5**	**6366000**	**7.1**	**5653100**	**6.5**	**8127200**	**7.2**
首都功能核心区	**245288**	**7.0**	**1357797**	**13.6**	**2021545**	**2.1**	**1822847**	**8.2**	**3151742**	**5.3**
东城区	102144	4.7	598298	13.6	883904	8.2	892782	8.4	1424867	3.1
西城区	143144	8.8	759499	13.6	1137641	-2.3	930065	8.1	1726875	7.1
城市功能拓展区	**925358**	**9.1**	**7586198**	**8.1**	**2976725**	**4.1**	**3531640**	**7.3**	**2597058**	**3.7**
朝阳区	427432	11.3	1722028	5.8	1210412	6.0	753976	8.1	983517	5.8
丰台区	168008	8.0	466305	1.7	395402	1.9	283338	4.1	535479	1.7
石景山区	62241	7.6	291428	6.6	174047	3.4	154764	4.3	172684	0.6
海淀区	267677	6.9	5106437	9.7	1196864	3.0	2339562	7.6	905378	3.4
城市发展新区	**329426**	**10.7**	**2089967**	**3.1**	**980511**	**8.2**	**125298**	**4.7**	**1484427**	**9.9**
房山区	33731	7.8	267809	3.0	165235	3.3	18969	7.8	269261	11.7
通州区	57872	9.6	474216	31.6	278081	20.6	15769	2.9	326238	12.2
顺义区	71684	8.0	316195	6.7	144666	7.0	22644	3.3	255231	6.8
昌平区	97707	16.8	506101	-19.3	205269	-2.9	33043	6.0	255005	13.0
大兴区	48944	9.2	505385	5.4	174545	9.3	33326	3.6	373301	6.7
北京经济技术开发区	19488	4.6	20261	33.2	12715	33.5	1547	2.6	5391	33.3
生态涵养发展区	**96726**	**6.7**	**698438**	**6.8**	**387221**	**6.5**	**173315**	**6.3**	**893972**	**7.1**
门头沟区	26976	3.5	78275	1.2	73939	0.4	14706	10.0	169981	8.7
怀柔区	16624	11.0	129589	3.4	71732	-0.6	104882	6.3	150754	-0.7
平谷区	21597	5.9	178195	12.8	113710	13.0	20488	1.8	210409	17.2
密云区	20801	9.9	193725	8.2	77154	8.4	9620	8.0	222630	8.2
延庆区	10728	3.9	118654	4.0	50686	10.2	23619	7.6	140198	-0.9

3-16 一般公共

各 区	2016	2015	增长速度（%）	#税收收入					
				2016	2015	增长速度(%)	#增值税		
							2016	2015	增长速度（%）
全 市	**50812595**	**47238597**	**7.6**	**44529722**	**42639065**	**4.4**	**12143392**	**7161226**	**69.6**
首都功能核心区	**5801481**	**6159673**	**-5.8**	**5204304**	**5682031**	**-8.4**	**1254926**	**750048**	**67.3**
东 城 区	1663420	1645609	1.1	1437743	1525474	-5.8	429765	331968	29.5
西 城 区	4138061	4514064	-8.3	3766561	4156557	-9.4	825161	418080	97.4
城市功能拓展区	**10199065**	**9450680**	**7.9**	**9060577**	**8615552**	**5.2**	**2788363**	**1885268**	**47.9**
朝 阳 区	4771349	4479814	6.5	4277113	4132660	3.5	1193192	760672	56.9
丰 台 区	1045914	944888	10.7	923194	861057	7.2	262987	130506	101.5
石景山区	520719	450942	15.5	476084	410793	15.9	146818	84515	73.7
海 淀 区	3861083	3575036	8.0	3384186	3211042	5.4	1185366	909575	30.3
城市发展新区	**4240679**	**3900178**	**8.7**	**3509312**	**3261792**	**7.6**	**1096548**	**558564**	**96.3**
房 山 区	537030	501544	7.1	433099	380907	13.7	144201	64688	122.9
通 州 区	765068	708041	8.1	679809	614764	10.6	230691	96443	139.2
顺 义 区	1378615	1247607	10.5	1164118	1095698	6.2	349224	214688	62.7
昌 平 区	782766	730532	7.2	633902	606911	4.4	196601	105949	85.6
大 兴 区	777200	712454	9.1	598384	563512	6.2	175831	76796	129.0
生态涵养发展区	**1361557**	**1303875**	**4.4**	**1017710**	**993832**	**2.4**	**325843**	**171139**	**90.4**
门头沟区	277859	260676	6.6	219099	196881	11.3	64816	29627	118.8
怀 柔 区	356477	333813	6.8	274050	272396	0.6	95775	63178	51.6
平 谷 区	279458	279341	0.0	224551	220121	2.0	70774	35658	98.5
密 云 区	311683	295045	5.6	205321	184672	11.2	67729	32396	109.1
延 庆 区	136080	135000	0.8	94689	119762	-20.9	26749	10280	160.2

资料来源：北京市财政局。

预算收入

单位：万元

税收收入中											
#营业税			#企业所得税			#土地增值税			#房产税		
2016	2015	增长速度（%）	2016	2015	增长速度（%）	2016	2015	增长速度（%）	2016	2015	增长速度（%）
5844088	**11861272**	**-50.7**	**10952298**	**10247332**	**6.9**	**1773451**	**1748606**	**1.4**	**1982211**	**1520565**	**30.4**
917173	**1873366**	**-51.0**	**1687476**	**1756860**	**-3.9**	**66980**	**149209**	**-55.1**	**526036**	**454653**	**15.7**
217162	418059	-48.1	327396	349882	-6.4	21603	21839	-1.1	202643	180999	12.0
700011	1455307	-51.9	1360080	1406978	-3.3	45377	127370	-64.4	323393	273654	18.2
1218626	**2459495**	**-50.5**	**2210544**	**1908061**	**15.9**	**367674**	**343858**	**6.9**	**997632**	**692278**	**44.1**
543500	1215960	-55.3	1104391	982094	12.5	232934	224097	3.9	576661	376899	53.0
208317	343485	-39.4	147624	141476	4.3	47710	31900	49.6	89572	64069	39.8
105373	154660	-31.9	86150	61837	39.3	29873	24046	24.2	29067	21623	34.4
361436	745390	-51.5	872379	722654	20.7	57157	63815	-10.4	302332	229687	31.6
551897	**1106290**	**-50.1**	**660723**	**594952**	**11.1**	**304127**	**252669**	**20.4**	**309686**	**240609**	**28.7**
61576	143877	-57.2	63153	37940	66.5	34760	33939	2.4	27203	24194	12.4
118808	239702	-50.4	94629	87865	7.7	85448	65079	31.3	43789	38039	15.1
158873	278758	-43.0	285332	306192	-6.8	74494	48559	53.4	118450	87424	35.5
101533	218459	-53.5	107801	85878	25.5	42416	52686	-19.5	67538	50050	34.9
111107	225494	-50.7	109808	77077	42.5	67009	52406	27.9	52706	40902	28.9
152226	**352974**	**-56.9**	**167102**	**156062**	**7.1**	**122166**	**104563**	**16.8**	**69992**	**70278**	**-0.4**
43836	86641	-49.4	35528	26601	33.6	32310	13897	132.5	8632	8906	-3.1
28921	60716	-52.4	50956	47121	8.1	36623	42788	-14.4	20254	20275	-0.1
36720	70861	-48.2	37805	39111	-3.3	34088	35582	-4.2	12683	15448	-17.9
32617	62512	-47.8	29271	27337	7.1	18007	13699	31.4	20835	18292	13.9
10132	72244	-86.0	13542	15892	-14.8	1138	-1403		7588	7357	3.1

3-17　一般公共预算支出

单位：万元

各　区	2016	2015	增长速度（%）	一般公共预算支出中 #一般公共服务 2016	2015	增长速度(%)
全　市	**64067682**	**57377011**	**11.7**	**3671975**	**3001224**	**22.3**
首都功能核心区	**6636236**	**7120705**	**-6.8**	**394768**	**340393**	**16.0**
东 城 区	2375385	2371578	0.2	174361	141825	22.9
西 城 区	4260851	4749127	-10.3	220407	198568	11.0
城市功能拓展区	**13225044**	**12396155**	**6.7**	**784296**	**704476**	**11.3**
朝 阳 区	4530253	4436484	2.1	198182	203201	-2.5
丰 台 区	1941102	2079263	-6.6	159896	169098	-5.4
石景山区	979702	913285	7.3	77738	60402	28.7
海 淀 区	5773987	4967123	16.2	348480	271775	28.2
城市发展新区	**12014638**	**10845183**	**10.8**	**780706**	**653295**	**19.5**
房 山 区	2241952	1835709	22.1	164507	153768	7.0
通 州 区	3384407	1983065	70.7	133080	110220	20.7
顺 义 区	2390927	2251054	6.2	220946	147193	50.1
昌 平 区	1602883	1857364	-13.7	117556	117756	-0.2
大 兴 区	2394469	2917991	-17.9	144617	124358	16.3
生态涵养发展区	**5221688**	**5015791**	**4.1**	**453756**	**414637**	**9.4**
门头沟区	875165	933067	-6.2	76623	66373	15.4
怀 柔 区	1074411	1069799	0.4	103663	98818	4.9
平 谷 区	1212345	1072485	13.0	102781	88636	16.0
密 云 区	1135066	1102121	3.0	102054	101195	0.8
延 庆 区	924701	838319	10.3	68635	59615	15.1

资料来源：北京市财政局。

3-17 续表1

单位：万元

各 区	一般公共预算支出中					
	#社会保障和就业			#科学技术		
	2016	2015	增长速度(%)	2016	2015	增长速度(%)
全 市	**7162056**	**7004823**	**2.2**	**2857786**	**2877956**	**-0.7**
首都功能核心区	**1053773**	**1173809**	**-10.2**	**42904**	**50637**	**-15.3**
东 城 区	475351	439638	8.1	15045	20696	-27.3
西 城 区	578422	734171	-21.2	27859	29941	-7.0
城市功能拓展区	**2627397**	**2481149**	**5.9**	**254572**	**273041**	**-6.8**
朝 阳 区	1141269	896300	27.3	93078	93642	-0.6
丰 台 区	485298	428963	13.1	48320	60568	-20.2
石景山区	169214	173317	-2.4	16721	13329	25.4
海 淀 区	831616	982569	-15.4	96453	105502	-8.6
城市发展新区	**1420576**	**1187886**	**19.6**	**71524**	**74581**	**-4.1**
房 山 区	200563	277124	-27.6	7054	9661	-27.0
通 州 区	477577	246023	94.1	21160	25025	-15.4
顺 义 区	331729	244067	35.9	8074	8032	0.5
昌 平 区	182601	226175	-19.3	31067	26545	17.0
大 兴 区	228106	194497	17.3	4169	5318	-21.6
生态涵养发展区	**678017**	**675367**	**0.4**	**48201**	**46017**	**4.7**
门头沟区	112694	131521	-14.3	2888	3005	-3.9
怀 柔 区	104607	112646	-7.1	7142	6645	7.5
平 谷 区	153291	146957	4.3	9922	9842	0.8
密 云 区	173739	157498	10.3	25688	24089	6.6
延 庆 区	133686	126745	5.5	2561	2436	5.1

3-17 续表2

单位：万元

各　区	一般公共预算支出中					
	#教　育			#医疗卫生与计划生育		
	2016	2015	增长速度(%)	2016	2015	增长速度(%)
全　市	**8873754**	**8556654**	**3.7**	**3979528**	**3705234**	**7.4**
首都功能核心区	**1054010**	**877526**	**20.1**	**416342**	**349030**	**19.3**
东 城 区	497758	437521	13.8	137922	123290	11.9
西 城 区	556252	440005	26.4	278420	225740	23.3
城市功能拓展区	**2349260**	**2376696**	**-1.2**	**764498**	**788481**	**-3.0**
朝 阳 区	885723	846243	4.7	409429	402422	1.7
丰 台 区	335153	415166	-19.3	89514	106895	-16.3
石景山区	166035	176648	-6.0	50254	49787	0.9
海 淀 区	962349	938639	2.5	215301	229377	-6.1
城市发展新区	**1630739**	**1573272**	**3.7**	**767063**	**722109**	**6.2**
房 山 区	347528	338279	2.7	118414	117195	1.0
通 州 区	314812	279655	12.6	168177	191807	-12.3
顺 义 区	324572	297830	9.0	217070	185808	16.8
昌 平 区	316503	335603	-5.7	124204	98092	26.6
大 兴 区	327324	321905	1.7	139198	129207	7.7
生态涵养发展区	**862318**	**850592**	**1.4**	**357047**	**351936**	**1.5**
门头沟区	144792	132084	9.6	53310	34590	54.1
怀 柔 区	171102	176838	-3.2	81144	88265	-8.1
平 谷 区	199794	214394	-6.8	64985	74018	-12.2
密 云 区	190040	188608	0.8	99570	98913	0.7
延 庆 区	156590	138668	12.9	58038	56150	3.4

3-17 续表3

单位：万元

各 区	一般公共预算支出中					
	#节能环保			#交通运输		
	2016	2015	增长速度(%)	2016	2015	增长速度(%)
全 市	**3633771**	**3032612**	**19.8**	**3534814**	**2956316**	**19.6**
首都功能核心区	**94118**	**170704**	**-44.9**	**10000**		
东 城 区	39523	49150	-19.6	10000		
西 城 区	54595	121554	-55.1			
城市功能拓展区	**656688**	**581745**	**12.9**		**6211**	
朝 阳 区	178821	188671	-5.2			
丰 台 区	225002	83633	169.0		6211	
石景山区	39497	22899	72.5			
海 淀 区	213368	286542	-25.5			
城市发展新区	**1018634**	**634559**	**60.5**	**183180**	**245835**	**-25.5**
房 山 区	313340	160070	95.8	24619	22934	7.3
通 州 区	348318	72878	377.9	28668	21415	33.9
顺 义 区	169920	131820	28.9	32965	22937	43.7
昌 平 区	77127	135762	-43.2	24189	24066	0.5
大 兴 区	109929	134029	-18.0	72739	154483	-52.9
生态涵养发展区	**353162**	**301435**	**17.2**	**90381**	**58662**	**54.1**
门头沟区	48734	37211	31.0	10591	7479	41.6
怀 柔 区	60725	74271	-18.2	11496	8093	42.0
平 谷 区	98738	59751	65.2	39407	20017	96.9
密 云 区	97504	82143	18.7	14387	11089	29.7
延 庆 区	47461	48059	-1.2	14500	11984	21.0

3-17 续表4

单位：万元

各 区	一般公共预算支出中					
	#农林水事务			#城乡社区事务		
	2016	2015	增长速度(%)	2016	2015	增长速度(%)
全 市	**4435458**	**4247815**	**4.4**	**11203703**	**9953866**	**12.6**
首都功能核心区	**4282**	**2991**	**43.2**	**2124436**	**2491772**	**-14.7**
东 城 区	1273	1145	11.2	735194	658167	11.7
西 城 区	3009	1846	63.0	1389242	1833605	-24.2
城市功能拓展区	**697094**	**777629**	**-10.4**	**2538099**	**2235784**	**13.5**
朝 阳 区	363455	372892	-2.5	507230	606328	-16.3
丰 台 区	76330	221549	-65.5	266140	355506	-25.1
石景山区	49539	28889	71.5	241902	163814	47.7
海 淀 区	207770	154299	34.7	1522827	1110136	37.2
城市发展新区	**1676288**	**1367253**	**22.6**	**2378480**	**1910304**	**24.5**
房 山 区	416404	314122	32.6	374496	138130	171.1
通 州 区	426300	261269	63.2	1096969	555094	97.6
顺 义 区	295795	257911	14.7	310872	528696	-41.2
昌 平 区	208729	245228	-14.9	178740	397387	-55.0
大 兴 区	329060	288723	14.0	417403	290997	43.4
生态涵养发展区	**851433**	**818440**	**4.0**	**710554**	**653174**	**8.8**
门头沟区	115033	126313	-8.9	129165	141448	-8.7
怀 柔 区	151452	129156	17.3	192154	194909	-1.4
平 谷 区	157849	143061	10.3	199781	160796	24.2
密 云 区	237621	235176	1.0	60981	59554	2.4
延 庆 区	189478	184734	2.6	128473	96467	33.2

3-18 地税税费收入情况(2016年)

单位：万元

各区	各项税费收入	#交通运输仓储及邮政业	#信息传输、软件和信息技术服务业	#房地产业	#租赁和商务服务业	#居民服务、修理和其他服务业	#文化体育和娱乐业
全市	**32617787**	**470710**	**1711352**	**6951709**	**3654811**	**3735795**	**637892**
首都功能核心区	**7416524**	**63588**	**192886**	**1341385**	**1039188**	**582796**	**247912**
东城区	2914698	34010	61700	801576	500938	156238	129718
西城区	4501826	29578	131186	539809	538250	426558	118194
城市功能拓展区	**16788033**	**165128**	**1419594**	**2832383**	**1968785**	**2218845**	**310001**
朝阳区	7660664	66178	253647	1635141	1186476	1379010	149573
丰台区	1461230	26848	19594	365880	98180	198683	14116
石景山区	858030	9423	45665	194957	101904	99035	17208
海淀区	6808109	62679	1100688	636405	582225	542117	129104
城市发展新区	**6731636**	**223054**	**85069**	**2183181**	**366996**	**803996**	**45403**
房山区	623939	3086	1298	341615	40633	55632	3150
通州区	970231	8153	21754	445291	46398	87592	21352
顺义区	1433389	171537	4262	348818	107456	135384	4496
昌平区	1139899	13801	21165	388676	51791	147940	9222
大兴区	1021167	20357	4484	464484	76251	123706	5228
北京经济技术开发区	1410955	5745	31892	192801	44165	252161	1941
燕山	132056	375	214	1496	302	1581	14
生态涵养发展区	**1531002**	**13610**	**13771**	**594095**	**182086**	**123764**	**27081**
门头沟区	336428	413	4888	174378	27513	21162	1248
怀柔区	459265	2473	1724	147709	47407	48036	20594
平谷区	315383	5226	2171	137748	34133	19716	1536
密云区	285920	1828	4659	113280	38471	20429	2353
延庆区	134006	3670	329	20980	34562	14421	1350
其他	**150592**	**5330**	**32**	**665**	**97756**	**6394**	**7495**
西站	4743	322	29	661	245	367	
涉外	145849	5008	3	4	97511	6027	7495

注：本表数据为北京地区全部单位及自然人向地方税务局上缴的税费合计。

资料来源：北京市地方税务局。

3-19 全社会固定资产投资

单位：亿元

各区	全社会固定资产投资			#基础设施投资		
	2016	2015	增长速度(%)	2016	2015	增长速度(%)
全市	**8461.7**	**7990.9**	**5.9**	**2399.5**	**2174.5**	**10.3**
首都功能核心区	**517.3**	**481.2**	**7.5**	**221.9**	**178.7**	**24.2**
东城区	264.6	235.2	12.5	146.3	101.2	44.6
西城区	252.7	246.0	2.7	75.6	77.5	-2.4
城市功能拓展区	**3316.9**	**3172.7**	**4.5**	**1030.7**	**966.7**	**6.6**
朝阳区	1257.9	1238.7	1.5	431.0	391.2	10.2
丰台区	960.9	862.3	11.4	187.2	188.6	-0.7
石景山区	225.6	201.3	12.1	54.3	56.0	-3.1
海淀区	872.5	870.5	0.2	358.2	330.9	8.2
城市发展新区	**3770.2**	**3588.3**	**5.1**	**879.4**	**852.5**	**3.2**
房山区	536.9	532.3	0.9	125.3	108.8	15.2
通州区	939.9	800.8	17.4	201.4	83.6	140.9
顺义区	485.0	465.2	4.3	107.5	95.1	13.0
昌平区	594.5	581.1	2.3	113.0	159.2	-29.0
大兴区	827.3	811.3	2.0	303.1	377.2	-19.7
北京经济技术开发区	386.7	397.6	-2.8	29.1	28.6	2.0
生态涵养发展区	**857.3**	**748.7**	**14.5**	**267.5**	**176.6**	**51.4**
门头沟区	338.3	292.1	15.8	76.2	41.5	83.7
怀柔区	121.1	130.9	-7.5	38.6	39.2	-1.4
平谷区	164.7	146.9	12.1	26.3	24.5	7.4
密云区	126.0	107.6	17.1	52.2	39.1	33.5
延庆区	107.2	71.2	50.7	74.1	32.3	129.1

注：本资料按项目所在建设地地址划分。

3-19 续表

单位：亿元

各区	城镇固定资产投资						农村固定资产投资		
				#房地产开发投资					
	2016	2015	增长速度(%)	2016	2015	增长速度(%)	2016	2015	增长速度(%)
全　市	**7728.2**	**7267.0**	**6.3**	**4045.4**	**4226.3**	**-4.3**	**733.5**	**723.9**	**1.3**
首都功能核心区	**517.3**	**481.2**	**7.5**	**112.0**	**208.2**	**-46.2**			
东 城 区	264.6	235.2	12.5	53.0	98.3	-46.1			
西 城 区	252.7	246.0	2.7	58.9	109.9	-46.3			
城市功能拓展区	**3232.8**	**3102.1**	**4.2**	**1727.1**	**1687.0**	**2.4**	**84.1**	**70.7**	**19.0**
朝 阳 区	1195.8	1190.3	0.5	666.4	689.3	-3.3	62.1	48.5	28.1
丰 台 区	951.0	854.5	11.3	648.2	621.1	4.3	9.9	7.8	27.9
石景山区	225.6	201.3	12.1	140.8	126.7	11.2			
海 淀 区	860.4	856.0	0.5	271.7	249.8	8.8	12.1	14.4	-16.1
城市发展新区	**3258.2**	**3095.0**	**5.3**	**1769.8**	**1988.1**	**-11.0**	**512.0**	**493.3**	**3.8**
房 山 区	386.9	390.7	-1.0	259.6	269.2	-3.6	150.0	141.6	5.9
通 州 区	869.1	745.6	16.6	349.0	603.4	-42.2	70.7	55.1	28.3
顺 义 区	426.8	421.1	1.4	268.8	292.6	-8.1	58.2	44.1	31.9
昌 平 区	559.7	552.3	1.3	382.4	328.3	16.5	34.8	28.8	20.9
大 兴 区	629.0	587.7	7.0	403.2	359.2	12.3	198.2	223.6	-11.4
北京经济技术开发区	386.7	397.6	-2.8	106.9	135.5	-21.1			
生态涵养发展区	**719.9**	**588.7**	**22.3**	**436.5**	**343.1**	**27.3**	**137.3**	**160.0**	**-14.2**
门头沟区	326.7	276.4	18.2	227.4	217.4	4.6	11.6	15.7	-26.1
怀 柔 区	92.0	103.0	-10.7	45.2	17.5	158.5	29.1	27.9	4.4
平 谷 区	129.6	91.5	41.6	93.4	54.2	72.3	35.0	55.4	-36.8
密 云 区	85.1	80.4	5.8	47.1	43.8	7.5	40.9	27.2	50.6
延 庆 区	86.6	37.3	131.9	23.5	10.1	132.2	20.7	33.8	-38.9

注：城镇固定资产投资中包括房地产开发投资。

3-20　全社会房屋建筑施工及竣工面积

单位：万平方米

各　区	施工面积			竣工面积		
	2016	2015	增长速度(%)	2016	2015	增长速度(%)
全　市	**22721.4**	**20009.1**	**13.6**	**3594.0**	**4170.2**	**-13.8**
首都功能核心区	**342.1**	**515.9**	**-33.7**	**37.9**	**195.0**	**-80.5**
东 城 区	193.1	215.5	-10.4	7.6	34.8	-78.1
西 城 区	149.0	300.4	-50.4	30.3	160.1	-81.1
城市功能拓展区	**7550.0**	**7106.3**	**6.2**	**1044.0**	**1064.3**	**-1.9**
朝 阳 区	3275.8	2961.7	10.6	496.4	436.6	13.7
丰 台 区	1887.3	1925.5	-2.0	217.7	193.8	12.3
石景山区	419.4	389.8	7.6	109.5	56.5	93.7
海 淀 区	1967.4	1829.3	7.6	220.5	377.4	-41.6
城市发展新区	**12776.2**	**10290.6**	**24.2**	**2090.1**	**2302.0**	**-9.2**
房 山 区	1509.7	1507.9	0.1	282.8	304.8	-7.2
通 州 区	4639.9	2156.2	115.2	396.1	550.5	-28.0
顺 义 区	1643.5	1661.9	-1.1	258.7	385.3	-32.9
昌 平 区	2040.6	2012.2	1.4	594.0	489.9	21.3
大 兴 区	1791.3	1813.7	-1.2	309.1	356.7	-13.3
北京经济技术开发区	1151.2	1138.7	1.1	249.4	214.9	16.0
生态涵养发展区	**2053.1**	**2096.3**	**-2.1**	**422.0**	**609.0**	**-30.7**
门头沟区	874.9	867.8	0.8	105.0	102.1	2.9
怀 柔 区	329.7	349.6	-5.7	76.1	151.8	-49.9
平 谷 区	368.6	375.9	-2.0	116.8	168.7	-30.7
密 云 区	326.4	353.1	-7.6	83.3	84.3	-1.2
延 庆 区	153.5	149.9	2.4	40.8	102.1	-60.0

3-21 商品房基本情况

单位：万平方米

各　区	商品房施工面积			商品房竣工面积		
	2016	2015	增长速度(%)	2016	2015	增长速度(%)
全　市	**13089.8**	**13095.0**	**…**	**2383.1**	**2631.5**	**-9.4**
首都功能核心区	**218.8**	**335.4**	**-34.8**	**16.2**	**134.0**	**-87.9**
东 城 区	137.9	140.0	-1.5	0.7	17.1	-96.1
西 城 区	81.0	195.5	-58.6	15.5	116.9	-86.7
城市功能拓展区	**4920.0**	**4728.4**	**4.1**	**719.8**	**692.2**	**4.0**
朝 阳 区	2034.4	2087.5	-2.5	277.6	313.5	-11.5
丰 台 区	1470.2	1383.3	6.3	214.7	156.3	37.4
石景山区	353.5	303.0	16.7	108.7	27.5	295.0
海 淀 区	1062.1	954.6	11.3	118.8	194.9	-39.0
城市发展新区	**6702.1**	**6883.4**	**-2.6**	**1418.4**	**1532.2**	**-7.4**
房 山 区	880.2	887.4	-0.8	219.4	146.0	50.3
通 州 区	1563.1	1727.3	-9.5	326.1	425.6	-23.4
顺 义 区	1220.9	1268.9	-3.8	158.1	277.5	-43.0
昌 平 区	1332.3	1428.3	-6.7	366.6	341.3	7.4
大 兴 区	1214.3	1107.3	9.7	225.9	251.9	-10.3
北京经济技术开发区	491.3	464.2	5.8	122.3	89.9	36.0
生态涵养发展区	**1248.8**	**1147.8**	**8.8**	**228.7**	**273.1**	**-16.2**
门头沟区	470.0	445.6	5.5	84.7	59.2	43.0
怀 柔 区	157.8	108.9	44.8	29.3	29.1	0.6
平 谷 区	277.6	262.4	5.8	68.5	101.1	-32.3
密 云 区	262.2	279.9	-6.3	46.3	48.0	-3.6
延 庆 区	81.2	50.9	59.6	…	35.6	

3-21 续表

单位：万平方米

各　区	商品房销售面积			#住宅销售面积		
	2016	2015	增长速度(%)	2016	2015	增长速度(%)
全　市	**1675.1**	**1554.7**	**7.7**	**993.5**	**1127.3**	**-11.9**
首都功能核心区	**19.1**	**36.0**	**-47.0**	**8.3**	**10.6**	**-21.5**
东 城 区	6.6	5.0	31.5	5.3	4.2	27.2
西 城 区	12.4	30.9	-59.8	3.0	6.4	-53.3
城市功能拓展区	**421.5**	**394.0**	**7.0**	**260.4**	**268.5**	**-3.0**
朝 阳 区	162.4	188.0	-13.6	96.6	135.6	-28.8
丰 台 区	142.3	93.0	53.0	106.4	48.7	118.8
石景山区	55.7	42.2	32.0	17.4	22.2	-21.5
海 淀 区	61.2	70.8	-13.6	39.9	62.0	-35.7
城市发展新区	**989.9**	**927.7**	**6.7**	**555.1**	**682.1**	**-18.6**
房 山 区	180.5	165.7	8.9	120.6	132.4	-8.9
通 州 区	196.3	221.6	-11.4	89.5	131.8	-32.1
顺 义 区	201.6	144.4	39.5	128.3	107.7	19.1
昌 平 区	159.8	178.6	-10.6	121.9	152.2	-19.9
大 兴 区	203.0	179.3	13.2	76.7	134.9	-43.2
北京经济技术开发区	48.8	38.0	28.3	18.1	23.1	-21.6
生态涵养发展区	**244.6**	**197.1**	**24.1**	**169.7**	**166.2**	**2.1**
门头沟区	91.2	72.1	26.5	55.9	51.9	7.7
怀 柔 区	17.9	22.4	-20.2	17.0	18.5	-8.6
平 谷 区	76.9	56.5	36.1	45.0	51.4	-12.4
密 云 区	42.6	35.5	19.9	41.7	34.4	21.2
延 庆 区	15.9	10.5	51.1	10.1	9.9	2.1

注：销售面积为期房与现房销售面积之和。

3-22 能源消费基本情况

各 区	能源消费总量(万吨标准煤)		万元地区生产总值能耗下降率(%)	
	2016	2015	2016	2015
全 市	**6961.7**	**6852.6**	**4.87**	**6.13**
首都功能核心区	**683.3**	**676.5**	**5.20**	**3.47**
东 城 区	292.8	290.7	5.60	2.82
西 城 区	390.4	385.8	4.95	3.91
城市功能拓展区	**2173.1**	**2144.2**	**5.25**	**6.05**
朝 阳 区	874.4	856.6	4.14	6.45
丰 台 区	445.1	437.5	4.64	3.43
石景山区	127.9	132.2	9.67	16.06
海 淀 区	725.7	717.9	5.97	5.08
城市发展新区	**3078.9**	**3070.9**	**7.05**	**6.84**
房 山 区	766.6	850.3	15.51	7.08
通 州 区	300.2	299.1	7.67	10.67
顺 义 区	1197.7	1123.8	1.25	3.67
昌 平 区	346.4	345.2	6.31	10.68
大 兴 区	292.9	289.0	6.43	6.36
北京经济技术开发区	175.0	163.5	1.00	4.77
生态涵养发展区	**480.0**	**481.4**	**6.88**	**6.97**
门头沟区	65.5	66.3	7.40	6.18
怀 柔 区	107.6	110.6	9.34	10.51
平 谷 区	117.2	116.8	5.99	5.78
密 云 区	122.3	121.5	5.96	6.90
延 庆 区	67.3	66.2	5.74	2.01

注：1.万元地区生产总值能耗下降率按可比价计算。

2.根据有关核算原则，在进行能源核算时，对部分无法进行各区分解的数据，由市统计局统一核算，故表中各区及北京经济技术开发区能源消费量之和不等于全市能源消费量。

3.2016年万元地区生产总值能耗下降率中使用的地区生产总值数据包含研发支出，2015年数据未按照新的地区生产总值核算口径进行修正。

3-23 全社会用电量情况(2016年)

单位：万千瓦时

各 区	合 计	第一产业	第二产业	第三产业	居民生活
全 市	**10202704**	**196243**	**3343189**	**4708959**	**1954313**
首都功能核心区	**1014111**		**36178**	**744073**	**233861**
东 城 区	463387		14454	349005	99929
西 城 区	550724		21724	395068	133932
城市功能拓展区	**4001116**	**22832**	**468872**	**2598996**	**910416**
朝 阳 区	1698129	4250	203941	1111757	378180
丰 台 区	794293	3940	107183	466263	216907
石景山区	182468	331	35526	100321	46291
海 淀 区	1326226	14312	122221	920655	269039
城市发展新区	**3493750**	**137418**	**1564267**	**1141619**	**650445**
房 山 区	574341	27106	346745	112219	88270
通 州 区	570340	30764	219134	176943	143499
顺 义 区	657783	29933	285196	223206	119448
昌 平 区	651078	19851	167278	302715	161234
大 兴 区	551974	29763	200742	202847	118622
北京经济技术开发区	488234		345172	123690	19372
生态涵养发展区	**674685**	**35993**	**254831**	**224271**	**159590**
门头沟区	100175	1482	29053	37768	31871
怀 柔 区	175021	7855	76413	57231	33522
平 谷 区	147923	13269	64510	33433	36711
密 云 区	167946	7579	74367	47911	38089
延 庆 区	83621	5808	10488	47929	19397

注：全市合计中包括输送损失，各区及北京经济技术开发区用电量不含输送损失，故表中各区及北京经济技术开发区用电量之和不等于全市。

资料来源：北京市电力公司。

3-24 农村基本情况

各区	乡镇及行政村常住户数（万户）			乡镇及行政村常住人口（万人）			乡镇及行政村从业人员（万人）			乡镇及行政村农林牧渔业从业人员（万人）		
	2016	2015	增长速度(%)	2016	2015	增长速度(%)	2016	2015	增长速度(%)	2016	2015	增长速度(%)
全 市	**232.6**	**221.4**	**5.1**	**612.6**	**593.5**	**3.2**	**385.9**	**348.0**	**10.9**	**51.2**	**49.4**	**3.6**
城市功能拓展区	**58.4**	**55.4**	**5.3**	**148.7**	**148.8**	**-0.1**	**97.0**	**92.4**	**5.0**	**1.8**	**2.6**	**-30.5**
朝阳区	30.4	28.4	6.9	71.4	74.1	-3.6	47.8	46.8	2.2	0.3	0.5	-39.7
丰台区	12.4	12.6	-1.7	31.6	34.7	-8.9	19.1	21.6	-11.8	0.6	1.1	-46.3
海淀区	15.6	14.4	8.5	45.7	40.0	14.2	30.1	24.0	25.5	1.0	1.1	-10.3
城市发展新区	**130.5**	**118.4**	**10.2**	**352.2**	**327.4**	**7.6**	**218.0**	**189.8**	**14.8**	**23.1**	**26.1**	**-11.6**
房山区	21.6	27.1	-20.4	62.6	59.9	4.4	32.8	31.0	5.7	6.6	6.6	0.1
通州区	29.7	27.3	9.1	82.2	74.7	10.0	43.5	41.3	5.5	4.2	5.5	-23.4
顺义区	23.0	22.1	4.4	60.4	62.0	-2.6	36.8	34.2	7.5	3.4	3.6	-4.5
昌平区	38.7	23.0	68.0	89.5	70.3	27.2	68.6	45.4	50.9	2.8	3.7	-23.4
大兴区	17.5	19.0	-7.9	57.5	60.4	-4.7	36.3	37.9	-4.2	6.1	6.8	-10.8
生态涵养发展区	**43.7**	**47.5**	**-8.1**	**111.7**	**117.2**	**-4.7**	**70.9**	**65.8**	**7.8**	**26.3**	**20.6**	**27.2**
门头沟区	3.5	4.5	-21.4	7.3	9.1	-19.0	3.9	4.6	-15.1	0.7	0.8	-8.6
怀柔区	9.2	9.4	-2.5	22.6	22.8	-0.7	14.4	12.3	17.2	4.1	3.6	14.8
平谷区	10.9	11.2	-2.2	33.2	32.4	2.2	20.5	18.6	10.4	7.6	5.4	41.9
密云区	11.9	13.2	-10.1	28.3	31.7	-10.8	20.0	18.3	9.3	9.2	6.7	38.6
延庆区	8.2	9.3	-11.5	20.2	21.2	-4.3	12.2	12.1	0.5	4.5	4.2	7.9

3-24 续表

各 区	农业机械总动力（万千瓦）			化肥施用量（折纯量）（吨）			农村用电量（万千瓦小时）		
	2016	2015	增长速度(%)	2016	2015	增长速度(%)	2016	2015	增长速度(%)
全 市	**144.4**	**185.9**	**-22.3**	**96529.7**	**105284.3**	**-8.3**	**547099.3**	**516705.0**	**5.9**
城市功能拓展区	**3.4**	**6.6**	**-48.5**	**1493.8**	**1842.5**	**-18.9**	**159276.5**	**156586.1**	**1.7**
朝 阳 区	0.5	0.6	-21.6	292.8	302.3	-3.1	75491.7	75520.7	-0.04
丰 台 区	1.7	3.7	-54.5	97.2	104.5	-7.0	48681.7	46641.8	4.4
海 淀 区	1.2	2.2	-46.2	1103.8	1435.7	-23.1	35103.1	34423.6	2.0
城市发展新区	**75.8**	**96.2**	**-21.2**	**67203.6**	**74355.8**	**-9.6**	**286013.4**	**265713.7**	**7.6**
房 山 区	15.0	24.3	-38.1	8764.8	9202.1	-4.8	54472.7	50995.3	6.8
通 州 区	13.4	15.2	-12.1	20376.8	22689.7	-10.2	83708.6	75374.7	11.1
顺 义 区	23.1	26.8	-13.6	16461.5	18008.0	-8.6	48292.7	46957.8	2.8
昌 平 区	6.7	8.2	-18.3	2186.3	2592.0	-15.7	65185.0	60834.3	7.2
大 兴 区	17.5	21.6	-18.9	19414.2	21864.0	-11.2	34354.4	31551.6	8.9
生态涵养发展区	**55.7**	**76.1**	**-26.9**	**27832.3**	**29086.0**	**-4.3**	**101809.4**	**94405.2**	**7.8**
门头沟区	1.2	1.7	-28.0	150.3	148.4	1.3	10090.5	9405.6	7.3
怀 柔 区	12.3	13.2	-7.2	3735.8	4380.1	-14.7	21706.9	19457.8	11.6
平 谷 区	15.4	22.8	-32.6	7970.1	8140.4	-2.1	33308.5	32469.7	2.6
密 云 区	14.8	23.2	-36.3	6200.9	6275.7	-1.2	23406.4	20923.5	11.9
延 庆 区	12.1	15.2	-20.8	9775.2	10141.4	-3.6	13297.1	12148.6	9.5

注：全市农业机械总动力包含首农集团未分配到各区的农机具数据，故分区数据相加不等于全市。
资料来源：农业机械总动力为北京市农业局提供。

3-25 农林牧渔业总产值

单位：万元

各 区	农林牧渔业总产值			农 业			林 业		
	2016	2015	增长速度(%)	2016	2015	增长速度(%)	2016	2015	增长速度(%)
全 市	**3380635.1**	**3682372.2**	**-8.2**	**1452011.5**	**1544776.6**	**-6.0**	**522090.4**	**573278.6**	**-8.9**
城市功能拓展区	**100666.1**	**106542.5**	**-5.5**	**31289.3**	**31201.7**	**0.3**	**45076.5**	**48048.2**	**-6.2**
朝 阳 区	31935.1	35054.1	-8.9	5287.9	8548.0	-38.1	20174.8	16960.0	19.0
丰 台 区	17012.3	18503.6	-8.1	8015.9	6034.6	32.8	6734.7	9906.8	-32.0
海 淀 区	51718.7	52984.8	-2.4	17985.5	16619.1	8.2	18167.0	21181.4	-14.2
城市发展新区	**2035200.2**	**2263980.8**	**-10.1**	**891554.4**	**954393.3**	**-6.6**	**335687.2**	**405665.2**	**-17.3**
房 山 区	382035.3	402495.7	-5.1	180407.7	173327.2	4.1	54470.4	68234.5	-20.2
通 州 区	424141.3	501234.3	-15.4	219283.6	227962.8	-3.8	57409.0	79463.5	-27.8
顺 义 区	534110.6	581054.7	-8.1	178925.3	208491.8	-14.2	92232.5	96612.4	-4.5
昌 平 区	206738.1	220530.6	-6.3	73178.9	77412.1	-5.5	46353.2	53865.5	-13.9
大 兴 区	488174.9	558665.5	-12.6	239758.9	267199.4	-10.3	85222.1	107489.3	-20.7
生态涵养发展区	**1229311.8**	**1293098.9**	**-4.9**	**529167.8**	**559181.6**	**-5.4**	**141326.7**	**119565.2**	**18.2**
门头沟区	24925.8	24146.4	3.2	9423.5	9740.5	-3.3	8150.9	4007.7	103.4
怀 柔 区	152464.1	177007.8	-13.9	48602.6	55792.8	-12.9	43214.2	38967.9	10.9
平 谷 区	449870.9	467073.5	-3.7	224821.3	244626.3	-8.1	15827.2	16987.1	-6.8
密 云 区	408905.3	419025.6	-2.4	189606.0	187457.1	1.1	46831.7	38575.5	21.4
延 庆 区	193145.7	205845.6	-6.2	56714.4	61564.9	-7.9	27302.7	21027.0	29.8

注：全市渔业产值含远洋捕捞，各区不包括远洋捕捞数据，故分区数据相加不等于全市。

3-25 续表

单位：万元

各区	农林牧渔业总产值								
	牧业			渔业			农林牧渔服务业		
	2016	2015	增长速度(%)	2016	2015	增长速度(%)	2016	2015	增长速度(%)
全市	**1226873.9**	**1358578.1**	**-9.7**	**92269.0**	**118689.5**	**-22.3**	**87390.3**	**87049.4**	**0.4**
城市功能拓展区	**9536.4**	**11942.7**	**-20.1**	**3369.5**	**3994.7**	**-15.7**	**11394.4**	**11355.2**	**0.3**
朝阳区	161.2	2636.8	-93.9	3286.9	3885.0	-15.4	3024.3	3024.3	
丰台区	846.6	1111.1	-23.8		36.0		1415.1	1415.1	
海淀区	8528.6	8194.8	4.1	82.6	73.7	12.1	6955.0	6915.8	0.6
城市发展新区	**709021.7**	**792184.2**	**-10.5**	**41041.5**	**54108.6**	**-24.1**	**57895.4**	**57629.5**	**0.5**
房山区	126487.2	140642.3	-10.1	7184.0	6870.8	4.6	13486.0	13420.9	0.5
通州区	119945.7	157465.6	-23.8	17553.8	26414.3	-33.5	9949.2	9928.1	0.2
顺义区	233274.6	242754.2	-3.9	11690.4	15334.9	-23.8	17987.8	17861.4	0.7
昌平区	77927.1	79248.3	-1.7	1737.8	2483.4	-30.0	7541.1	7521.3	0.3
大兴区	151387.1	172073.8	-12.0	2875.5	3005.2	-4.3	8931.3	8897.8	0.4
生态涵养发展区	**508315.8**	**554451.2**	**-8.3**	**32401.0**	**41836.2**	**-22.6**	**18100.5**	**18064.7**	**0.2**
门头沟区	6468.9	9515.7	-32.0				882.5	882.5	
怀柔区	51881.2	70269.7	-26.2	7884.2	11095.5	-28.9	881.9	881.9	
平谷区	195278.5	186708.8	4.6	11933.2	16740.6	-28.7	2010.7	2010.7	
密云区	154308.0	173747.8	-11.2	9411.6	10517.5	-10.5	8748.0	8727.7	0.2
延庆区	100379.2	114209.2	-12.1	3172.0	3482.6	-8.9	5577.4	5561.9	0.3

3-26 农作物播种面积

单位：公顷

各 区	农作物播种面积			#粮食作物			#蔬菜及食用菌		
	2016	2015	增长速度(%)	2016	2015	增长速度(%)	2016	2015	增长速度(%)
全 市	**151404**	**176632**	**-14.3**	**87329**	**104453**	**-16.4**	**47450**	**54271**	**-12.6**
城市功能拓展区	**1678**	**1871**	**-10.3**	**528**	**572**	**-7.7**	**1006**	**1124**	**-10.5**
朝 阳 区	314	360	-13.0	9	20	-52.2	256	286	-10.5
丰 台 区	230	278	-17.4	40	86	-54.1	167	129	28.9
海 淀 区	1134	1232	-8.0	479	466	2.8	583	709	-17.7
城市发展新区	**94137**	**114355**	**-17.7**	**46374**	**59629**	**-22.2**	**36432**	**42131**	**-13.5**
房 山 区	16627	18748	-11.3	10746	12324	-12.8	4509	4917	-8.3
通 州 区	17686	23049	-23.3	7462	10044	-25.7	9361	11690	-19.9
顺 义 区	24242	28884	-16.1	13424	16039	-16.3	6496	8199	-20.8
昌 平 区	3723	4109	-9.4	1773	2078	-14.7	1082	1155	-6.3
大 兴 区	31859	39565	-19.5	12968	19144	-32.3	14984	16170	-7.3
生态涵养发展区	**55590**	**60407**	**-8.0**	**40426**	**44252**	**-8.6**	**10013**	**11016**	**-9.1**
门头沟区	2083	2360	-11.8	840	1009	-16.7	84	98	-14.6
怀 柔 区	8102	9277	-12.7	6370	7622	-16.4	841	955	-11.9
平 谷 区	11780	13073	-9.9	7908	8467	-6.6	3573	4211	-15.1
密 云 区	16450	17406	-5.5	11705	12375	-5.4	3679	3920	-6.2
延 庆 区	17175	18290	-6.1	13604	14779	-8.0	1836	1832	0.2

3-27 主要农产品产量

单位：吨

各 区	粮 食			蔬菜及食用菌			禽 蛋		
	2016	2015	增长速度(%)	2016	2015	增长速度(%)	2016	2015	增长速度(%)
全 市	**536917**	**626362**	**-14.3**	**1835771**	**2051447**	**-10.5**	**183334**	**195804**	**-6.4**
城市功能拓展区	**2879**	**3316**	**-13.2**	**30328**	**30613**	**-0.9**	**517**	**749**	**-31.0**
朝 阳 区	58	91	-36.2	6263	6437	-2.7			
丰 台 区	152	387	-60.8	4856	2872	69.1	360	396	-9.1
海 淀 区	2669	2839	-6.0	19209	21304	-9.8	157	353	-55.5
城市发展新区	**276657**	**354360**	**-21.9**	**1396396**	**1559808**	**-10.5**	**38825**	**50958**	**-23.8**
房 山 区	54699	62232	-12.1	155057	167140	-7.2	8549	8124	5.2
通 州 区	47130	61821	-23.8	402989	468012	-13.9	6775	8189	-17.3
顺 义 区	82935	97884	-15.3	259403	312355	-17.0	8688	15016	-42.1
昌 平 区	7606	8264	-8.0	39392	37633	4.7	3240	6805	-52.4
大 兴 区	84287	124159	-32.1	539555	574668	-6.1	11573	12824	-9.8
生态涵养发展区	**249096**	**249559**	**-0.2**	**409047**	**461025**	**-11.3**	**143992**	**144097**	**-0.1**
门头沟区	1184	1269	-6.7	3707	3906	-5.1	123	158	-21.9
怀 柔 区	37361	44140	-15.4	22521	25964	-13.3	1818	1873	-2.9
平 谷 区	45815	49084	-6.7	149040	183299	-18.7	85089	83366	2.1
密 云 区	65190	49856	30.8	169626	184731	-8.2	19323	20696	-6.6
延 庆 区	99546	105209	-5.4	64152	63126	1.6	37639	38005	-1.0

注：全市粮食产量为抽样调查推算数据，故与各区数据合计数不等。

3-27 续表1

单位：吨

各区	干鲜果品			#鲜果			瓜类及草莓		
	2016	2015	增长速度(%)	2016	2015	增长速度(%)	2016	2015	增长速度(%)
全市	**660910**	**713827**	**-7.4**	**621793**	**674270**	**-7.8**	**167920**	**205155**	**-18.1**
城市功能拓展区	**6025**	**5633**	**6.9**	**6011**	**5618**	**7.0**	**586**	**630**	**-7.0**
朝阳区	382	386	-1.2	382	386	-1.2	64	69	-7.4
丰台区	863	1206	-28.4	863	1206	-28.4	22	61	-63.1
海淀区	4779	4042	18.3	4766	4026	18.4	499	500	-0.1
城市发展新区	**232045**	**268689**	**-13.6**	**228635**	**265417**	**-13.9**	**163660**	**200767**	**-18.5**
房山区	29937	46479	-35.6	28826	45313	-36.4	3108	5270	-41.0
通州区	43442	45877	-5.3	43337	45769	-5.3	8081	14035	-42.4
顺义区	53899	55023	-2.0	53785	54907	-2.0	55375	57150	-3.1
昌平区	31923	34045	-6.2	29858	32187	-7.2	6936	9692	-28.4
大兴区	72844	87265	-16.5	72828	87242	-16.5	90160	114621	-21.3
生态涵养发展区	**422840**	**439505**	**-3.8**	**387148**	**403234**	**-4.0**	**3675**	**3758**	**-2.2**
门头沟区	3475	3098	12.2	3096	2810	10.2	3	4	-36.6
怀柔区	23405	27164	-13.8	14128	16422	-14.0	491	484	1.3
平谷区	310143	319019	-2.8	304508	313772	-3.0	1406	1472	-4.4
密云区	65085	68138	-4.5	47459	50977	-6.9	598	624	-4.2
延庆区	20732	22087	-6.1	17957	19253	-6.7	1177	1174	0.3

3–27 续表2

单位：吨

各 区	肉类			#猪牛羊肉			牛奶		
	2016	2015	增长速度(%)	2016	2015	增长速度(%)	2016	2015	增长速度(%)
全 市	**303721**	**364166**	**-16.6**	**243659**	**252256**	**-3.4**	**456953**	**572155**	**-20.1**
城市功能拓展区	**2060**	**2101**	**-2.0**	**1820**	**1871**	**-2.7**	**2802**	**15582**	**-82.0**
朝阳区	10	4	147.5	10	4	147.5	158	7690	-98.0
丰台区	118	207	-42.9	114	193	-41.0	109	219	-50.0
海淀区	1932	1891	2.2	1696	1674	1.3	2536	7674	-67.0
城市发展新区	**194101**	**230952**	**-16.0**	**166146**	**173317**	**-4.1**	**304680**	**376390**	**-19.1**
房山区	39000	42982	-9.3	32709	36499	-10.4	39851	47934	-16.9
通州区	30983	44334	-30.1	24931	26095	-4.5	88269	111098	-20.5
顺义区	70635	78904	-10.5	65830	64738	1.7	55184	55557	-0.7
昌平区	8799	9895	-11.1	8200	8163	0.5	32387	47905	-32.4
大兴区	44683	54838	-18.5	34477	37822	-8.8	88989	113896	-21.9
生态涵养发展区	**107561**	**131113**	**-18.0**	**75692**	**77069**	**-1.8**	**149471**	**180183**	**-17.0**
门头沟区	2744	4178	-34.3	808	405	99.6	25	52	-53.1
怀柔区	15157	21214	-28.6	11035	10718	3.0	20168	39536	-49.0
平谷区	44878	46987	-4.5	35652	36711	-2.9	3461	3496	-1.0
密云区	30397	36921	-17.7	18463	18862	-2.1	78671	77904	1.0
延庆区	14385	21814	-34.1	9735	10372	-6.1	47147	59195	-20.4

3-27 续表3

单位：百枝、百盆

各 区	鲜切花			盆栽花			盆栽观叶植物		
	2016	2015	增长速度(%)	2016	2015	增长速度(%)	2016	2015	增长速度(%)
全　市	**368636**	**395366**	**-6.8**	**1284944**	**1166074**	**10.2**	**9199**	**8770**	**4.9**
城市功能拓展区		**100**		**19850**	**21848**	**-9.1**	**597**	**2076**	**-71.2**
朝阳区					36		346	333	3.9
丰台区		100		16000	16176	-1.1		1720	
海淀区				3850	5637	-31.7	251	23	990.5
城市发展新区	**279209**	**281138**	**-0.7**	**1149084**	**1075635**	**6.8**	**8422**	**6544**	**28.7**
房山区	3305	7438	-55.6	136302	117144	16.4	400	3671	-89.1
通州区	103446	108044	-4.3	110229	115575	-4.6	4432	971	356.3
顺义区	64019	48808	31.2	505198	464880	8.7	2733	1666	64.0
昌平区	85639	86214	-0.7	35340	29890	18.2	845	164	416.0
大兴区	22800	30634	-25.6	362016	348146	4.0	12	72	-83.3
生态涵养发展区	**89427**	**114128**	**-21.6**	**116011**	**68591**	**69.1**	**180**	**150**	**20.3**
门头沟区				6000					
怀柔区	1889	2409	-21.6	21094	13077	61.3	69	20	245.0
平谷区	21990	31788	-30.8	829	1129	-26.6			
密云区	252	2021	-87.6	66325	38790	71.0	10		
延庆区	65297	77910	-16.2	21762	15595	39.5	101	130	-22.2

3-28 水产品产量

单位：吨

各　区	2016	2015	增长速度(%)
全　市	**54288**	**65813**	**-17.5**
城市功能拓展区	**872**	**765**	**14.0**
朝 阳 区	521	415	25.5
丰 台 区	10	18	-44.4
海 淀 区	341	332	2.7
城市发展新区	**19719**	**23273**	**-15.3**
房 山 区	3211	3509	-8.5
通 州 区	6809	7364	-7.5
顺 义 区	6868	8818	-22.1
昌 平 区	943	1553	-39.3
大 兴 区	1888	2029	-6.9
生态涵养发展区	**20183**	**25108**	**-19.6**
门头沟区			
怀 柔 区	2731	3793	-28.0
平 谷 区	11100	14051	-21.0
密 云 区	4025	4250	-5.3
延 庆 区	2327	3014	-22.8

注：全市合计数中含远洋捕捞数据(2016年为13514吨，2015年为16667吨)，分区数据不包括，故分区数据相加不等于全市。
数据来源：北京市农业局。

3-29 生猪饲养和产量情况(2016年)

各 区	年末生猪存栏 (头)	生猪出栏 (头)	猪肉产量 (吨)
全 市	**1653117**	**2753386**	**218416.7**
城市功能拓展区	**17682**	**20103**	**1540.6**
丰 台 区	1028	1008	70.1
海 淀 区	16654	19095	1470.5
城市发展新区	**1099663**	**1898331**	**150954.4**
房 山 区	230841	379817	29620.6
通 州 区	136909	261240	21504.4
顺 义 区	476142	763382	60927.8
昌 平 区	75088	95202	7286.6
大 兴 区	180683	398690	31615.0
生态涵养发展区	**535772**	**834952**	**65921.6**
门头沟区	2361	6299	491.8
怀 柔 区	95843	117671	9721.7
平 谷 区	253137	403858	32458.5
密 云 区	117562	197425	15264.7
延 庆 区	66869	109699	7984.9

3-30 农业观光园情况

各区	农业观光园个数(个)		高峰期从业人员(人)		接待人次(人次)		经营总收入(万元)	
	2016	2015	2016	2015	2016	2015	2016	2015
全市	**1258**	**1328**	**40349**	**42617**	**22504746**	**19033334**	**279770.9**	**263138.9**
城市功能拓展区	**80**	**90**	**5268**	**5032**	**3696956**	**2936754**	**56944.8**	**50133.5**
朝阳区	11	11	1770	1871	1605401	1268274	40337.1	38046.5
丰台区	13	15	769	822	1718661	1359653	9428.0	6397.3
海淀区	56	64	2729	2339	372894	308827	7179.7	5689.7
城市发展新区	**510**	**533**	**17903**	**19962**	**7509289**	**5719708**	**99138.9**	**98370.3**
房山区	97	110	2435	2563	1804875	1294700	15071.7	13085.4
通州区	56	57	2836	3809	1346770	790527	25073.4	19491.2
顺义区	51	51	2188	2345	909651	669322	10720.7	11133.6
昌平区	209	208	6748	6856	1904970	1749100	34544.1	39889.8
大兴区	97	107	3696	4389	1543023	1216059	13729.0	14770.3
生态涵养发展区	**667**	**704**	**17148**	**17620**	**11297801**	**10376752**	**123664.2**	**114634.0**
门头沟区	61	66	805	899	395704	436525	4433.8	4672.6
怀柔区	210	242	2419	2364	2214836	1958094	20873.8	19203.7
平谷区	210	208	9039	8686	4398069	4307089	38594.0	35696.9
密云区	144	144	3658	4271	3391012	3159340	53096.9	48356.4
延庆区	42	44	1227	1400	898180	515704	6665.7	6704.4

注：全市合计数中含石景山区数据，故分区数据相加不等于合计。

3-31 民俗旅游情况

各区	民俗旅游接待户数(户)		高峰期从业人员(人)		民俗旅游接待人次(人次)		民俗旅游总收入(万元)	
	2016	2015	2016	2015	2016	2015	2016	2015
全市	**9026**	**8941**	**22215**	**22313**	**22974198**	**21396673**	**143540.6**	**128550.1**
城市功能拓展区	**29**	**31**	**50**	**48**	**39598**	**41162**	**263.9**	**271.9**
朝阳区	3	5	5	6	800	900	6.5	7.2
海淀区	26	26	45	42	38798	40262	257.4	264.7
城市发展新区	**1880**	**1957**	**4654**	**4981**	**4759258**	**4560431**	**24021.9**	**21262.8**
房山区	1324	1340	2176	2321	1827490	1715643	9451.3	9431.8
通州区	77	78	115	151	40116	27385	1608.4	1113.8
顺义区	32	33	164	68	51540	25223	802.8	114.3
昌平区	351	370	1572	1745	2412172	2341711	10422.4	8911.1
大兴区	96	136	627	696	427940	450469	1737.0	1691.8
生态涵养发展区	**7117**	**6953**	**17511**	**17284**	**18175342**	**16795080**	**119254.8**	**107015.4**
门头沟区	463	510	1144	1198	857041	752888	5669.8	6527.2
怀柔区	1585	1556	4226	3979	2467082	2460771	19142.4	17146.4
平谷区	1844	1873	4929	4912	4704247	4432264	31187.5	28207.9
密云区	2185	2060	4470	4288	4933420	4595315	31988.9	29099.8
延庆区	1040	954	2742	2907	5213552	4553842	31266.2	26034.1

注：民俗旅游接待户数为实际经营的户数。

3-32 设施农业生产情况(2016年)

各 区	设施农业播种面积(公顷)	设施农业总收入(万元)	#花卉苗木	设施农业产品产量 蔬菜及食用菌(吨)	瓜 果(吨)	园林水果(吨)
全 市	**37666**	**543706.9**	**37805.6**	**1178016**	**153657**	**6465**
城市功能拓展区	**878**	**17223.9**	**1915.1**	**21467**	**586**	**68**
朝阳区	182	3712.4		3643	64	
丰台区	180	6824.9	1630.0	4561	22	11
海淀区	516	6686.6	285.1	13262	499	57
城市发展新区	**32730**	**432861.5**	**32938.5**	**1011597**	**149647**	**3424**
房山区	3331	57047.2	2518.3	106031	387	101
通州区	7742	138210.5	8384.0	315080	4814	1240
顺义区	6644	71814.4	8172.6	196568	53292	473
昌平区	1103	38044.2	4881.4	26612	5430	121
大兴区	13911	127745.2	8982.2	367307	85725	1490
生态涵养发展区	**4058**	**93621.5**	**2952.0**	**144952**	**3425**	**2973**
门头沟区	31	3650.0		3044	3	1
怀柔区	285	6132.4	98.6	6832	491	169
平谷区	1376	26759.4	482.6	45763	1288	1320
密云区	1666	41983.7	102.4	68715	596	994
延庆区	701	15096.0	2268.4	20598	1047	489

3-33 种业发展情况(2016年)

各　区	种业收入	#销往外埠收入	种业产品产量						
	(万元)	(万元)	小麦种(公斤)	玉米种(公斤)	树　苗(百株)	种　猪(头)	种　羊(只)	种雏禽(万只)	种鱼苗(万尾)
全　市	**139867.7**	**77173.1**	**1175900**	**582138**	**1086**	**152625**	**2006**	**2927**	**7317**
城市功能拓展区	**1900.5**	**1525.7**			**73**	**6825**			
朝阳区	157.0	131.0							
海淀区	1743.5	1394.7			73.0	6825			
城市发展新区	**92511.6**	**52306.4**	**1175900**		**244**	**138724**	**2006**	**1043.4**	**496.9**
房山区	7899.5	1633.6	515000		221.0	2427		116.9	
通州区	1813.0	252.8	660900			3525			
顺义区	43560.6	22086.1				99580	2006.0	549.3	
昌平区	28154.0	21903.2			23.0	10400		358.7	496.9
大兴区	11084.5	6430.7				22792		18.5	
生态涵养发展区	**92511.6**	**52306.4**	**1175900**		**244**	**138724**	**2006**	**1043.4**	**496.9**
门头沟区	5.4				30.0				
怀柔区	6514.5	4092.7		80472	3.0	1107		1136.0	5856.5
平谷区	20736.7	8826.5			53.0			542.9	
密云区	8481.4	2757.4		501666	57.0	2865		88.0	281.0
延庆区	9717.6	7664.4			626.0	3104		116.4	300.0

3–34 乡镇企业主要经济指标(2016年)

各　区	企业个数 (个)	从业人员 (人)	总收入 (万元)	利润总额 (万元)	上缴税金 (万元)
全　市	**124487**	**862308**	**48869621**	**2929370**	**2231648**
城市功能拓展区	**2302**	**93304**	**8823058**	**252686**	**393062**
朝 阳 区	215	17695	2103466	143736	141790
丰 台 区	311	35622	5345436	-86528	134803
海 淀 区	1776	39987	1374156	195478	116469
城市发展新区	**78839**	**602957**	**34346605**	**2353713**	**1585290**
房 山 区	27291	141472	5099050	343128	125761
通 州 区	19083	152055	7677818	405546	411150
顺 义 区	28599	213867	15088410	834781	758177
昌 平 区	2264	54037	2847810	578237	109725
大 兴 区	1602	41526	3633517	192021	180477
生态涵养发展区	**43346**	**166047**	**5699958**	**322971**	**253296**
门头沟区	8184	16459	365943	46837	5438
怀 柔 区	8462	36171	2034091	173087	99498
平 谷 区	9086	48301	1484867	32534	45543
密 云 区	12281	50051	1636575	43727	38431
延 庆 区	5333	15065	178483	26786	64386

数据来源：北京市经济和信息化委员会。

3-35 乡镇个体、私营企业主要经济指标(2016年)

各　区	企业个数(个)	从业人员(人)	总收入(万元)	利润总额(万元)	上缴税金(万元)
全　市	**107669**	**312326**	**4955429**	**504472**	**228888**
城市功能拓展区	**253**	**3351**	**81825**	**5211**	**1466**
朝 阳 区					
丰 台 区					
海 淀 区	253	3351	81825	5211	1466
城市发展新区	**67637**	**224833**	**3359214**	**310018**	**133842**
房 山 区	26302	109822	1486952	173379	26280
通 州 区	15475	38119	263155	27656	12303
顺 义 区	23346	61912	1086286	89153	67315
昌 平 区	1330	6657	80119	10129	504
大 兴 区	1184	8323	442702	9701	27440
生态涵养发展区	**39779**	**84142**	**1514390**	**189243**	**93580**
门头沟区	8122	14870	284125	44291	3362
怀 柔 区	8209	17655	689234	91338	20418
平 谷 区	8015	14971	35427	3814	2735
密 云 区	11673	27916	493713	31425	7950
延 庆 区	3760	8730	11892	18375	59115

数据来源：北京市经济和信息化委员会。

3-36 规模以上工业企业产值情况

单位：万元

各区	工业总产值(当年价格)		#国有控股	
	2016	2015	2016	2015
全　市	**180872720**	**174496269**	**107041993**	**100613752**
首都功能核心区	**12918793**	**12701844**	**8232702**	**7752064**
东 城 区	1959076	2030069	676554	774754
西 城 区	10959718	10671775	7556148	6977310
城市功能拓展区	**35849815**	**36193708**	**17357979**	**17723041**
朝 阳 区	8162953	7234249	4140023	4410800
丰 台 区	4465387	4525159	3245229	3195845
石景山区	2135464	2268998	1783761	1901928
海 淀 区	21086012	22165302	8188966	8214468
城市发展新区	**89093252**	**83352641**	**48136446**	**42149443**
房 山 区	7511739	8330391	5623617	6615150
通 州 区	6439694	6188638	1903424	1818227
顺 义 区	30086019	28284423	17717383	15343155
昌 平 区	8912468	8049174	5090914	4319120
大 兴 区	7718270	6944762	3063002	1846329
北京经济技术开发区	28425063	25555253	14738107	12207462
生态涵养发展区	**12189792**	**11210769**	**2493799**	**1951896**
门头沟区	769684	865429	248303	312610
怀 柔 区	4919425	4513592	389904	380576
平 谷 区	2467785	2448491	69132	73672
密 云 区	3318238	2844364	1327751	919290
延 庆 区	714660	538893	458709	265748

注：1. 本表统计范围为年主营业务收入2000万元及以上的法人工业企业（下表同）。
2. 根据有关规定，国家电网公司、国网冀北电力有限公司的工业总产值(当年价格)、工业销售产值 (当年价格)由北京市统计局统一核算，故表中工业总产值(当年价格)、工业销售产值(当年价格)指标分区数据之和不等于全市合计。

3-36 续表1

单位：万元

各 区	工业总产值					
	#内 资		#港澳台商投资企业		#外商投资企业	
	2016	2015	2016	2015	2016	2015
全 市	**108071575**	**103904167**	**16802997**	**18669714**	**55998148**	**51922388**
首都功能核心区	**9421697**	**8860646**	**3280422**	**3537536**	**216675**	**303662**
东 城 区	1714193	1693938	58266	73343	186617	262788
西 城 区	7707505	7166708	3222155	3464193	30058	40874
城市功能拓展区	**25357742**	**24257645**	**7747625**	**9009549**	**2744449**	**2926514**
朝 阳 区	6355091	5255323	775419	721087	1032443	1257839
丰 台 区	4163878	4157973	54228	84276	247281	282910
石景山区	1735765	1855025	20718	25269	378981	388704
海 淀 区	13103008	12989324	6897260	8178917	1085745	997061
城市发展新区	**36472563**	**34670979**	**5128594**	**5420946**	**47492095**	**43260717**
房 山 区	7050342	7871490	48693	94057	412704	364844
通 州 区	4540069	4294216	271499	263023	1628127	1631400
顺 义 区	6288622	5968579	605452	797596	23191945	21518248
昌 平 区	6760807	6092257	328459	306290	1823201	1650627
大 兴 区	5687108	4611927	641520	795353	1389642	1537481
北京经济技术开发区	6145616	5832510	3232971	3164627	19046476	16558117
生态涵养发展区	**5998505**	**5077591**	**646357**	**701684**	**5544930**	**5431495**
门头沟区	759107	851437	4465	7808	6112	6184
怀 柔 区	1837581	1472886	137031	141670	2944813	2899036
平 谷 区	717844	746723	123687	118530	1626255	1583239
密 云 区	2069288	1606248	329503	367326	919448	870790
延 庆 区	614686	400297	51672	66350	48302	72246

3-36 续表2

单位：万元

各　区	工业总产值					
	#大型企业		#中型企业		#小型企业	
	2016	2015	2016	2015	2016	2015
全　市	**112838621**	**112335775**	**37693785**	**30166766**	**29646385**	**28253083**
首都功能核心区	**10488796**	**10216973**	**1782521**	**1580222**	**624865**	**610017**
东 城 区	456227	325107	1322795	1260467	175883	194268
西 城 区	10032569	9891866	459726	319755	448982	415749
城市功能拓展区	**16808352**	**17261730**	**10301683**	**8565596**	**8665125**	**8084001**
朝 阳 区	2636115	2860884	3243546	2297046	2259475	2031657
丰 台 区	1770559	656554	1143438	1373449	1549260	1407054
石景山区	967062	992881	631888	717692	536514	547054
海 淀 区	11434617	12751411	5282811	4177409	4319877	4098236
城市发展新区	**50921753**	**49748599**	**20629190**	**16246911**	**17025657**	**16328789**
房 山 区	4760780	5995797	1006470	731886	1697345	1509958
通 州 区	819681	587756	2718045	2710189	2748905	2639746
顺 义 区	22029854	20865979	3693809	3681221	4255513	3544784
昌 平 区	1712560	3576565	4686276	2100920	2488265	2309600
大 兴 区	1405226	1364534	3252014	2242008	3002008	3258487
北京经济技术开发区	20193653	17357968	5272576	4780687	2833622	3066214
生态涵养发展区	**3798652**	**4071167**	**4980392**	**3774036**	**3330739**	**3230275**
门头沟区	511330	555297	25419	57392	229310	247068
怀 柔 区	2287152	2280610	1207235	864252	1410838	1285836
平 谷 区	371000	364155	1307324	1316862	757022	741749
密 云 区	629171	821204	1907632	1263424	762100	746094
延 庆 区		49901	532782	272106	171470	209528

注：2011年开始，企业大中小型划分标准执行国家统计局《关于统计上大中小微型企业划分办法》(国统字[2011]75号)。

3-36 续表3

单位：万元

各 区	工业总产值			
	轻工业		重工业	
	2016	2015	2016	2015
全 市	**27315733**	**26108405**	**153556988**	**148387864**
首都功能核心区	**2208448**	**2015533**	**10710345**	**10686310**
东 城 区	1414227	1337412	544849	692656
西 城 区	794221	678121	10165497	9993654
城市功能拓展区	**4050249**	**3912399**	**31799566**	**32281310**
朝 阳 区	1527617	1496422	6635337	5737827
丰 台 区	810940	878743	3654447	3646416
石景山区	39203	45257	2096261	2223742
海 淀 区	1672490	1491977	19413522	20673325
城市发展新区	**18125424**	**17218638**	**70967829**	**66134004**
房 山 区	638809	561598	6872930	7768793
通 州 区	2778127	2568190	3661567	3620448
顺 义 区	3531883	3339775	26554137	24944649
昌 平 区	2010780	1782811	6901687	6266363
大 兴 区	2811234	2747069	4907036	4197693
北京经济技术开发区	6354591	6219195	22070472	19336058
生态涵养发展区	**2931612**	**2961835**	**9258180**	**8248933**
门头沟区	83576	110931	686108	754497
怀 柔 区	1516473	1444420	3402953	3069172
平 谷 区	529567	555206	1938219	1893286
密 云 区	614999	643472	2703239	2200892
延 庆 区	186997	207806	527663	331086

3–36 续表4

单位：万元

各　区	工业销售产值		#出口交货值	
	2016	2015	2016	2015
全　市	**178374996**	**172792712**	**9568018**	**10783871**
首都功能核心区	**12866923**	**12710994**	**85242**	**116459**
东 城 区	1912188	1984606	39700	82304
西 城 区	10954735	10726388	45542	34155
城市功能拓展区	**35228544**	**35269625**	**1487753**	**1459119**
朝 阳 区	8138047	7137681	269639	352981
丰 台 区	4403267	4524095	80028	119154
石景山区	2132536	2261395	55666	89957
海 淀 区	20554693	21346454	1082420	897027
城市发展新区	**87421347**	**82675591**	**7261592**	**8345246**
房 山 区	7467109	8320109	110455	159253
通 州 区	6359365	6139731	302372	351634
顺 义 区	29884217	28293551	2145264	2993766
昌 平 区	8775764	8028485	465994	448275
大 兴 区	7486394	6727697	132400	141750
北京经济技术开发区	27448499	25166018	4105108	4250568
生态涵养发展区	**12037114**	**11099196**	**733431**	**863049**
门头沟区	700535	789682	159242	208725
怀 柔 区	4901326	4535292	214326	278128
平 谷 区	2456043	2432957	65783	73154
密 云 区	3308571	2829498	245412	245894
延 庆 区	670639	511767	48668	57148

3-37 规模以上工业企业主要财务指标

单位：个

各区	企业单位个数		在2016年企业单位个数中				
	2016	2015	#大型	#中型	#小型	轻工业	重工业
全市	**3340**	**3548**	**137**	**539**	**2508**	**1163**	**2177**
首都功能核心区	**83**	**93**	**10**	**16**	**53**	**34**	**49**
东城区	31	35	2	8	20	17	14
西城区	52	58	8	8	33	17	35
城市功能拓展区	**903**	**975**	**43**	**154**	**682**	**220**	**683**
朝阳区	261	290	10	45	197	80	181
丰台区	168	188	11	29	126	37	131
石景山区	41	46	4	10	26	7	34
海淀区	433	451	18	70	333	96	337
城市发展新区	**1857**	**1963**	**72**	**280**	**1404**	**716**	**1141**
房山区	164	172	6	19	127	53	111
通州区	427	447	6	54	328	173	254
顺义区	346	373	16	53	262	126	220
昌平区	298	301	8	49	231	102	196
大兴区	346	390	8	42	283	163	183
北京经济技术开发区	276	280	28	63	173	99	177
生态涵养发展区	**497**	**517**	**12**	**89**	**369**	**193**	**304**
门头沟区	33	42	2	1	27	12	21
怀柔区	170	172	4	23	135	74	96
平谷区	117	127	2	26	82	45	72
密云区	138	136	4	28	100	48	90
延庆区	39	40		11	25	14	25

注：1. 企业大中小型划分标准执行国家统计局《关于统计上大中小微型企业划分办法》(国统字[2011]75号)。
2. 应交税金合计主要包括应交增值税、应交所得税、营业税金及附加和管理费用中的税金等。计算应交增值税时企业应交增值税为负数的按实际计算(下表同)。

3-37 续表1

单位：个

各　区	在2016年企业单位个数中			
	#国有控股	#内　资	#港澳台商投资	#外商投资
全　市	**697**	**2594**	**181**	**565**
首都功能核心区	**42**	**71**	**4**	**8**
东 城 区	12	26	1	4
西 城 区	30	45	3	4
城市功能拓展区	**287**	**766**	**49**	**88**
朝 阳 区	94	206	20	35
丰 台 区	61	153	3	12
石景山区	17	34	3	4
海 淀 区	115	373	23	37
城市发展新区	**298**	**1397**	**96**	**364**
房 山 区	32	148	3	13
通 州 区	50	344	13	70
顺 义 区	55	218	22	106
昌 平 区	61	250	13	35
大 兴 区	52	304	11	31
北京经济技术开发区	48	133	34	109
生态涵养发展区	**70**	**360**	**32**	**105**
门头沟区	5	30	2	1
怀 柔 区	18	121	12	37
平 谷 区	9	72	7	38
密 云 区	27	105	10	23
延 庆 区	11	32	1	6

3-37 续表2

单位：万元

各区	资产总计		负债合计		所有者权益合计		营业收入	
	2016	2015	2016	2015	2016	2015	2016	2015
全市	**430936843**	**386097637**	**197981343**	**181024377**	**232724512**	**204801933**	**202138149**	**192561382**
首都功能核心区	**182546824**	**163305563**	**64721935**	**62079722**	**117824889**	**101186515**	**44507227**	**44406602**
东城区	2203389	2316025	912439	996128	1290949	1280571	2237316	2207033
西城区	180343435	160989538	63809496	61083593	116533939	99905945	42269911	42199569
城市功能拓展区	**106804886**	**97238222**	**56306617**	**51154819**	**50447621**	**46057504**	**46943774**	**44714596**
朝阳区	21170437	20713308	11473245	10476891	9675214	10229296	9423221	8273853
丰台区	9006564	8759712	5171893	4839569	3825762	3917148	5084334	5182960
石景山区	30621475	28765691	17253081	15761741	13368394	13003951	3727788	3923854
海淀区	46006410	38999511	22408398	20076618	23578251	18907110	28708432	27333928
城市发展新区	**121949348**	**106960262**	**65941366**	**57247325**	**55835175**	**49538094**	**96289079**	**89880496**
房山区	8450868	8009977	4976866	5061512	3474002	2958178	8193648	8948066
通州区	9099161	8504343	5412653	4874094	3663336	3520424	8138051	7713185
顺义区	32911056	30946175	18155989	17154993	14748050	13795978	31231786	29724413
昌平区	19985510	17081236	10229775	8264917	9749577	8816319	10699404	9274335
大兴区	11440274	9725875	6568059	5451969	4738429	4230036	8687925	7426975
北京经济技术开发区	40062480	32692655	20598023	16439839	19461783	16217159	29338265	26793521
生态涵养发展区	**19635785**	**18593590**	**11011425**	**10542512**	**8616826**	**8019820**	**14398069**	**13559688**
门头沟区	2479370	2533570	1280232	1283444	1196094	1250126	777623	892564
怀柔区	6064645	5809791	3559130	3520838	2505643	2257695	6000714	5537907
平谷区	2578441	2722532	1604566	1673836	969657	1048697	3004046	3020390
密云区	4657956	3878026	2711758	2330153	1945797	1547874	3817484	3210293
延庆区	3855374	3649670	1855739	1734242	1999635	1915428	798202	898535

3-37 续表3

单位：万元

各 区	主营业务收入		利润总额		利税总额	
	2016	2015	2016	2015	2016	2015
全 市	**197469575**	**188648954**	**16082648**	**15977122**	**25215765**	**25280028**
首都功能核心区	**44318733**	**44242646**	**4913089**	**5596743**	**6164052**	**6996939**
东 城 区	2179660	2148074	172250	204931	247815	306837
西 城 区	42139073	42094572	4740839	5391812	5916237	6690102
城市功能拓展区	**45898223**	**43743027**	**2769994**	**3144848**	**4246398**	**4650066**
朝 阳 区	9186710	8070958	-21557	865293	299078	1242185
丰 台 区	4978215	5073710	310242	359303	509486	530049
石景山区	3626565	3805994	189396	575816	331013	713567
海 淀 区	28106733	26792365	2291913	1344437	3106821	2164265
城市发展新区	**93517830**	**87613720**	**7549809**	**6547527**	**13365966**	**12434156**
房 山 区	7835492	8654444	235545	288525	1326406	1600761
通 州 区	7977901	7555577	619190	514358	1188899	1063051
顺 义 区	30748264	29159160	1964336	2236600	3503123	3858774
昌 平 区	10123192	8814211	1055082	634425	1471461	980614
大 兴 区	8174691	7249113	621212	477390	932330	735281
北京经济技术开发区	28658291	26181216	3054445	2396229	4943747	4195675
生态涵养发展区	**13734789**	**13049561**	**849756**	**688004**	**1439348**	**1198866**
门头沟区	737404	861683	76343	120910	141693	178494
怀 柔 区	5847370	5420081	343912	198765	596916	437446
平 谷 区	2793193	2835285	102528	80660	197294	156429
密 云 区	3627642	3092827	116182	130881	261767	236467
延 庆 区	729181	839685	210791	156789	241678	190030

3-37 续表4

各　区	应交税金合计(万元)		#应交增值税(万元)		平均用工人数(人)	
	2016	2015	2016	2015	2016	2015
全　市	**11956830**	**11791045**	**5667337**	**5693787**	**1044464**	**1104384**
首都功能核心区	**1832148**	**1923695**	**1114042**	**1205709**	**70860**	**69799**
东城区	105736	131629	62355	85700	12480	14601
西城区	1726413	1792066	1051687	1120010	58380	55198
城市功能拓展区	**2065360**	**2016776**	**1108642**	**1131195**	**289847**	**311792**
朝阳区	484409	563550	240713	289320	84325	90861
丰台区	262444	234077	167732	139499	53104	56767
石景山区	166466	168840	109030	109314	29258	34379
海淀区	1152041	1050309	591167	593062	123160	129785
城市发展新区	**7335978**	**7213631**	**2983294**	**2952519**	**558518**	**585160**
房山区	1162700	1392859	332547	337080	41904	46112
通州区	663668	634018	284481	257872	75701	81088
顺义区	1987187	2097008	623982	753998	145298	149808
昌平区	509768	415330	336801	276404	87754	86663
大兴区	435724	348007	260096	210029	70442	75166
北京经济技术开发区	2576930	2326409	1145388	1117136	137419	146323
生态涵养发展区	**723344**	**636944**	**461360**	**404364**	**125239**	**137633**
门头沟区	76856	71565	51126	41711	14613	18731
怀柔区	304307	278826	206347	190605	39793	44611
平谷区	124494	103372	79974	63398	27695	29323
密云区	179412	138806	97996	80844	34285	35681
延庆区	38275	44375	25916	27807	8853	9287

3–38 建筑业主要指标

各 区	企业单位数(个)			年末从业人员 (人)			建筑业总产值(亿元)		
	2016	2015	增长速度 (%)	2016	2015	增长速度 (%)	2016	2015	增长速度 (%)
全 市	**3218**	**3369**	**-4.5**	**591563**	**590288**	**0.2**	**8841.2**	**8436.7**	**4.8**
首都功能核心区	**415**	**438**	**-5.3**	**92858**	**65360**	**42.1**	**1274.7**	**1137.0**	**12.1**
东 城 区	169	167	1.2	42889	28216	52.0	628.4	552.8	13.7
西 城 区	246	271	-9.2	49969	37144	34.5	646.3	584.1	10.6
城市功能拓展区	**1482**	**1543**	**-4.0**	**298520**	**333748**	**-10.6**	**4711.6**	**4458.3**	**5.7**
朝 阳 区	659	677	-2.7	80339	107328	-25.1	1155.1	1073.6	7.6
丰 台 区	269	274	-1.8	99519	63712	56.2	1516.3	1280.3	18.4
石景山区	79	82	-3.7	27784	26912	3.2	429.4	454.5	-5.5
海 淀 区	475	510	-6.9	90878	135796	-33.1	1610.8	1649.9	-2.4
城市发展新区	**974**	**1015**	**-4.0**	**161362**	**151427**	**6.6**	**2456.0**	**2423.7**	**1.3**
房 山 区	129	133	-3.0	20765	21782	-4.7	349.5	346.3	0.9
通 州 区	211	210	0.5	38596	37671	2.5	1064.5	1016.6	4.7
顺 义 区	163	170	-4.1	50076	42485	17.9	306.7	296.8	3.3
昌 平 区	144	144	0.0	13805	13710	0.7	184.9	179.3	3.2
大 兴 区	295	326	-9.5	28131	25979	8.3	343.0	326.4	5.1
北京经济技术开发区	32	32	0.0	9989	9800	1.9	207.4	258.4	-19.7
生态涵养发展区	**347**	**373**	**-7.0**	**38823**	**39753**	**-2.3**	**398.9**	**417.7**	**-4.5**
门头沟区	64	65	-1.5	5791	6240	-7.2	93.5	92.6	0.9
怀 柔 区	87	88	-1.1	6065	7379	-17.8	82.1	77.1	6.4
平 谷 区	94	113	-16.8	13547	9615	40.9	82.9	74.3	11.6
密 云 区	59	64	-7.8	9205	9668	-4.8	94.5	117.0	-19.3
延 庆 区	43	43	0.0	4215	6851	-38.5	46.0	56.7	-18.8

注：建筑业的相关数据是按照建筑业企业经营地划分，统计范围为施工总承包、专业承包建筑业企业。

3-38 续表1

单位：亿元

各 区	营业收入			应交税金合计			#应交所得税		
	2016	2015	增长速度(%)	2016	2015	增长速度(%)	2016	2015	增长速度(%)
全 市	**11974.3**	**11081.9**	**8.1**	**282.9**	**369.2**	**-23.4**	**61.1**	**79.2**	**-22.8**
首都功能核心区	**1510.9**	**1523.7**	**-0.8**	**46.2**	**52.8**	**-12.6**	**6.9**	**10.9**	**-36.5**
东 城 区	755.4	714.2	5.8	25.1	24.8	1.2	4.5	5.8	-23.2
西 城 区	755.4	809.5	-6.7	21.1	28.1	-24.8	2.4	5.0	-52.1
城市功能拓展区	**7010.3**	**6339.3**	**10.6**	**143.2**	**205.1**	**-30.2**	**33.1**	**48.5**	**-31.8**
朝 阳 区	1717.0	1704.7	0.7	41.2	68.3	-39.7	9.0	17.1	-47.3
丰 台 区	2228.4	1720.8	29.5	42.6	49.2	-13.4	13.4	10.1	33.2
石景山区	781.0	733.4	6.5	11.1	20.3	-45.2	2.1	4.4	-52.8
海 淀 区	2283.9	2180.4	4.7	48.4	67.4	-28.2	8.6	16.9	-49.2
城市发展新区	**2989.2**	**2762.2**	**8.2**	**77.9**	**94.0**	**-17.1**	**18.6**	**17.3**	**7.3**
房 山 区	399.1	400.7	-0.4	14.5	17.5	-17.2	3.9	3.8	3.5
通 州 区	1136.8	1096.0	3.7	24.9	34.2	-27.2	8.7	6.8	28.6
顺 义 区	369.8	351.0	5.4	12.0	11.9	1.1	1.6	1.6	-1.3
昌 平 区	257.0	236.8	8.6	6.6	9.3	-28.4	0.8	1.8	-55.3
大 兴 区	326.6	343.8	-5.0	10.7	11.4	-6.3	1.4	1.4	1.3
北京经济技术开发区	499.8	333.9	49.7	9.2	9.7	-5.2	2.1	1.9	11.4
生态涵养发展区	**464.0**	**456.8**	**1.6**	**15.6**	**17.2**	**-9.7**	**2.5**	**2.5**	**1.6**
门头沟区	99.3	93.4	6.3	2.8	3.1	-9.2	0.3	0.3	-17.1
怀 柔 区	98.1	91.3	7.5	3.1	3.5	-9.6	0.2	0.4	-49.1
平 谷 区	93.9	89.0	5.4	3.7	3.2	16.7	0.8	0.8	1.4
密 云 区	122.2	125.2	-2.5	4.1	5.3	-24.2	1.1	0.9	27.9
延 庆 区	50.6	57.9	-12.6	1.8	2.1	-14.0	0.1	0.1	23.3

注：应交税金合计主要包括应交增值税、应交所得税、营业税金及附加和管理费用中的税金等。

3-38 续表2

单位：亿元

各 区	利润总额			流动资产合计			在建工程		
	2016	2015	增长速度(%)	2016	2015	增长速度(%)	2016	2015	增长速度(%)
全 市	**725.7**	**520.1**	**39.5**	**15135.6**	**13643.5**	**10.9**	**80.5**	**82.1**	**-2.0**
首都功能核心区	**63.0**	**55.2**	**14.1**	**2434.6**	**2318.8**	**5.0**	**4.5**	**13.7**	**-66.9**
东 城 区	43.7	30.5	43.4	1385.3	1228.8	12.7	0.3	1.9	-85.6
西 城 区	19.3	24.7	-22.0	1049.3	1090.0	-3.7	4.3	11.8	-63.8
城市功能拓展区	**571.5**	**368.5**	**55.1**	**9174.0**	**8214.6**	**11.7**	**46.7**	**49.0**	**-4.6**
朝 阳 区	71.7	86.0	-16.6	2412.7	2090.4	15.4	2.5	4.6	-45.9
丰 台 区	167.5	107.3	56.1	3241.7	2666.9	21.6	5.6	4.5	23.3
石景山区	24.0	26.9	-10.7	831.2	794.3	4.6	1.4	2.7	-45.7
海 淀 区	308.2	148.3	107.8	2688.5	2663.1	1.0	37.2	37.2	0.1
城市发展新区	**83.7**	**87.0**	**-3.8**	**3012.4**	**2628.4**	**14.6**	**26.5**	**16.5**	**60.4**
房 山 区	19.4	23.5	-17.6	618.5	580.0	6.6	13.8	4.0	243.7
通 州 区	36.8	30.3	21.8	885.8	708.4	25.0	4.9	5.0	-0.9
顺 义 区	9.0	9.7	-6.9	392.7	361.0	8.8	1.6	1.4	19.1
昌 平 区	1.0	5.4	-80.6	281.4	270.5	4.0	1.4	1.1	18.7
大 兴 区	4.6	4.8	-5.7	335.8	304.6	10.3	4.4	4.8	-8.5
北京经济技术开发区	12.8	13.3	-3.6	498.2	403.9	23.3	0.4	0.2	89.3
生态涵养发展区	**7.6**	**9.4**	**-19.5**	**514.5**	**481.7**	**6.8**	**2.7**	**2.9**	**-6.4**
门头沟区	0.9	1.2	-30.4	90.0	72.9	23.5	0.4	0.4	-4.1
怀 柔 区	0.9	1.6	-44.0	92.5	86.9	6.4	0.4	0.8	-46.2
平 谷 区	3.2	3.2	-0.1	136.6	126.6	7.9	1.1	1.1	-1.3
密 云 区	3.9	3.1	24.7	130.1	125.9	3.4	0.4	0.3	42.6
延 庆 区	-1.2	0.3	-477.5	65.3	69.3	-5.8	0.4	0.3	37.6

3-38 续表3

单位：亿元

各区	资产总计			负债合计			所有者权益合计		
	2016	2015	增长速度(%)	2016	2015	增长速度(%)	2016	2015	增长速度(%)
全　市	**22405.7**	**20074.4**	**11.6**	**15110.0**	**13595.1**	**11.1**	**7295.7**	**6477.1**	**12.6**
首都功能核心区	**3146.9**	**2981.0**	**5.6**	**2241.5**	**2189.2**	**2.4**	**905.3**	**791.8**	**14.3**
东 城 区	1813.0	1513.7	19.8	1158.7	1076.1	7.7	654.3	437.6	49.5
西 城 区	1333.9	1467.4	-9.1	1082.8	1113.2	-2.7	251.0	354.2	-29.1
城市功能拓展区	**14932.8**	**13257.4**	**12.6**	**9623.1**	**8560.6**	**12.4**	**5309.7**	**4695.1**	**13.1**
朝 阳 区	2964.7	2557.0	15.9	2398.6	2043.1	17.4	566.1	513.6	10.2
丰 台 区	4726.4	4096.4	15.4	3031.8	2540.2	19.4	1694.6	1555.6	8.9
石景山区	930.1	900.0	3.4	752.7	734.6	2.5	177.4	165.3	7.3
海 淀 区	6311.6	5704.0	10.7	3439.9	3242.7	6.1	2871.7	2460.5	16.7
城市发展新区	**3749.7**	**3292.7**	**13.9**	**2839.0**	**2469.9**	**14.9**	**910.6**	**822.5**	**10.7**
房 山 区	699.3	655.9	6.6	500.6	478.6	4.6	198.7	177.4	12.1
通 州 区	1192.5	973.7	22.5	951.8	768.3	23.9	240.7	205.4	17.2
顺 义 区	451.1	418.4	7.8	345.1	317.6	8.6	106.0	100.8	5.1
昌 平 区	330.7	321.2	3.0	239.8	236.6	1.3	90.9	84.5	7.6
大 兴 区	407.4	373.2	9.2	292.4	263.8	10.9	115.0	109.3	5.2
北京经济技术开发区	668.7	550.2	21.5	509.4	405.0	25.8	159.3	145.2	9.7
生态涵养发展区	**576.3**	**543.3**	**6.1**	**406.4**	**375.3**	**8.3**	**170.0**	**167.7**	**1.4**
门头沟区	97.8	79.6	22.8	77.5	58.9	31.6	20.3	20.8	-2.2
怀 柔 区	101.2	97.1	4.2	73.3	69.9	4.9	27.9	26.9	3.8
平 谷 区	154.9	146.5	5.7	105.0	98.9	6.2	50.0	47.6	4.8
密 云 区	152.1	147.0	3.5	92.1	88.3	4.4	60.0	58.7	2.2
延 庆 区	70.3	73.1	-3.7	58.5	59.4	-1.6	11.9	13.7	-13.2

3-39 民用汽车(2016年)

单位：辆

各 区	民用汽车拥有量	#私人汽车
全 市	**5483620**	**4528152**
首都功能核心区	**962967**	**754125**
东 城 区	509284	372123
西 城 区	453683	382002
城市功能拓展区	**2637662**	**2266258**
朝 阳 区	993097	840879
丰 台 区	585113	505397
石景山区	154977	132518
海 淀 区	904475	787464
城市发展新区	**1473747**	**1191430**
房 山 区	218454	179947
通 州 区	282242	222958
顺 义 区	236230	187676
昌 平 区	392341	330556
大 兴 区	344480	270293
生态涵养发展区	**409244**	**316339**
门头沟区	64464	49910
怀 柔 区	90826	65924
平 谷 区	104639	75756
密 云 区	88385	74452
延 庆 区	60930	50297

资料来源：北京市公安局公安交通管理局。

3-40 备案停车场情况(2016年)

单位：个

各　区	备案停车场个数	备案停车场车位总数
全　市	6676	1931479
首都功能核心区		
东 城 区	574	95944
西 城 区	822	134890
城市功能拓展区		
朝 阳 区	1600	471859
丰 台 区	836	273320
石景山区	226	56970
海 淀 区	1048	283322
城市发展新区		
房 山 区	206	83420
通 州 区	316	100293
顺 义 区	92	38226
昌 平 区	286	145609
大 兴 区	255	94681
北京经济技术开发区	102	70930
生态涵养发展区		
门头沟区	116	29333
怀 柔 区	36	11483
平 谷 区	40	11828
密 云 区	83	20400
延 庆 区	38	8971

注：本表统计范围为北京市辖区内全部备案停车场。

资料来源：北京市交通委员会。

3-41 限额以上批发和零售业基本情况(2016年)

各　区	单位个数（个）	年末从业人员（人）	商品购进额（亿元）	商品销售额（亿元）	批发额	零售额
全　市	**6100**	**738993**	**51513.8**	**54866.6**	**47157.2**	**7709.4**
首都功能核心区	**1018**	**169804**	**11556.5**	**12501.9**	**10932.1**	**1569.8**
东 城 区	469	96777	6517.4	7262.2	6237.4	1024.8
西 城 区	549	73027	5039.1	5239.7	4694.7	545.1
城市功能拓展区	**3195**	**387827**	**29738.7**	**31879.0**	**27722.1**	**4156.9**
朝 阳 区	1513	205123	15785.2	17140.1	15061.0	2079.1
丰 台 区	416	45781	2146.6	2259.1	1837.1	422.0
石景山区	135	24658	787.4	829.2	480.1	349.1
海 淀 区	1131	112265	11019.5	11650.6	10343.9	1306.7
城市发展新区	**1490**	**160680**	**9545.7**	**9751.3**	**7857.2**	**1894.1**
房 山 区	339	9742	882.1	954.5	823.7	130.8
通 州 区	217	19458	838.8	926.2	633.0	293.2
顺 义 区	238	18985	810.3	966.3	742.4	224.0
昌 平 区	312	16255	1537.9	1651.8	1442.5	209.3
大 兴 区	229	22274	809.9	879.2	698.2	181.0
北京经济技术开发区	155	73966	4666.8	4373.2	3517.4	855.8
生态涵养发展区	**397**	**20682**	**672.9**	**734.4**	**645.9**	**88.5**
门头沟区	101	3325	175.6	182.7	170.6	12.1
怀 柔 区	62	2795	86.9	99.9	80.2	19.6
平 谷 区	91	7541	185.1	210.0	183.6	26.4
密 云 区	120	5863	191.7	206.0	181.4	24.5
延 庆 区	23	1158	33.6	35.9	30.0	5.9

注：本表统计范围为限额以上批发和零售业法人单位、产业活动单位和个体经营户。

3-42 限额以上住宿和餐饮业基本情况(2016年)

各 区	单位个数（个）	年末从业人员（人）	营业额（亿元）	#客房收入	#餐费收入
全 市	**2469**	**384886**	**1041.0**	**250.3**	**682.1**
首都功能核心区	**587**	**121623**	**366.7**	**85.4**	**254.7**
东 城 区	274	77429	241.8	50.5	175.4
西 城 区	313	44194	124.9	34.9	79.3
城市功能拓展区	**1359**	**178325**	**505.8**	**135.1**	**305.3**
朝 阳 区	690	95354	300.3	74.9	187.8
丰 台 区	155	14989	37.2	10.5	23.1
石景山区	37	4063	6.6	1.7	4.0
海 淀 区	477	63919	161.7	48.0	90.4
城市发展新区	**367**	**69414**	**137.6**	**21.7**	**102.3**
房 山 区	35	4586	7.9	0.9	6.1
通 州 区	44	3579	6.3	1.4	4.4
顺 义 区	103	19683	38.0	7.3	24.8
昌 平 区	98	11146	22.3	6.8	10.2
大 兴 区	59	17027	32.8	1.6	30.4
北京经济技术开发区	28	13393	30.3	3.7	26.4
生态涵养发展区	**156**	**15524**	**31.1**	**8.2**	**19.7**
门头沟区	27	2490	4.6	0.5	3.5
怀 柔 区	50	4003	8.9	3.6	4.2
平 谷 区	29	4214	8.9	0.7	7.9
密 云 区	29	2896	5.4	2.5	2.0
延 庆 区	21	1921	3.3	0.9	2.1

注：本表统计范围为限额以上住宿和餐饮业法人单位、产业活动单位和个体经营户。

3-43 社会消费品零售总额

单位：亿元

各　区	社会消费品零售总额		增长速度
	2016	2015	(%)
全　市	**11005.1**	**10338.0**	**6.5**
首都功能核心区	**2015.4**	**1898.5**	**6.2**
东 城 区	1046.6	985.9	6.2
西 城 区	968.8	912.6	6.2
城市功能拓展区	**6230.5**	**5882.9**	**5.9**
朝 阳 区	2654.5	2514.9	5.6
丰 台 区	1075.3	1007.3	6.8
石景山区	287.5	266.0	8.1
海 淀 区	2213.2	2094.7	5.7
城市发展新区	**2268.5**	**2102.8**	**7.9**
房 山 区	248.5	230.2	8.0
通 州 区	388.1	355.5	9.2
顺 义 区	443.0	410.0	8.1
昌 平 区	422.7	395.9	6.8
大 兴 区	386.4	356.6	8.4
北京经济技术开发区	379.7	354.5	7.1
生态涵养发展区	**490.7**	**453.8**	**8.1**
门头沟区	61.7	57.5	7.2
怀 柔 区	111.5	102.9	8.4
平 谷 区	100.2	92.3	8.6
密 云 区	129.8	120.1	8.1
延 庆 区	87.6	81.1	8.1

注：社会消费品零售总额按产业在地原则核算。

3-44 商品交易市场情况

各　区	市场个数（个）		总摊位数（个）		出租摊位数（个）		营业面积（平方米）		成交额（万元）	
	2016	2015	2016	2015	2016	2015	2016	2015	2016	2015
全　市	**781**	**719**	**244224**	**243883**	**198785**	**201530**	**12694681**	**12218305**	**41118113**	**36046618**
首都功能核心区	**71**	**73**	**29023**	**32660**	**26378**	**30506**	**632811**	**710412**	**2786927**	**1079867**
东 城 区	33	35	13615	13969	12144	12817	361441	387507	481394	517792
西 城 区	38	38	15408	18691	14234	17689	271370	322905	2305533	562075
城市功能拓展区	**348**	**309**	**116702**	**115080**	**101740**	**101463**	**6770354**	**6628313**	**29960623**	**27389131**
朝 阳 区	156	132	45786	45342	38998	39208	2450487	2498290	7373834	8390029
丰 台 区	119	90	44763	39230	39847	35243	3383286	3017428	19317222	15113040
石景山区	30	33	5951	6202	4533	4783	264174	237373	277692	289923
海 淀 区	43	54	20202	24306	18362	22229	672407	875222	2991875	3596139
城市发展新区	**267**	**242**	**70821**	**68181**	**51423**	**50227**	**3804380**	**3383115**	**7399567**	**6626142**
房 山 区	55	51	9234	9319	6617	6648	365519	370330	153340	168541
通 州 区	47	47	13422	13618	11128	11715	553948	567643	1127398	1073664
顺 义 区	54	56	12820	12679	11370	11205	998645	915447	2821153	2582204
昌 平 区	62	38	15515	12252	12676	10494	1044508	768476	3157093	2647077
大 兴 区	49	50	19830	20313	9632	10165	841760	761219	140583	154656
生态涵养发展区	**95**	**95**	**27678**	**27962**	**19244**	**19334**	**1487136**	**1496465**	**970996**	**951478**
门头沟区	10	10	1272	1284	1073	1084	38082	38182	29434	26544
怀 柔 区	15	15	3976	3976	2997	3052	153797	162638	252077	253100
平 谷 区	28	28	12880	13123	8425	8318	767126	767326	346437	325544
密 云 区	29	29	7038	7101	4848	5025	372065	372253	189439	188984
延 庆 区	13	13	2512	2478	1901	1855	156066	156066	153609	157306

3-45 实际利用外商直接投资额

单位：万美元

各　区	2016	2015
全　市	**1302858**	**1299635**
首都功能核心区	**100676**	**86274**
东 城 区	50298	52735
西 城 区	50378	33539
城市功能拓展区	**959390**	**1079022**
朝 阳 区	745228	933873
丰 台 区	10414	5815
石景山区	15026	9112
海 淀 区	188722	130222
城市发展新区	**229399**	**126343**
房 山 区	4074	275
通 州 区	36036	30534
顺 义 区	69305	52114
昌 平 区	78881	10903
大 兴 区	41103	32517
北京经济技术开发区	30541	30217
生态涵养发展区	**13393**	**7996**
门头沟区	1004	1523
怀 柔 区	3725	2152
平 谷 区	4500	1500
密 云 区	2098	861
延 庆 区	2066	1960

注：大兴区中包含北京经济技术开发区数据。

资料来源：北京市商务委员会。

3-46 入境旅游及星级饭店基本情况

各区	入境旅游者人数(万人次)		#外国人		星级饭店个数(个)		出租率(%)	
	2016	2015	2016	2015	2016	2015	2016	2015
全市	**416.53**	**419.96**	**354.76**	**357.56**	**523**	**528**	**62.6**	**60.6**
首都功能核心区	**138.81**	**143.19**	**115.79**	**121.81**	**136**	**138**	**69.2**	**68.7**
东城区	111.99	114.22	93.78	97.58	59	61	67.9	66.8
西城区	26.82	28.97	22.01	24.23	77	77	67.3	70.6
城市功能拓展区	**237.30**	**240.02**	**201.83**	**203.38**	**212**	**212**	**67.6**	**66.7**
朝阳区	194.05	190.74	166.26	163.10	105	105	67.9	66.1
丰台区	6.05	7.37	5.61	6.48	29	29	58.3	63.0
石景山区	2.52	2.97	2.29	2.43	5	5	70.3	54.4
海淀区	34.67	38.94	27.67	31.37	73	73	69.1	69.5
城市发展新区	**38.73**	**34.67**	**35.81**	**30.72**	**106**	**108**	**47.7**	**42.5**
房山区	0.06	0.07	0.05	0.06	33	34	33.6	31.8
通州区	0.89	1.53	0.81	1.41	6	7	50.8	39.9
顺义区	21.89	20.47	21.73	19.21	19	19	51.3	51.3
昌平区	2.00	2.55	1.86	2.22	37	37	49.8	40.5
大兴区	13.89	10.05	11.36	7.83	11	11	42.1	44.6
生态涵养发展区	**1.69**	**2.08**	**1.33**	**1.65**	**69**	**70**	**36.1**	**34.6**
门头沟区	0.06	0.05	0.05	0.04	9	9	33.8	32.7
怀柔区	1.22	1.24	0.90	0.86	20	21	47.7	42.9
平谷区	0.06	0.09	0.05	0.09	9	9	33.4	40.3
密云区	0.27	0.27	0.27	0.25	17	17	33.5	31.9
延庆区	0.08	0.43	0.08	0.41	14	14	23.2	24.7

3-46 续表

各 区	营业收入(万元)		利润总额(万元)		从业人员平均人数(人)	
	2016	2015	2016	2015	2016	2015
全 市	**2614497.0**	**2576003.0**	**274585.0**	**52866.2**	**84868**	**92606**
首都功能核心区	**781309.3**	**787788.5**	**137400.4**	**43387.3**	**22758**	**24518**
东 城 区	446506.1	470118.6	107756.9	18936.7	12193	13493
西 城 区	334803.2	317669.9	29643.5	24450.6	10565	11025
城市功能拓展区	**1484733.6**	**1447455.6**	**165551.8**	**71905.1**	**44191**	**47513**
朝 阳 区	915211.7	894428.5	119139.3	34735.0	23848	25032
丰 台 区	93698.3	89364.8	-295.9	-1867.8	3954	4403
石景山区	13386.1	13887.3	232.5	-990.0	331	377
海 淀 区	462437.4	449775.0	46475.9	40027.9	16058	17701
城市发展新区	**278120.6**	**271902.8**	**-21423.3**	**-52019.1**	**13529**	**15503**
房 山 区	27203.1	24925.2	-1941.2	-3138.3	1362	1453
通 州 区	12662.3	15750.0	-3106.9	-3230.0	976	1277
顺 义 区	53388.7	60420.6	-8022.1	-10041.6	3282	3525
昌 平 区	154460.3	139615.4	-10865.2	-31153.1	6806	7634
大 兴 区	30406.1	31191.6	2512.1	-4456.1	1104	1614
生态涵养发展区	**70333.5**	**68856.1**	**-6943.9**	**-10407.1**	**4390**	**5072**
门头沟区	13355.1	12803.3	-4345.9	-245.2	865	953
怀 柔 区	19670.4	19606.9	-504.3	-983.4	1163	1209
平 谷 区	6772.6	7045.2	-549.2	-367.2	371	735
密 云 区	20727.6	19638.4	-5069.0	-5725.8	1267	1356
延 庆 区	9807.8	9762.3	3524.5	-3085.5	724	819

3-47 银行、保险系统机构人员情况(2016年)

各区	合计		总行、总公司		分行、分公司		支行、支公司	
	机构(个)	从业人员(人)	机构(个)	从业人员(人)	机构(个)	从业人员(人)	机构(个)	从业人员(人)
全市	**4951**	**349346**	**92**	**119231**	**174**	**51202**	**2702**	**101808**
首都功能核心区	**934**	**151220**	**48**	**69702**	**77**	**35852**	**519**	**24113**
东城区	395	41341	9	5896	26	12427	241	12466
西城区	539	109879	39	63806	51	23425	278	11647
城市功能拓展区	**2431**	**140428**	**33**	**48751**	**96**	**15260**	**1395**	**45500**
朝阳区	1070	63051	24	19801	77	10938	624	20022
丰台区	387	20910	1	9142	2	265	216	5382
石景山区	118	11869	4	6379	1	40	63	3154
海淀区	856	44598	4	13429	16	4017	492	16942
城市发展新区	**1097**	**41515**	**7**	**640**	**1**	**90**	**584**	**23686**
房山区	182	8568	1	46			86	3963
通州区	211	10347	1	28		3	104	6125
顺义区	215	7523	2	431			119	4597
昌平区	231	6821	1	63		3	119	4247
大兴区	258	8256	2	72	1	84	156	4754
生态涵养发展区	**489**	**16183**	**4**	**138**			**204**	**8509**
门头沟区	64	1612	1	31			25	825
怀柔区	118	3612	1	41			51	2007
平谷区	115	4370					50	1930
密云区	122	4630	1	39			52	2624
延庆区	70	1959	1	27			26	1123

3-47 续表

各 区	分理处		储蓄所		保险系统其他所属机构	
	机 构（个）	从业人员（人）	机 构（个）	从业人员（人）	机 构（个）	从业人员（人）
全 市	**802**	**9034**	**472**	**2241**	**709**	**65830**
首都功能核心区	**67**	**1656**	**64**	**283**	**159**	**19614**
东 城 区	30	808	21	86	68	9658
西 城 区	37	848	43	197	91	9956
城市功能拓展区	**380**	**4732**	**200**	**1059**	**327**	**25126**
朝 阳 区	158	2317	58	323	129	9650
丰 台 区	71	684	41	222	56	5215
石景山区	15	133	13	72	22	2091
海 淀 区	136	1598	88	442	120	8170
城市发展新区	**213**	**1872**	**133**	**635**	**159**	**14592**
房 山 区	37	252	26	143	32	4164
通 州 区	45	370	25	113	36	3708
顺 义 区	42	448	28	119	24	1928
昌 平 区	47	373	25	155	39	1980
大 兴 区	42	429	29	105	28	2812
生态涵养发展区	**142**	**774**	**75**	**264**	**64**	**6498**
门头沟区	14	71	14	59	10	626
怀 柔 区	41	186	14	36	11	1342
平 谷 区	32	165	17	53	16	2222
密 云 区	34	227	16	66	19	1674
延 庆 区	21	125	14	50	8	634

3-48 中资银行人民币存款余额(2016年)

单位：万元

各区	各项存款	单位存款	个人存款	#储蓄存款	其他存款
全 市	**1319054745**	**762324381**	**278892816**	**242766453**	**277837548**
首都功能核心区	**562263298**	**341753056**	**65338717**	**56287857**	**155171524**
东 城 区	150392075	95716388	26232848	23171141	28442838
西 城 区	411871223	246036668	39105868	33116716	126728686
城市功能拓展区	**612755753**	**348728721**	**147081062**	**127513942**	**116945970**
朝 阳 区	235687912	118077953	57032971	49408629	60576988
丰 台 区	63156276	27513379	27058402	23851985	8584494
石景山区	16984955	8530609	7446832	6474037	1007514
海 淀 区	296926611	194606779	55542858	47779291	46776974
城市发展新区	**119275136**	**59623966**	**54016301**	**47795746**	**5634869**
房 山 区	14659449	7193397	7431266	6514235	34786
通 州 区	26194290	11594390	12061317	10603720	2538583
顺 义 区	19984485	11061365	8544929	7652154	378191
昌 平 区	23553792	10707947	12224924	10746222	620921
大 兴 区	34883119	19066866	13753865	12279414	2062388
生态涵养发展区	**24760558**	**12218638**	**12456736**	**11168909**	**85185**
门头沟区	6230955	3567357	2631546	2248151	32051
怀 柔 区	5697767	2950836	2740513	2521798	6417
平 谷 区	4473196	2137473	2329597	2092714	6127
密 云 区	4822991	1910690	2903898	2595567	8403
延 庆 区	3535650	1652281	1851182	1710679	32186

注：本表统计范围包括中国邮政储蓄银行北京分行、国有商业银行北京市分行、股份制商业银行在京营业机构、北京银行、北京农商银行。

资料来源：中国人民银行营业管理部。

3-49 中资银行人民币贷款余额(2016年)

单位：万元

各区	各项贷款	境内贷款	短期贷款	#个人消费贷款	中长期贷款	#个人消费贷款	其他贷款	境外贷款
全市	**538601544**	**537711182**	**184932974**	**6343906**	**332993540**	**88999123**	**19784668**	**890362**
首都功能核心区	**300547832**	**300192264**	**108397126**	**4290996**	**174125092**	**30220148**	**17670046**	**355568**
东城区	57792347	57607116	22075193	1276335	33061855	12131685	2470068	185231
西城区	242755484	242585148	86321933	3014661	141063236	18088463	15199979	170337
城市功能拓展区	**194160977**	**193652993**	**64277424**	**1652436**	**128154668**	**45162781**	**1220901**	**507984**
朝阳区	77994981	77858806	23956377	738610	53495474	22106693	406955	136175
丰台区	36518933	36191564	11795322	250645	24355560	6096571	40682	327369
石景山区	7311439	7308045	1832991	51749	5468395	1351434	6659	3394
海淀区	72335625	72294578	26692734	611432	44835239	15608083	766605	41047
城市发展新区	**36135133**	**36109587**	**9775529**	**356783**	**25512007**	**11114941**	**822051**	**25546**
房山区	3127145	3127049	921049	18808	2201443	1172777	4557	95
通州区	5957654	5956079	1362545	70368	4568937	2439663	24598	1575
顺义区	11045299	11027994	4833456	111333	5539208	2324871	655330	17306
昌平区	4818036	4814650	736742	50971	4064435	2269981	13473	3386
大兴区	11186999	11183815	1921737	105303	9137984	2907649	124094	3184
生态涵养发展区	**7757602**	**7756339**	**2482895**	**43691**	**5201774**	**2501252**	**71670**	**1264**
门头沟区	1627716	1627457	694388	2378	903726	495066	29344	258
怀柔区	1788313	1787691	613374	15827	1152057	494893	22260	622
平谷区	1644183	1643842	217724	9263	1413519	602895	12600	341
密云区	2101347	2101305	842879	11005	1253481	707379	4945	42
延庆区	596043	596043	114530	5217	478991	201019	2522	

注：本表统计范围包括中国邮政储蓄银行北京分行、国有商业银行北京市分行、股份制商业银行在京营业机构、北京银行、北京农商银行。

资料来源：中国人民银行营业管理部。

3-50 规模以上第三产业基本情况(2016年)

各 区	收入合计 (亿元)	资产总计 (亿元)	企业利润总额 (亿元)	应交税金合计 (亿元)	从业人员平均人数 (万人)
全 市	**116751.1**	**1583118.8**	**23973.9**	**5928.1**	**635.5**
首都功能核心区	**37122.5**	**1188402.7**	**15255.7**	**2907.4**	**145.2**
东 城 区	17974.6	179113.3	7887.1	616.4	60.9
西 城 区	19147.9	1009289.5	7368.6	2291.0	84.3
城市功能拓展区	**61046.8**	**350711.3**	**7769.6**	**2383.1**	**373.6**
朝 阳 区	29381.5	142754.9	4227.8	1182.8	142.2
丰 台 区	4978.4	20891.7	258.3	159.0	52.4
石景山区	2441.8	9927.3	412.9	102.6	18.0
海 淀 区	24245.2	177137.4	2870.6	938.7	161.0
城市发展新区	**16541.4**	**36871.5**	**882.9**	**554.0**	**91.7**
房 山 区	1427.2	3036.7	43.6	58.8	8.2
通 州 区	1693.7	5109.4	127.3	87.8	9.6
顺 义 区	3745.9	13291.8	389.6	154.0	28.7
昌 平 区	3511.7	7141.8	172.7	104.4	18.1
大 兴 区	1552.3	4238.9	68.3	75.0	12.9
北京经济技术开发区	4610.5	4052.9	81.4	74.1	14.2
生态涵养发展区	**2040.3**	**7133.2**	**65.7**	**83.5**	**25.0**
门头沟区	542.7	2489.3	7.2	29.7	3.1
怀 柔 区	453.7	1480.2	18.3	18.7	5.2
平 谷 区	445.6	1526.9	27.3	12.6	7.3
密 云 区	437.5	1251.1	10.6	18.7	5.4
延 庆 区	160.9	385.7	2.3	3.8	3.9

注：应交税金合计主要包括应交增值税、应交所得税、营业税及附加和管理费用中的税金等。

3-51 规模以上文化创意产业情况

各 区	收入合计(万元)		利润总额(万元)		应交税金合计(万元)		从业人员平均人数(人)	
	2016	2015	2016	2015	2016	2015	2016	2015
全 市	**152248022**	**134513411**	**10951472**	**10636907**	**5861438**	**5697466**	**1256790**	**1222703**
首都功能核心区	**30380064**	**26767529**	**2132091**	**1818076**	**1040535**	**907832**	**192305**	**190976**
东 城 区	19863349	18389989	1102475	815798	601813	507362	87992	86250
西 城 区	10516714	8377540	1029616	1002277	438722	400470	104313	104726
城市功能拓展区	**102744780**	**92079881**	**7928740**	**8269390**	**4330211**	**4373151**	**937922**	**910859**
朝 阳 区	31359524	27773035	1293673	1804911	998789	988679	260156	239967
丰 台 区	3770505	3891314	236592	292065	166059	179179	39298	42305
石景山区	3722832	3425985	383044	589902	145070	158868	29216	31330
海 淀 区	63891919	56989548	6015431	5582511	3020294	3046425	609252	597257
城市发展新区	**16885676**	**13667905**	**725272**	**480565**	**377173**	**321034**	**102506**	**98615**
房 山 区	458064	310464	10221	4459	18094	16388	5584	7015
通 州 区	1550126	1358866	70083	5319	48344	29180	12243	13189
顺 义 区	1440995	1176958	119835	53719	61513	43668	13892	12946
昌 平 区	1625593	1570420	424696	193765	101389	94287	22144	22275
大 兴 区	859341	836831	39107	-4651	22174	18186	10418	10314
北京经济技术开发区	10951558	8414366	61329	227955	125659	119326	38225	32876
生态涵养发展区	**2237503**	**1998097**	**165370**	**68877**	**113519**	**95448**	**24057**	**22253**
门头沟区	185671	168304	-5839	-2793	7606	5621	2057	1792
怀 柔 区	1008622	915373	74556	10448	31124	36817	6199	6302
平 谷 区	565522	478061	72091	42316	52666	33517	5329	3990
密 云 区	368977	335183	20800	20143	16864	14149	6764	6854
延 庆 区	108711	101176	3763	-1237	5259	5344	3708	3315

注：规模以上文化创意产业的统计范围包括年主营业务收入2000万元及以上的批发业企业和工业企业，年主营业务收入500万元及以上的零售业企业，年营业收入500万元及以上或从业人员50人及以上的文化、体育和娱乐业企业，以及年营业收入1000万元及以上或从业人员在50人及以上的其他纳入文化创意产业分类标准的行业。

3-52 全市居民收支情况（2016年）

单位：元

各　区	人均可支配收入		人均消费支出	
	2016	增长速度(%)	2016	增长速度(%)
全　市	**52530**	**8.4**	**35416**	**4.8**
东 城 区	66084	7.0	43923	7.5
西 城 区	71863	6.5	45329	4.0
朝 阳 区	60056	8.3	40034	0.9
丰 台 区	51173	8.6	37831	10.5
石景山区	60980	8.3	38547	4.8
海 淀 区	67022	7.5	46630	4.5
房 山 区	33322	8.7	21918	9.8
通 州 区	34097	8.6	24505	8.9
顺 义 区	30808	9.0	19716	8.1
昌 平 区	38350	8.6	27842	8.4
大 兴 区	36718	8.5	24976	6.7
门头沟区	42293	8.3	31083	9.6
怀 柔 区	30982	8.3	21383	9.3
平 谷 区	30768	8.5	20578	8.4
密 云 区	29490	8.2	19538	4.0
延 庆 区	29157	8.1	19732	8.4

3–53 城镇居民收支情况（2016年）

单位：元

各　区	人均可支配收入		人均消费支出	
	2016	增长速度(%)	2016	增长速度(%)
全 市	**57275**	**8.4**	**38256**	**4.4**
东城区	66084	7.0	43923	7.5
西城区	71863	6.5	45329	4.0
朝阳区	60056	8.3	40034	0.9
丰台区	51173	8.6	37831	10.5
石景山区	60980	8.3	38547	4.8
海淀区	67022	7.5	46630	4.5
房山区	39486	8.7	25105	10.4
通州区	40845	8.6	29238	8.5
顺义区	36448	9.1	23810	7.4
昌平区	42149	8.6	29892	9.3
大兴区	43932	8.2	28166	5.1
门头沟区	45872	8.3	32977	9.9
怀柔区	36013	8.3	23633	8.8
平谷区	38080	8.4	24539	9.0
密云区	36631	8.1	23020	1.2
延庆区	38442	8.0	24809	8.4

3–54 农村居民收支情况（2016年）

单位：元

各　区	人均可支配收入		人均消费支出	
	2016	增长速度(%)	2016	增长速度(%)
全　市	**22310**	**8.5**	**17329**	**9.6**
房 山 区	20849	8.8	15470	8.2
通 州 区	23538	8.7	17098	10.0
顺 义 区	24649	8.8	15245	9.5
昌 平 区	21871	8.7	18949	2.8
大 兴 区	19555	9.9	17389	13.5
门头沟区	21861	8.4	20271	6.8
怀 柔 区	21620	8.4	17195	10.5
平 谷 区	21866	8.5	15755	7.2
密 云 区	20798	8.4	15300	9.5
延 庆 区	19588	8.3	14500	8.4

3–55 普通中学学校基本情况

单位：人

各 区	普通中学校数(所)		普通中学招生数		普通中学毕业生数	
	2016	2015	2016	2015	2016	2015
全 市	**646**	**646**	**145398**	**145895**	**139284**	**150511**
首都功能核心区	**86**	**86**	**26875**	**27226**	**27460**	**29229**
东 城 区	43	43	11947	12301	12010	12905
西 城 区	43	43	14928	14925	15450	16324
城市功能拓展区	**242**	**242**	**61139**	**61956**	**55998**	**59901**
朝 阳 区	91	91	17447	16818	14021	15270
丰 台 区	48	46	7622	9100	7426	8042
石景山区	27	27	3851	3933	4130	4517
海 淀 区	76	78	32219	32105	30421	32072
城市发展新区	**216**	**215**	**41181**	**40382**	**39366**	**42553**
房 山 区	47	47	7964	8099	7635	8517
通 州 区	41	41	8840	8536	6994	7796
顺 义 区	32	32	9013	8851	8531	8857
昌 平 区	52	51	7487	7076	7403	8586
大 兴 区	44	44	7877	7820	8803	8797
生态涵养发展区	**102**	**103**	**16203**	**16331**	**16460**	**18828**
门头沟区	16	16	2217	2292	1928	2264
怀 柔 区	23	23	3218	3265	2767	3312
平 谷 区	19	20	3372	3415	3825	4225
密 云 区	23	23	4553	4465	4555	5264
延 庆 区	21	21	2843	2894	3385	3763

注：普通中学范围为普通高中和普通初中。

资料来源：北京市教育委员会。

3-55 续表

单位：人

各 区	普通中学在校学生数		普通中学教职工人数		普通中学专任教师人数	
	2016	2015	2016	2015	2016	2015
全 市	**431403**	**452778**	**85352**	**83970**	**64549**	**63391**
首都功能核心区	**80292**	**84583**	**14457**	**14500**	**10937**	**11079**
东 城 区	36178	38122	6560	6504	4745	4754
西 城 区	44114	46461	7897	7996	6192	6325
城市功能拓展区	**181353**	**190409**	**34735**	**34024**	**27553**	**26788**
朝 阳 区	48990	51542	12969	12407	10627	10190
丰 台 区	24938	28000	5394	5424	4177	4097
石景山区	12003	13036	2645	2641	2055	2030
海 淀 区	95422	97831	13727	13552	10694	10471
城市发展新区	**120209**	**125816**	**24969**	**24050**	**18713**	**18144**
房 山 区	24604	25818	4353	4385	3284	3303
通 州 区	25016	25541	4795	4711	3620	3530
顺 义 区	26117	26785	4870	4792	3550	3569
昌 平 区	21326	22450	5862	5162	4223	3838
大 兴 区	23146	25222	5089	5000	4036	3904
生态涵养发展区	**49549**	**51970**	**11191**	**11396**	**7346**	**7380**
门头沟区	6772	6916	1271	1275	931	907
怀 柔 区	9759	10294	2386	2388	1664	1610
平 谷 区	10375	10942	2965	3161	1575	1691
密 云 区	13681	14113	2431	2376	1742	1708
延 庆 区	8962	9705	2138	2196	1434	1464

3-56 小学教育基本情况

单位：人

各 区	小学校数(所)		小学招生数		小学毕业生数	
	2016	2015	2016	2015	2016	2015
全 市	**984**	**996**	**145274**	**145876**	**111481**	**103893**
首都功能核心区	**123**	**123**	**22773**	**22669**	**15912**	**14882**
东 城 区	63	63	9318	9595	7360	7093
西 城 区	60	60	13455	13074	8552	7789
城市功能拓展区	**278**	**290**	**63462**	**63819**	**48447**	**45746**
朝 阳 区	87	86	22093	21176	15392	14221
丰 台 区	77	77	10390	10505	9377	9435
石景山区	30	30	3610	3866	3234	3058
海 淀 区	84	97	27369	28272	20444	19032
城市发展新区	**427**	**427**	**45956**	**45372**	**36015**	**32910**
房 山 区	108	108	8161	8448	6412	6040
通 州 区	82	84	11064	10640	8021	7403
顺 义 区	48	46	7872	7508	5928	5238
昌 平 区	92	91	7930	7910	7841	7264
大 兴 区	97	98	10929	10866	7813	6965
生态涵养发展区	**156**	**156**	**13083**	**14016**	**11107**	**10355**
门头沟区	22	22	1970	2223	1615	1578
怀 柔 区	25	24	2751	2926	2345	2143
平 谷 区	43	42	3034	3007	2347	2194
密 云 区	38	40	3493	3761	3082	2755
延 庆 区	28	28	1835	2099	1718	1685

资料来源：北京市教育委员会。

3-56 续表

单位：人

各　区	小学在校学生数		小学教职工人数		小学专任教师人数	
	2016	2015	2016	2015	2016	2015
全　市	**868417**	**850321**	**59716**	**58308**	**51787**	**50053**
首都功能核心区	**128388**	**122224**	**10425**	**9800**	**9114**	**8476**
东 城 区	54585	52972	4964	4676	4080	3787
西 城 区	73803	69252	5461	5124	5034	4689
城市功能拓展区	**387968**	**381344**	**21705**	**21482**	**19953**	**19662**
朝 阳 区	135739	132877	7419	7253	6977	6795
丰 台 区	67455	69114	4792	4824	4200	4214
石景山区	23452	23780	1543	1534	1365	1353
海 淀 区	161322	155573	7951	7871	7411	7300
城市发展新区	**270637**	**266297**	**19452**	**18773**	**16505**	**15874**
房 山 区	48907	48192	3783	3696	3076	2961
通 州 区	63568	62141	4162	4092	3704	3630
顺 义 区	44518	42784	3472	3196	2775	2615
昌 平 区	52794	53910	3866	3715	3341	3156
大 兴 区	60850	59270	4169	4074	3609	3512
生态涵养发展区	**81424**	**80456**	**8134**	**8253**	**6215**	**6041**
门头沟区	11926	11747	1135	1140	883	881
怀 柔 区	17032	16983	1529	1565	1182	1080
平 谷 区	17828	17330	2145	2146	1498	1478
密 云 区	22342	22145	1986	2060	1530	1524
延 庆 区	12296	12251	1339	1342	1122	1078

3–57 幼儿教育情况

单位：人

各 区	幼儿园数(所)		在园幼儿数		专任教师数	
	2016	2015	2016	2015	2016	2015
全 市	**1570**	**1487**	**416982**	**394121**	**36071**	**34040**
首都功能核心区	**121**	**120**	**33111**	**31591**	**3478**	**3289**
东 城 区	52	51	15628	14464	1590	1473
西 城 区	69	69	17483	17127	1888	1816
城市功能拓展区	**596**	**563**	**193394**	**183537**	**17224**	**16197**
朝 阳 区	236	214	72166	66518	7042	6554
丰 台 区	143	139	43421	41724	3713	3521
石景山区	54	50	15238	14853	1245	1205
海 淀 区	163	160	62569	60442	5224	4917
城市发展新区	**568**	**527**	**144687**	**136070**	**11346**	**10984**
房 山 区	112	104	27281	30280	2427	2746
通 州 区	141	138	30371	28817	2618	2519
顺 义 区	97	96	25246	22749	1416	1461
昌 平 区	132	112	29707	25854	2835	2512
大 兴 区	86	77	32082	28370	2050	1746
生态涵养发展区	**285**	**277**	**45790**	**42923**	**4023**	**3570**
门头沟区	32	29	6302	5943	599	528
怀 柔 区	66	63	10125	9523	909	761
平 谷 区	62	63	10235	9098	711	659
密 云 区	71	70	11762	11316	1137	996
延 庆 区	54	52	7366	7043	667	626

数据来源：北京市教育委员会。

3-58 公共图书馆情况

各区	个数(个)		总藏数(万册、万件)		总流通人次(万人次)		书刊文献外借册次(万册次)	
	2016	2015	2016	2015	2016	2015	2016	2015
全 市	**25**	**25**	**6229**	**5943**	**1800**	**1652**	**1081**	**1006**
首都功能核心区	**5**	**5**	**343**	**322**	**232**	**234**	**219**	**208**
东 城 区	2	2	144	139	73	76	77	79
西 城 区	3	3	199	183	159	158	142	129
城市功能拓展区	**9**	**9**	**5067**	**4843**	**1151**	**1098**	**503**	**522**
朝 阳 区	3	3	1069	1025	614	590	310	332
丰 台 区	2	2	104	96	36	41	46	47
石景山区	2	2	115	108	55	57	50	49
海 淀 区	2	2	3779	3614	446	410	97	94
城市发展新区	**6**	**6**	**444**	**420**	**261**	**221**	**204**	**172**
房 山 区	2	2	125	111	25	26	33	33
通 州 区	1	1	61	61	100	73	45	38
顺 义 区	1	1	96	88	36	35	32	32
昌 平 区	1	1	67	65	48	41	60	39
大 兴 区	1	1	95	95	52	46	34	30
生态涵养发展区	**5**	**5**	**375**	**358**	**156**	**99**	**155**	**104**
门头沟区	1	1	90	87	1	1	7	13
怀 柔 区	1	1	72	68	48	48	33	39
平 谷 区	1	1	90	85	78	21	79	17
密 云 区	1	1	68	69	12	12	18	17
延 庆 区	1	1	55	49	17	17	18	18

资料来源：北京市文化局、国家图书馆。

3-59 文物局系统内博物馆情况

各区	个数(个)		综合性		历史性		艺术类		自然科技类		其他类	
	2016	2015	2016	2015	2016	2015	2016	2015	2016	2015	2016	2015
全市	**43**	**40**	**12**	**11**	**19**	**17**	**5**	**5**	**2**	**2**	**5**	**5**
首都功能核心区	**16**	**15**	**3**	**3**	**9**	**8**	**2**	**2**	**1**	**1**	**1**	**1**
东城区	7	7	1	1	5	5	1	1				
西城区	9	8	2	2	4	3	1	1	1	1	1	1
城市功能拓展区	**12**	**11**	**1**	**1**	**5**	**4**	**3**	**3**	**1**	**1**	**2**	**2**
朝阳区	2	2					1	1			1	1
丰台区	2	2			1	1					1	1
石景山区	2	2			1	1			1	1		
海淀区	6	5	1	1	3	2	2	2				
城市发展新区	**7**	**7**	**3**	**3**	**3**	**3**					**1**	**1**
房山区	2	2			1	1					1	1
通州区	1	1	1	1								
顺义区	1	1			1	1						
昌平区	3	3	2	2	1	1						
大兴区												
生态涵养发展区	**8**	**7**	**5**	**4**	**2**	**2**					**1**	**1**
门头沟区	1	1	1	1								
怀柔区	1	1	1	1								
平谷区	2	1	1		1	1						
密云区	1	1	1	1								
延庆区	3	3	1	1	1	1					1	1

资料来源：北京市文物局。

3-59 续表

各　区	文物藏品数(件)		#一级品		参观人次(千人次)		本年收入(万元)	
	2016	2015	2016	2015	2016	2015	2016	2015
全　市	**1244391**	**1238524**	**731**	**729**	**10926**	**12002**	**123292**	**99570**
首都功能核心区	**1016917**	**1016771**	**393**	**391**	**4137**	**3429**	**31746**	**28550**
东 城 区	5668	5627	29	28	2045	1902	6412	6263
西 城 区	1011249	1011144	364	363	2092	1527	25334	22287
城市功能拓展区	**193834**	**195796**	**125**	**125**	**1088**	**836**	**39685**	**19485**
朝 阳 区	86930	86789	15	15	109	106	26286	10410
丰 台 区	1534	1534	4	4	84	51	1495	1174
石景山区	109	109			38	27	727	1852
海 淀 区	105261	107364	106	106	857	652	11177	6049
城市发展新区	**14690**	**14384**	**212**	**212**	**4843**	**6916**	**47983**	**44852**
房 山 区	7703	7795	15	15	256	306	5331	8955
通 州 区	1658	1658			12	10	532	1481
顺 义 区	28	28			271	400	544	498
昌 平 区	5301	4903	197	197	4304	6200	41576	33918
大 兴 区								
生态涵养发展区	**18950**	**11573**	**1**	**1**	**858**	**821**	**3878**	**6683**
门头沟区	4389	3686			50	45	454	839
怀 柔 区	1313	1313			13	4	446	419
平 谷 区	6972	185			24	10	1402	248
密 云 区	1652	1765			26	11	198	475
延 庆 区	4624	4624	1	1	745	751	1378	4702

3-60 档案事业情况

各 区	档案馆个数(个)		建筑面积(平方米)		本年利用档案人次(人次)		本年利用资料人次(人次)	
	2016	2015	2016	2015	2016	2015	2016	2015
全 市	**18**	**18**	**119930**	**99220**	**219165**	**207208**	**290**	**643**
首都功能核心区	**3**	**3**	**20030**	**20030**	**45501**	**49562**	**8**	**9**
东 城 区	1	1	4915	4915	19479	18359		1
西 城 区	2	2	15115	15115	26022	31203	8	8
城市功能拓展区	**5**	**5**	**55956**	**35246**	**58826**	**53208**	**78**	**401**
朝 阳 区	1	1	2800	2800	26564	22098		
丰 台 区	2	2	22304	22304	16836	19207	75	248
石景山区	1	1	3572	3572	2038	2095	3	3
海 淀 区	1	1	27280	6570	13388	9808		150
城市发展新区	**5**	**5**	**19900**	**19900**	**66261**	**52754**	**143**	**54**
房 山 区	1	1	4731	4731	8514	7773	51	44
通 州 区	1	1	2651	2651	36251	21690	92	10
顺 义 区	1	1	6750	6750	3990	4012		
昌 平 区	1	1	3800	3800	10628	13961		
大 兴 区	1	1	1968	1968	6878	5318		
生态涵养发展区	**5**	**5**	**24043**	**24043**	**48577**	**51684**	**61**	**179**
门头沟区	1	1	4651	4651	4023	7266	3	4
怀 柔 区	1	1	4000	4000	12666	10886	6	4
平 谷 区	1	1	4280	4280	15375	18784	36	137
密 云 区	1	1	5440	5440	12325	10802	10	26
延 庆 区	1	1	5672	5672	4188	3946	6	8

注：本年利用档案、资料人次数量，包括利用纸质和电子两种之和。

资料来源：北京市档案局。

3-61 限额以上工业与信息传输、软件和信息技术服务业企业研究与试验发展（R&D）经费情况

单位：万元

各 区	工 业		信息传输、软件和信息技术服务业	
	2016	2015	2016	2015
全 市	**2548433.3**	**2440874.5**	**1742948.6**	**1181114.4**
首都功能核心区	**43434.2**	**35906.8**	**84332.8**	**69553.8**
东 城 区	13723.9	11076.1	2970.4	1100.4
西 城 区	29710.3	24830.7	81362.4	68453.4
城市功能拓展区	**1078262.5**	**951680.8**	**1639105.4**	**1098523.1**
朝 阳 区	172030.8	168763.9	440645.3	375043.6
丰 台 区	123725.5	99249.6	28581.3	51323.6
石景山区	30294.9	32805.1	23636.3	15805.9
海 淀 区	752211.3	650862.2	1146242.5	656350.0
城市发展新区	**1305886.9**	**1344985.8**	**19510.4**	**13037.5**
房 山 区	38897.6	36646.8		
通 州 区	110593.8	95226.5		396.3
顺 义 区	253539.2	350216.9	951.4	1013.4
昌 平 区	259469.5	249912.2	7839.9	8566.0
大 兴 区	85831.7	80189.0	1184.7	1122.4
北京经济技术开发区	557555.1	532794.4	9534.4	1939.4
生态涵养发展区	**120849.7**	**108301.1**		
门头沟区	21594.7	21213.4		
怀 柔 区	51491.1	51713.8		
平 谷 区	15365.4	7339.9		
密 云 区	16942.1	12822.0		
延 庆 区	15456.4	15212.0		

3-62　技术合同成交情况(2016年)

各　　区	合同数 (项)	成交总额 (万元)
全　市	**74965**	**39407994**
首都功能核心区	**7409**	**7235355**
东 城 区	2508	4743887
西 城 区	4901	2491467
城市功能拓展区	**62773**	**29699007**
朝 阳 区	6778	7546831
丰 台 区	3347	6379092
石景山区	1544	533139
海 淀 区	51104	15239946
城市发展新区	**4424**	**2306037**
房 山 区	220	33294
通 州 区	338	548260
顺 义 区	472	130252
昌 平 区	1278	699257
大 兴 区	2116	894974
生态涵养发展区	**359**	**167595**
门头沟区	30	7976
怀 柔 区	127	110464
平 谷 区	86	6705
密 云 区	112	22179
延 庆 区	4	20270

资料来源：北京技术市场管理办公室。

3-63 专利申请及授权情况(2016年)

单位：件

各 区	专利申请量	#发明专利	专利授权量	#发明专利
全 市	**189129**	**104643**	**100578**	**40602**
首都功能核心区	**27126**	**14189**	**19513**	**8650**
东 城 区	10490	5034	6629	2315
西 城 区	16636	9155	12884	6335
城市功能拓展区	**122545**	**76790**	**59832**	**27892**
朝 阳 区	38611	23853	17780	8029
丰 台 区	10002	4604	5344	1768
石景山区	3605	1684	1809	699
海 淀 区	70327	46649	34899	17396
城市发展新区	**35484**	**12392**	**19528**	**3829**
房 山 区	2367	768	943	195
通 州 区	5922	1086	3284	284
顺 义 区	5584	1639	3739	340
昌 平 区	11732	5114	5955	1716
大 兴 区	9879	3785	5607	1294
生态涵养发展区	**3931**	**1257**	**1684**	**230**
门头沟区	604	155	334	52
怀 柔 区	1130	405	533	95
平 谷 区	530	108	322	31
密 云 区	1433	507	402	38
延 庆 区	234	82	93	14
其 他	**43**	**15**	**21**	**1**

资料来源：北京市知识产权局。

3-64 卫生机构数(2016年)

单位：个

各　区	卫生机构	#医院	#社区卫生服务中心(站)	#门诊部	#妇幼保健院(所、站)	#疾病预防控制中心(防疫站)	#专科疾病防治院(所、站)	#诊所、卫生所、医务室、护理站
全　市	**10637**	**713**	**1997**	**1141**	**20**	**29**	**25**	**3738**
首都功能核心区	**1236**	**115**	**161**	**160**	**4**	**10**	**6**	**734**
东 城 区	576	65	65	86	2	2	3	332
西 城 区	660	50	96	74	2	8	3	402
城市功能拓展区	**3291**	**341**	**706**	**748**	**5**	**6**	**6**	**1384**
朝 阳 区	1438	156	269	361	2	2	1	621
丰 台 区	550	71	175	107	1	1	1	162
石景山区	223	25	56	13	1	1	1	120
海 淀 区	1080	89	206	267	1	2	3	481
城市发展新区	**4086**	**188**	**807**	**219**	**6**	**7**	**6**	**1235**
房 山 区	971	34	217	30	2	2	2	150
通 州 区	609	22	98	49	1	1	1	85
顺 义 区	745	14	203	27	1	1	1	299
昌 平 区	958	75	138	70	1	1	1	398
大 兴 区	803	43	151	43	1	2	1	303
生态涵养发展区	**2005**	**50**	**323**	**14**	**5**	**6**	**7**	**385**
门头沟区	252	14	39	3	1	2	1	46
怀 柔 区	484	12	72	6	1	1	1	108
平 谷 区	427	7	150	2	1	1	2	58
密 云 区	585	14	42	1	1	1	2	113
延 庆 区	257	3	20	2	1	1	1	60

资料来源：北京市卫生和计划生育委员会。

3-65 卫生机构人员及卫生条件

单位：人

各区	卫生机构人员		#卫生技术人员		#执业(助理)医师		#注册护士	
	2016	2015	2016	2015	2016	2015	2016	2015
全市	**330777**	**321151**	**264850**	**256531**	**100878**	**96445**	**117760**	**114294**
首都功能核心区	**75997**	**75030**	**60783**	**60273**	**22426**	**21782**	**25871**	**25641**
东城区	33431	32825	25986	25449	10123	9790	10575	10303
西城区	42566	42205	34797	34824	12303	11992	15296	15338
城市功能拓展区	**133982**	**127967**	**103765**	**99480**	**40034**	**38006**	**44581**	**42758**
朝阳区	62240	59029	47382	45244	18610	17888	20418	19085
丰台区	23870	22331	18635	17523	6975	6509	7989	7664
石景山区	9642	9459	7813	7687	3009	2848	3315	3349
海淀区	38230	37148	29935	29026	11440	10761	12859	12660
城市发展新区	**68203**	**65182**	**52451**	**49438**	**20056**	**18836**	**21398**	**20092**
房山区	13236	12854	9656	9344	3644	3516	3855	3768
通州区	11922	11129	9436	8769	3593	3362	3609	3380
顺义区	9973	9947	7759	7441	3291	3127	2886	2693
昌平区	18492	17458	14177	13187	5260	4810	6419	5938
大兴区	14580	13794	11423	10697	4268	4021	4629	4313
生态涵养发展区	**21287**	**21026**	**16689**	**16249**	**6912**	**6608**	**6198**	**6135**
门头沟区	4602	4476	3532	3376	1225	1170	1478	1440
怀柔区	4315	4179	3373	3291	1437	1387	1129	1130
平谷区	4785	4720	3747	3678	1549	1530	1498	1479
密云区	4581	4697	3594	3590	1666	1580	1188	1204
延庆区	3004	2954	2443	2314	1035	941	905	882

注：本表全市数据除床位数外均包含驻京部队医院情况，分区数据不包含驻京部队医院，所以分区数据相加不等于全市。

资料来源：北京市卫生和计划生育委员会。

3-65 续表

各区	卫生机构实有床位数（张）		#医院		每千常住人口执业（助理）医师数（人）		每千常住人口注册护士数（人）		每千常住人口医院床位数（张）	
	2016	2015	2016	2015	2016	2015	2016	2015	2016	2015
全市	**116963**	**111555**	110021	**104644**	**4.64**	**4.44**	**5.42**	**5.27**	**5.06**	**4.82**
首都功能核心区	**26783**	**26650**	**26578**	**26435**	**10.49**	**9.89**	**12.11**	**11.64**	**12.44**	**12.00**
东城区	11175	11046	11020	10888	11.53	10.82	12.04	11.38	12.55	12.03
西城区	15608	15604	15558	15547	9.77	9.24	12.15	11.82	12.36	11.98
城市功能拓展区	**49213**	**45483**	**47405**	**43854**	**3.87**	**3.58**	**4.31**	**4.02**	**4.59**	**4.13**
朝阳区	22222	20075	21434	19382	4.83	4.51	5.30	4.80	5.56	4.90
丰台区	10045	9534	9894	9428	3.09	2.80	3.54	3.30	4.39	4.06
石景山区	4595	4636	4535	4576	4.75	4.37	5.23	5.14	7.15	7.02
海淀区	12351	11238	11542	10468	3.18	2.91	3.58	3.43	3.21	2.83
城市发展新区	**31702**	**30213**	**28334**	**26708**	**2.75**	**2.70**	**2.93**	**2.88**	**3.88**	**3.83**
房山区	6641	6362	5899	5608	3.32	3.36	3.52	3.60	5.38	5.36
通州区	3651	3494	2860	2669	2.52	2.44	2.53	2.45	2.00	1.94
顺义区	3516	3430	2751	2569	3.06	3.13	2.68	2.75	2.56	2.52
昌平区	10882	10147	10535	9819	2.62	2.45	3.19	3.02	5.24	5.00
大兴区	7012	6780	6289	6043	2.52	2.57	2.73	2.76	3.71	3.87
生态涵养发展区	**9265**	**9209**	**7704**	**7647**	**3.54**	**3.46**	**3.18**	**3.22**	**3.95**	**4.01**
门头沟区	2863	2858	2415	2413	3.93	3.80	4.75	4.68	7.77	7.83
怀柔区	1681	1683	1456	1456	3.66	3.61	2.87	2.94	3.70	3.79
平谷区	2007	2020	1687	1700	3.54	3.62	3.43	3.50	3.86	4.02
密云区	1700	1666	1358	1322	3.45	3.30	2.46	2.51	2.81	2.76
延庆区	1014	982	788	756	3.17	3.00	2.77	2.81	2.41	2.41

3-66 医院工作情况

各　区	诊疗人次数(千人次)		#门　诊		健康检查人次(千人次)	
	2016	2015	2016	2015	2016	2015
全　市	**172674.1**	**163497.9**	**144544.2**	**136284.0**	**3427.7**	**3446.0**
首都功能核心区	**51339.2**	**48965.0**	**48552.7**	**46413.5**	**699.1**	**703.8**
东 城 区	22111.5	20779.2	21019.2	19767.8	352.5	357.0
西 城 区	29227.7	28185.9	27533.4	26645.7	346.6	346.8
城市功能拓展区	**62983.7**	**59827.6**	**58560.3**	**55781.3**	**1626.3**	**1655.3**
朝 阳 区	28016.6	26987.9	25920.4	25044.4	723.8	670.6
丰 台 区	11124.4	10292.4	10225.6	9477.6	256.1	252.8
石景山区	4193.2	4116.9	3935.6	3890.1	122.6	172.7
海 淀 区	19649.5	18430.4	18478.7	17369.1	523.7	559.2
城市发展新区	**29764.8**	**26973.3**	**27208.2**	**24799.1**	**742.9**	**713.5**
房 山 区	6600.4	6650.0	6157.2	6256.6	116.9	122.8
通 州 区	5186.0	4743.5	4650.0	4263.0	98.4	114.2
顺 义 区	5055.1	4385.4	4624.7	4034.0	206.5	178.5
昌 平 区	7060.3	5955.7	6439.1	5459.6	204.2	170.5
大 兴 区	5862.9	5238.7	5337.2	4786.0	116.9	127.5
生态涵养发展区	**11154.3**	**10083.7**	**10223.0**	**9290.1**	**359.4**	**373.4**
门头沟区	2322.6	2057.6	2149.0	1926.0	74.4	80.7
怀 柔 区	2279.1	2037.3	2062.3	1847.7	97.4	94.0
平 谷 区	2483.5	2357.7	2263.9	2159.4	54.3	53.3
密 云 区	2662.5	2383.0	2425.8	2179.5	69.5	76.6
延 庆 区	1406.6	1248.1	1322.0	1177.4	63.9	68.8

注：本表全市数据包含驻京部队医院情况，分区数据不包含驻京部队医院，所以分区数据相加不等于全市。

资料来源：北京市卫生和计划生育委员会。

3-66 续表

各　区	平均开放病床数(张)		入院人数(千人次)	
	2016	2015	2016	2015
全　市	**105984.1**	**101936.1**	**2975.4**	**2657.6**
首都功能核心区	**26179.0**	**26035.5**	**995.0**	**915.5**
东 城 区	10858.6	10850.5	398.7	367.0
西 城 区	15320.5	15185.0	596.3	548.4
城市功能拓展区	**45127.6**	**42449.9**	**1278.2**	**1133.5**
朝 阳 区	20261.0	18517.4	618.1	526.9
丰 台 区	9551.5	9249.6	197.1	176.7
石景山区	4321.1	4413.5	93.7	89.0
海 淀 区	10994.0	10269.5	369.2	341.0
城市发展新区	**27127.5**	**25877.0**	**524.6**	**448.3**
房 山 区	5795.2	5623.4	128.4	117.1
通 州 区	2634.6	2487.6	72.6	64.5
顺 义 区	2604.4	2378.2	59.2	50.3
昌 平 区	10060.9	9466.2	113.2	84.5
大 兴 区	6032.4	5921.7	151.1	131.9
生态涵养发展区	**7549.9**	**7573.7**	**177.7**	**160.4**
门头沟区	2371.9	2402.3	35.0	30.2
怀 柔 区	1436.2	1422.7	35.9	31.0
平 谷 区	1677.8	1684.4	50.4	50.9
密 云 区	1305.2	1308.3	35.7	30.4
延 庆 区	758.8	756.0	20.7	17.9

3-67 社区卫生服务机构情况(2016年)

各 区	社区卫生服务机构专业技术人员数(人)	#全科医生	#社区护士	总诊疗人次数(千人次)	#门 诊	#急 诊
全 市	**27343**	**12109**	**8241**	**52636.5**	**50847.8**	**1264.9**
首都功能核心区	**2876**	**1291**	**1028**	5838.4	5787.6	0.1
东 城 区	1099	486	421	2379.9	2370.9	0.0
西 城 区	1777	805	607	3458.5	3416.8	0.1
城市功能拓展区	**11755**	**5267**	**3742**	**28193.7**	**27342.5**	**550.3**
朝 阳 区	4555	2085	1456	10339.6	10196.0	112.2
丰 台 区	2752	1164	832	6357.2	6229.3	110.6
石景山区	874	391	294	1999.3	1966.1	22.8
海 淀 区	3574	1627	1160	9497.6	8951.2	304.7
城市发展新区	**8878**	**3725**	**2538**	**13057.4**	**12603.1**	**359.1**
房 山 区	1444	678	351	2391.3	2327.0	32.0
通 州 区	1851	761	491	2780.7	2657.9	99.7
顺 义 区	1583	723	398	2125.4	2075.2	45.3
昌 平 区	1479	606	510	2396.2	2342.1	34.5
大 兴 区	2521	957	788	3363.9	3200.9	147.7
生态涵养发展区	**3834**	**1826**	**933**	**5547.0**	**5114.6**	**355.4**
门头沟区	557	217	178	546.2	516.5	3.5
怀 柔 区	673	310	155	935.4	914.4	14.8
平 谷 区	912	513	175	1149.5	1096.3	35.6
密 云 区	973	423	250	1873.3	1586.9	264.5
延 庆 区	719	363	175	1042.6	1000.4	37.0

资料来源：北京市卫生和计划生育委员会。

3-68 北京地区社会保险情况(2016年)

单位：人

各 区	参加基本养老保险人数	#参加基本养老保险职工人数	参加基本医疗保险人数	#参加基本医疗保险职工人数	参加失业保险人数
全 市	**14590760**	**12162380**	**15176243**	**12398665**	**11175010**
首都功能核心区	**3354772**	**2655860**	**3735436**	**2804737**	**2486912**
东 城 区	1427206	1157017	1605250	1233085	1087945
西 城 区	1927566	1498843	2130186	1571652	1398967
城市功能拓展区	**7020740**	**5965787**	**7621924**	**6362687**	**5440530**
朝 阳 区	3125256	2663699	3275946	2756472	2363138
丰 台 区	894067	694060	995693	752250	638421
石景山区	424431	293930	462195	323293	275298
海 淀 区	2576986	2314098	2888090	2530672	2163673
城市发展新区	**2719740**	**2382451**	**2834455**	**2436186**	**2135736**
房 山 区	349542	269851	382453	289550	264099
通 州 区	474104	406452	502647	424304	365695
顺 义 区	582684	524328	575650	507056	460045
昌 平 区	427693	361822	493510	413940	350342
大 兴 区	493935	434333	528073	455369	379146
北京经济技术开发区	391782	385665	352122	345967	316409
生态涵养发展区	**886483**	**736797**	**984428**	**795055**	**697321**
门头沟区	214094	154338	226055	159448	146493
怀 柔 区	199836	182030	213647	188421	171630
平 谷 区	193305	164129	209455	172084	151112
密 云 区	189031	164258	217325	182904	156176
延 庆 区	90217	72042	117946	92198	71910
其 他	**609025**	**421485**			**414511**

注：表中“其他”分组指社会保险代办机构。
资料来源：北京市人力资源和社会保障局。

3-69 新型农村合作医疗情况(2016年)

单位：万人

各　区	2016年	2015年
全　市	**211.91**	**223.94**
城市功能拓展区	**18.54**	**21.89**
朝 阳 区	7.48	7.96
丰 台 区	7.70	8.03
海 淀 区	3.35	5.91
城市发展新区	**119.63**	**126.58**
房 山 区	25.84	27.71
通 州 区	28.16	29.79
顺 义 区	23.80	25.06
昌 平 区	16.10	16.68
大 兴 区	25.73	27.35
生态涵养发展区	**73.74**	**75.46**
门头沟区	3.97	4.08
怀 柔 区	11.36	11.80
平 谷 区	17.41	17.98
密 云 区	25.40	25.74
延 庆 区	15.60	15.86

资料来源：2015年及以前数据来源于北京市卫生和计划生育委员会，自2016年起数据由北京市人力资源和社会保障局提供。

3-70 收养性单位、社区服务情况(2016年)

各 区	收养性单位数 (个)	收养性单位床位数 (张)	社区服务机构数 (个)	
				#社区服务中心数
全 市	**641**	**143470**	**11913**	**198**
市本级	**28**	**15871**	**394**	
首都功能核心区	**64**	**8402**	**1209**	**32**
东 城 区	24	3006	474	17
西 城 区	40	5396	735	15
城市功能拓展区	**223**	**59933**	**3175**	**87**
朝 阳 区	61	16659	1104	38
丰 台 区	59	14615	686	16
石景山区	17	4528	377	9
海 淀 区	86	24131	1008	24
城市发展新区	**183**	**37941**	**4153**	**60**
房 山 区	50	7479	1039	11
通 州 区	19	5103	675	6
顺 义 区	20	3369	1129	25
昌 平 区	60	15910	608	8
大 兴 区	34	6080	702	10
生态涵养发展区	**143**	**21323**	**2982**	**19**
门头沟区	15	2076	573	5
怀 柔 区	25	3161	855	3
平 谷 区	35	5648	367	6
密 云 区	31	4536	694	2
延 庆 区	37	5902	493	3

资料来源：北京市民政局。

3-71 社会组织情况

单位：个

各　区	2016	2015
全　市	**10754**	**9721**
市本级	**3421**	**2788**
首都功能核心区	**1182**	**1138**
东 城 区	602	558
西 城 区	580	580
城市功能拓展区	**2569**	**2401**
朝 阳 区	882	827
丰 台 区	467	453
石景山区	297	263
海 淀 区	923	858
城市发展新区	**2121**	**1968**
房 山 区	406	373
通 州 区	356	337
顺 义 区	371	341
昌 平 区	494	464
大 兴 区	494	453
生态涵养发展区	**1461**	**1426**
门头沟区	209	203
怀 柔 区	449	439
平 谷 区	338	335
密 云 区	246	230
延 庆 区	219	219

注：社会组织包含社会团体、民办非企业单位、基金会。
资料来源：北京市民政局。

3–72 体育场地情况(2013年)

单位：个

各　区	体育场地数	#体育场	#体育馆	#游泳场馆	#各种训练房
全　市	**20075**	**131**	**70**	**590**	**2836**
首都功能核心区	**1756**	**10**	**6**	**104**	**367**
东 城 区	698	3	2	57	197
西 城 区	1058	7	4	47	170
城市功能拓展区	**6487**	**51**	**37**	**290**	**797**
朝 阳 区	2600	9	7	188	408
丰 台 区	1275	4	3	31	192
石景山区	213	2	5	12	27
海 淀 区	2399	36	22	59	170
城市发展新区	**8372**	**63**	**19**	**176**	**1350**
房 山 区	1545	9	4	11	86
通 州 区	950	14	5	18	53
顺 义 区	2285	10	5	51	567
昌 平 区	2143	10	5	72	465
大 兴 区	1449	20		24	179
生态涵养发展区	**3460**	**7**	**8**	**20**	**322**
门头沟区	464		1	3	63
怀 柔 区	757	2	1	6	90
平 谷 区	794	1	1	3	96
密 云 区	770	1	4	3	42
延 庆 区	675	3	1	5	31

注：本表数据为第六次全国体育场地普查数据（时点为2013年12月31日）。

资料来源：北京市体育局。

3-73 城乡居民最低生活保障人数

单位：人

各 区	城市居民最低生活保障人数		农村居民最低生活保障人数	
	2016	2015	2016	2015
全 市	**81882**	**84860**	**46779**	**48850**
市本级	**1634**	**1673**		
首都功能核心区	**30809**	**31558**		
东 城 区	12487	12995		
西 城 区	18322	18563		
城市功能拓展区	**35549**	**35532**	**1089**	**1219**
朝 阳 区	12367	12439	692	810
丰 台 区	9866	9631	289	276
石景山区	7936	8068		
海 淀 区	5380	5394	108	133
城市发展新区	**5237**	**5654**	**18914**	**20082**
房 山 区	1662	1852	6203	6709
通 州 区	1564	1757	4755	5131
顺 义 区	490	497	3852	3956
昌 平 区	753	777	1948	1987
大 兴 区	768	771	2156	2299
生态涵养发展区	**8653**	**10443**	**26776**	**27549**
门头沟区	5639	6082	1810	1941
怀 柔 区	698	726	3791	4016
平 谷 区	765	2056	5769	6177
密 云 区	1086	1114	11123	11132
延 庆 区	465	465	4283	4283

资料来源：北京市民政局。

3-74 优抚及主要救助对象情况(2016年)

单位：人

各 区	抚恤补助优抚对象人数	定期抚恤人数	定期补助人数	伤残人数	社会救助对象人数
全 市	**45044**	**1512**	**31669**	**11863**	**133135**
市本级					**1634**
首都功能核心区	**2387**	**164**	**200**	**2023**	**30809**
东城区	917	70	62	785	12487
西城区	1470	94	138	1238	18322
城市功能拓展区	**10926**	**569**	**3750**	**6607**	**36731**
朝阳区	3450	116	1391	1943	13081
丰台区	2617	121	1200	1296	10183
石景山区	703	60	43	600	7936
海淀区	4156	272	1116	2768	5531
城市发展新区	**20217**	**401**	**17903**	**1913**	**25318**
房山区	4861	81	4325	455	8439
通州区	4524	73	4071	380	6482
顺义区	4739	110	4225	404	4510
昌平区	2712	95	2240	377	2798
大兴区	3381	42	3042	297	3089
生态涵养发展区	**11514**	**378**	**9816**	**1320**	**38643**
门头沟区	707	30	521	156	7777
怀柔区	2402	107	1944	351	5652
平谷区	2913	76	2579	258	6788
密云区	3193	101	2761	331	12922
延庆区	2299	64	2011	224	5504

资料来源：北京市民政局。

3-75 婚姻登记情况

各 区	登记结婚人数(人)		初婚人数(人)		再婚人数(人)		#女 性		离婚登记对数(对)	
	2016	2015	2016	2015	2016	2015	2016	2015	2016	2015
全 市	**332414**	**332036**	**200750**	**229546**	**131664**	**102490**	**64185**	**49274**	**97583**	**73000**
市本级										
首都功能核心区	**71710**	**67956**	**45328**	**47512**	**26382**	**20444**	**12616**	**9657**	**19456**	**14376**
东 城 区	30272	27182	19366	19051	10906	8131	5198	3841	8205	6054
西 城 区	41438	40774	25962	28461	15476	12313	7418	5816	11251	8322
城市功能拓展区	**140856**	**144744**	**84901**	**98582**	**55955**	**46162**	**26867**	**21824**	**42160**	**33523**
朝 阳 区	50164	49440	30030	32210	20134	17230	9669	8188	15384	12683
丰 台 区	22796	23730	12873	15660	9923	8070	4788	3828	6980	5757
石景山区	9484	9328	5548	6116	3936	3212	1923	1535	2944	2087
海 淀 区	58412	62246	36450	44596	21962	17650	10487	8273	16852	12996
城市发展新区	**84754**	**82624**	**50045**	**57570**	**34709**	**25054**	**17282**	**12252**	**24663**	**17387**
房 山 区	18134	18586	10833	13246	7301	5340	3683	2659	5742	3824
通 州 区	18992	17436	11496	12011	7496	5425	3706	2618	4642	3416
顺 义 区	16442	16334	9585	11721	6857	4613	3421	2273	5041	3372
昌 平 区	13334	12872	7531	8714	5803	4158	2865	2003	4283	2854
大 兴 区	17852	17396	10600	11878	7252	5518	3607	2699	4955	3921
生态涵养发展区	**35094**	**36712**	**20476**	**25882**	**14618**	**10830**	**7420**	**5541**	**11304**	**7714**
门头沟区	5076	5224	2928	3546	2148	1678	1078	841	1465	1113
怀 柔 区	5848	5868	3511	4085	2337	1783	1186	906	1799	1180
平 谷 区	9404	10022	5502	7355	3902	2667	1987	1369	3206	2030
密 云 区	8984	8668	4866	5934	4118	2734	2074	1400	3451	2152
延 庆 区	5782	6930	3669	4962	2113	1968	1095	1025	1383	1239

注：离婚登记对数不含法院判离数。
资料来源：北京市民政局。

3-76 全市基层法律服务所主要工作情况

各　区	担任法律顾问（家）		代理诉讼事务（件）		代理非诉讼事务（件）		解答法律询问（人次）	
	2016	2015	2016	2015	2016	2015	2016	2015
全　市	**2223**	**2271**	**5320**	**6747**	**2391**	**3004**	**97931**	**86426**
首都功能核心区	**78**	**95**	**125**	**372**	**111**	**197**	**25990**	**16450**
东城区	40	55	36	145	48	97	7029	2798
西城区	38	40	89	227	63	100	18961	13652
城市功能拓展区	**664**	**422**	**863**	**928**	**478**	**354**	**25367**	**15876**
朝阳区	410	227	184	307	50	59	15542	8726
丰台区	196	136	378	197	316	163	1122	1465
石景山区	11	11	51	80	19	19	711	494
海淀区	47	48	250	344	93	113	7992	5191
城市发展新区	**969**	**1237**	**3084**	**3877**	**955**	**1644**	**31083**	**37041**
房山区	742	34	592	435	138	121	8387	1488
通州区	30	835	120	803	54	154	4264	4859
顺义区	130	171	773	1703	227	1114	9882	18062
昌平区	62	168	802	815	157	225	2868	8766
大兴区	5	29	797	121	379	30	5682	3866
生态涵养发展区	**512**	**517**	**1248**	**1570**	**847**	**809**	**15491**	**17059**
门头沟区	2	2	39		2		442	318
怀柔区			361	223	9		1758	832
平谷区	17	19	332	318	136	81	1504	1879
密云区	36	70	50	423	23	23	3229	4678
延庆区	457	426	466	606	677	705	8558	9352

资料来源：北京市司法局。

3-77　全市公证处总办证量情况(2016年)

单位：件

各　区	总办证量	国内公证业务	涉外公证业务	涉港澳公证业务	涉台公证业务
全　市	**1268346**	**761567**	**500913**	**2996**	**2870**
首都功能核心区	**994813**	**616380**	**373235**	**2328**	**2870**
东 城 区	324525	138880	182397	1242	2006
西 城 区	670288	477500	190838	1086	864
城市功能拓展区	**192420**	**83473**	**108376**	**571**	
朝 阳 区	24975	13081	11829	65	
丰 台 区	14973	6351	8572	50	
石景山区	13002	6076	6908	18	
海 淀 区	139470	57965	81067	438	
城市发展新区	**62145**	**50451**	**11656**	**38**	
房 山 区	13672	11614	2051	7	
通 州 区	24345	21220	3113	12	
顺 义 区	4163	2895	1255	13	
昌 平 区	1515	731	778	6	
大 兴 区	18450	13991	4459		
生态涵养发展区	**11469**	**9240**	**2229**		
门头沟区	3596	2855	741		
怀 柔 区	3246	2485	761		
平 谷 区	2447	2184	263		
密 云 区	1838	1490	348		
延 庆 区	342	226	116		

注：本表部分指标各区合计数不等于全市数据。

资料来源：北京市司法局。

3-78 刑事案件立案及破案情况

单位：起

各 区	刑事案件立案数		刑事案件破案数	
	2016	2015	2016	2015
全 市	**150312**	**174379**	**65376**	**115807**
首都功能核心区	**15218**	**20571**	**5742**	**14350**
东 城 区	6594	7466	2363	4513
西 城 区	8624	13105	3379	9837
城市功能拓展区	**79514**	**93570**	**36959**	**63996**
朝 阳 区	38155	38778	15887	25803
丰 台 区	15998	21660	7214	12837
石景山区	3021	3739	1095	2373
海 淀 区	22340	29393	12763	22983
城市发展新区	**41655**	**44251**	**15255**	**27048**
房 山 区	7306	8372	3546	4773
通 州 区	8076	9172	3438	5503
顺 义 区	7493	6390	3802	5732
昌 平 区	10553	9839	1883	5349
大 兴 区	8227	10478	2586	5691
生态涵养发展区	**7183**	**9199**	**3775**	**6936**
门头沟区	1057	1780	324	1455
怀 柔 区	1497	1766	896	1505
平 谷 区	1766	2437	1082	1746
密 云 区	1839	2121	1011	1270
延 庆 区	1024	1095	462	960
其 他	**6742**	**6788**	**3645**	**3477**

资料来源：北京市公安局。

3-79 火灾事故情况(2016年)

各　区	火灾事故起数(起)	火灾事故死亡人数(人)	火灾事故直接经济损失额(万元)
全　市	**4296**	**56**	**5957.4**
首都功能核心区	**210**	**4**	**388.5**
东 城 区	126	3	90.5
西 城 区	84	1	298.0
城市功能拓展区	**1939**	**30**	**2681.1**
朝 阳 区	827	19	1219.3
丰 台 区	392	5	738.4
石景山区	70	3	281.9
海 淀 区	650	3	441.4
城市发展新区	**1557**	**16**	**2116.2**
房 山 区	226	1	206.6
通 州 区	350	2	137.8
顺 义 区	263	5	636.7
昌 平 区	381	5	439.7
大 兴 区	337	3	695.4
生态涵养发展区	**579**	**6**	**707.0**
门头沟区	55	1	77.2
怀 柔 区	99	1	148.3
平 谷 区	241	1	183.9
密 云 区	92		239.5
延 庆 区	92	3	58.1
其　他	**11**		**64.6**

资料来源：北京市公安局消防局。

3-80　交通事故情况(2016年)

各　区	交通事故起数(起)	交通事故死亡人数(人)	交通事故直接经济损失(万元)
全　市	**3160**	**1359**	**2817.3**
首都功能核心区	**173**	**50**	**253.0**
东 城 区	104	21	19.4
西 城 区	69	29	233.6
城市功能拓展区	**967**	**337**	**764.8**
朝 阳 区	346	173	188.3
丰 台 区	253	66	171.7
石景山区	63	8	72.8
海 淀 区	305	90	332.0
城市发展新区	**1584**	**683**	**1318.8**
房 山 区	227	124	121.1
通 州 区	437	124	271.9
顺 义 区	381	189	460.0
昌 平 区	235	104	174.7
大 兴 区	304	142	291.1
生态涵养发展区	**414**	**279**	**474.4**
门头沟区	47	19	38.4
怀 柔 区	43	41	64.8
平 谷 区	101	80	58.6
密 云 区	140	90	245.7
延 庆 区	83	49	66.9
其　他	**22**	**10**	**6.5**

资料来源：北京市公安局公安交通管理局。

3-81 生产安全情况(2016年)

各 区	生产安全事故数 (起)	生产安全死亡人数 (人)
全 市	**115**	**117**
首都功能核心区	**3**	**3**
东 城 区	2	2
西 城 区	1	1
城市功能拓展区	**60**	**62**
朝 阳 区	27	27
丰 台 区	11	13
石景山区	5	5
海 淀 区	17	17
城市发展新区	**35**	**35**
房 山 区	6	6
通 州 区	4	4
顺 义 区	7	7
昌 平 区	6	6
大 兴 区	12	12
北京经济技术开发区		
生态涵养发展区	**17**	**17**
门头沟区	7	7
怀 柔 区	3	3
平 谷 区	2	2
密 云 区	4	4
延 庆 区	1	1
其 他		

资料来源：北京市安全生产监督管理局。

3-82 污水处理情况(2016年)

各区	污水处理厂(站)数(座)	污水排放量(万立方米)	污水处理量(万立方米)
全　市	**58**	**169748**	**152807**
城六区	**22**	**111690**	**109456**
城市发展新区	**29**	**45975**	**34011**
房山区	7	9650	7641
通州区	5	9075	5914
顺义区	4	6611	5173
昌平区	7	9020	5773
大兴区	4	7787	5679
北京经济技术开发区	2	3832	3832
生态涵养发展区	**7**	**12083**	**9339**
门头沟区	2	1734	1251
怀柔区	1	3451	2727
平谷区	2	3040	2381
密云区	1	2223	1654
延庆区	1	1635	1326

资料来源：北京市水务局。

3-83 环境基本情况(2016年)

各　区	二氧化硫(SO_2)年均浓度值(微克/立方米)	二氧化氮(NO_2)年均浓度值(微克/立方米)	可吸入颗粒物年均浓度值(微克/立方米)	细颗粒物(PM2.5)年均浓度值(微克/立方米)	林木绿化率(%)
全　市	**10**	**48**	**92**	**73**	**59.3**
首都功能核心区					
东 城 区	11	51	95	77	19.1
西 城 区	12	53	98	78	14.6
城市功能拓展区					
朝 阳 区	12	51	91	75	25.2
丰 台 区	11	53	99	79	39.8
石景山区	11	50	107	78	40.6
海 淀 区	11	58	87	72	40.7
城市发展新区					
房 山 区	15	57	102	83	60.9
通 州 区	15	55	98	80	32.4
顺 义 区	10	43	82	71	36.6
昌 平 区	8	46	85	61	66.9
大 兴 区	15	56	107	89	29.7
生态涵养发展区					
门头沟区	10	42	91	68	67.2
怀 柔 区	7	28	77	61	79.1
平 谷 区	11	30	85	70	71.4
密 云 区	8	32	75	61	72.8
延 庆 区	10	34	74	60	71.0

资料来源：北京市环境保护局、北京市园林绿化局提供。

3-84 垃圾处理情况(2016年)

各　区	垃圾无害化处理场(厂)个数 (个)	生活垃圾转运站个数 (个)	生活垃圾无害化处理量 (万吨)	生活垃圾无害化处理率(按垃圾清运量计算) (%)
全　市	**24**	**9**	**871.20**	**99.84**
首都功能核心区			**113.45**	
东 城 区			49.31	100.00
西 城 区			64.14	100.00
城市功能拓展区	**6**	**6**	**439.66**	
朝 阳 区	3	2	218.54	100.00
丰 台 区	1	2	97.39	100.00
石景山区		1	20.45	100.00
海 淀 区	2	1	103.28	100.00
城市发展新区	**9**	**2**	**251.13**	
房 山 区	2	1	27.15	100.00
通 州 区	1	1	35.98	99.26
顺 义 区	1		36.05	99.48
昌 平 区	2		74.81	99.61
大 兴 区	3		77.14	99.91
生态涵养发展区	**9**	**1**	**66.96**	
门头沟区	2	1	9.30	100.00
怀 柔 区	2		17.87	97.12
平 谷 区	1		13.58	100.00
密 云 区	1		19.02	100.00
延 庆 区	3		7.19	99.17

资料来源：北京市城市管理委员会。

第四章

开发区

简要说明

一、本章资料的主要内容

本章资料包括 3 家国家级开发区及 16 家北京市级开发区的规划面积、产值、利润、从业人员等主要指标情况。

二、本章资料的数据来源

本章资料主要由北京市统计局提供，4—2 表由北京经济技术开发区统计局提供。

三、本章资料的统计范围情况

本章资料包括 3 家国家级开发区（北京经济技术开发区、中关村国家自主创新示范区、北京天竺综合保税区）和 16 家北京市级开发区的主要情况。

2012 年底，国务院批复了中关村示范区空间规模和布局调整的方案，从 2013 年起，中关村国家自主创新示范区中部分园区的空间规模和布局进行了扩大调整，其中，昌平园和西城园规划面积变化较大，平谷园、门头沟园、房山园、顺义园、密云园、怀柔园和延庆园 7 个园区纳入中关村国家自主创新示范区统计范围。

北京市开发区情况框架图

开发区	国家级（3个）	北京经济技术开发区
		中关村国家自主创新示范区
		中关村国家自主创新示范区海淀园
		中关村国家自主创新示范区丰台园
		中关村国家自主创新示范区昌平园
		中关村国家自主创新示范区朝阳园
		中关村国家自主创新示范区亦庄园
		中关村国家自主创新示范区西城园
		中关村国家自主创新示范区东城园
		中关村国家自主创新示范区石景山园
		中关村国家自主创新示范区通州园
		中关村国家自主创新示范区大兴园
		中关村国家自主创新示范区平谷园
		中关村国家自主创新示范区门头沟园
		中关村国家自主创新示范区房山园
		中关村国家自主创新示范区顺义园
		中关村国家自主创新示范区密云园
		中关村国家自主创新示范区怀柔园
		中关村国家自主创新示范区延庆园
		北京天竺综合保税区
	市级（16个）	北京石龙经济开发区
		北京良乡经济开发区
		北京大兴经济开发区
		北京通州经济开发区
		北京雁栖经济开发区
		北京兴谷经济开发区
		北京密云经济开发区
		北京林河经济开发区
		北京天竺空港经济开发区
		北京八达岭经济开发区
		北京永乐经济开发区
		北京延庆经济开发区
		北京昌平小汤山工业园区
		北京采育经济开发区
		北京房山工业园区
		北京马坊工业园区

注：开发区情况截止到2016年末。

4-1 开发区基本情况(2016年)

项　　目		国家级	市 级
开发区个数	(个)	3	16
区规划总面积	(公顷)	45395.9	9252.6
累计已开发土地面积	(公顷)	31549.3	6644.2
累计已供应土地面积	(公顷)	29020.8	5271.0
累计已建成城镇建设用地面积	(公顷)	26087.8	5198.0
累计招商项目企业个数	(个)	59429	20647
累计招商项目总投资	(亿元)	20612.2	3526.6
累计招商项目注册资本	(亿元)	19373.8	2586.5
#三资企业	(亿元)	2557.4	346.8
累计招商项目合同外资金额	(亿美元)	315.5	55.2
累计招商项目外商实际投资	(亿美元)	250.0	62.5
固定资产投资	(亿元)	1010.0	111.2
总收入	(亿元)	49765.3	5022.1
工业总产值	(亿元)	10185.8	1345.5
工业销售产值	(亿元)	9956.0	1325.3
利润总额	(亿元)	3775.5	298.8
应缴税金	(亿元)	2331.4	205.2

注：1.本表中的开发区包括北京市级及国家级开发区情况。
2.表内“累计”指自开始至年末的累计数。
3.本表“总收入”、“工业总产值”、“工业销售产值”、“利润总额”和“应缴税金”数据的统计范围为注册在开发区内的规模(限额)以上法人单位。

4-2 北京经济技术开发区主要指标

项目		2016	2015
规划面积	（公顷）	4680	4680
累计征用土地面积	（公顷）	4924	4924
工业总产值	（亿元）	2842.5	2555.5
#高新技术产业	（亿元）	2581.7	2333.2
销售(营业)收入	（亿元）	8044.2	6670.7
利润总额	（亿元）	399.7	384.6
进出口总值	（亿美元）	157.2	146.6
出　口	（亿美元）	49.5	52.6
进　口	（亿美元）	107.7	94.0
公共财政预算收入	（亿元）	169.3	134.9
公共财政预算支出	（亿元）	163.2	145.4
实际利用外资	（亿美元）	3.1	3.0
固定资产投资	（亿元）	386.7	397.6
从业人员期末人数	（人）	345490	314059
从业人员工资总额	（万元）	3382429	3140220

注：工业总产值、销售(营业)收入和利润总额指标的统计范围是规模(限额)以上法人单位（下同）。

4-3 中关村国家自主创新示范区主要指标

项目		2016	2015
规划总面积	(公顷)	42799.5	42799.5
累计已开发土地面积	(公顷)	30177.8	28779.0
累计已供应土地面积	(公顷)	24756.0	23700.4
累计已建成城镇建设用地	(公顷)	24816.6	23367.4
投产(开业)企业个数	(个)	19869	18535
#高新技术企业	(个)	11256	10060
#工业企业	(个)	3268	3343
#三资企业	(个)	1475	1556
总投资	(万元)	23397998	24968057
#工业企业	(万元)	732220	2166211
#三资企业	(万元)	1439476	2806869
注册资本	(万元)	32305901	21199844
合同外资金额	(万美元)	237046	229304
外商实际投资	(万美元)	209784	191606
工业总产值	(万元)	99377105	95616998
工业销售产值	(万元)	97148987	89724276
#出口交货值	(万元)	7196708	7201007
总收入	(万元)	460476182	408119156
#技术收入	(万元)	75803740	66235839
利润总额	(万元)	37325320	34045288
#高新技术企业	(万元)	20127837	18528057
应缴税金总额	(万元)	23140967	20381399
固定资产投资	(万元)	7410788	6721912
从业人员期末人数	(人)	2482615	2316372

4-3 续表1 海淀园主要指标

项目		2016	2015
规划总面积	(公顷)	17430.6	17430.6
累计已开发土地面积	(公顷)	13930.3	13764.1
累计已供应土地面积	(公顷)	13673.2	13624.6
累计已建成城镇建设用地	(公顷)	13506.3	13324.3
投产(开业)企业个数	(个)	9886	9073
#高新技术企业	(个)	6441	5529
#工业企业	(个)	768	804
#三资企业	(个)	676	728
总投资	(万元)	10724174	12330810
#工业企业	(万元)	153127	483650
#三资企业	(万元)	624548	1808867
注册资本	(万元)	19667944	8600855
合同外资金额	(万美元)	119478	174460
外商实际投资	(万美元)	90514	132256
工业总产值	(万元)	21399578	22707130
工业销售产值	(万元)	20855534	21842414
#出口交货值	(万元)	1084937	902202
总收入	(万元)	183553601	163573321
#技术收入	(万元)	40760999	35209303
利润总额	(万元)	14078899	11807509
#高新技术企业	(万元)	9977053	7598023
应缴税金总额	(万元)	7467517	6450901
固定资产投资	(万元)	1358662	1368417
从业人员期末人数	(人)	1091198	1013888

4-3 续表2 丰台园主要指标

项　　　　目		2016	2015
规划总面积	（公顷）	1763	1763
累计已开发土地面积	（公顷）	367.5	330.7
累计已供应土地面积	（公顷）	237.4	237.4
累计已建成城镇建设用地	（公顷）	191.6	181.7
投产（开业）企业个数	（个）	1877	1828
#高新技术企业	（个）	604	559
#工业企业	（个）	253	276
#三资企业	（个）	61	66
总投资	（万元）	4296564	3682037
#工业企业	（万元）		
#三资企业	（万元）		
注册资本	（万元）	4296564	3682037
合同外资金额	（万美元）		
外商实际投资	（万美元）		
工业总产值	（万元）	2766149	2854958
工业销售产值	（万元）	2716510	2865592
#出口交货值	（万元）	79543	104258
总收入	（万元）	44032802	40041748
#技术收入	（万元）	5039013	4684564
利润总额	（万元）	3456339	2992449
#高新技术企业	（万元）	880048	1190912
应缴税金总额	（万元）	1387033	1285076
固定资产投资	（万元）	1280000	831000
从业人员期末人数	（人）	173869	170191

4-3 续表3 昌平园主要指标

项目		2016	2015
规划总面积	(公顷)	5140	5140
累计已开发土地面积	(公顷)	2890.7	2209.7
累计已供应土地面积	(公顷)	2306.3	2017.4
累计已建成城镇建设用地	(公顷)	2766.3	1868.6
投产(开业)企业个数	(个)	2456	2338
#高新技术企业	(个)	794	636
#工业企业	(个)	655	704
#三资企业	(个)	123	143
总投资	(万元)	2210530	2365741
#工业企业	(万元)	158334	120161
#三资企业	(万元)	4848	31447
注册资本	(万元)	2211352	2354316
合同外资金额	(万美元)	730	1665
外商实际投资	(万美元)	730	1665
工业总产值	(万元)	8831359	10726402
工业销售产值	(万元)	8690054	7978727
#出口交货值	(万元)	543166	517316
总收入	(万元)	36691286	33816229
#技术收入	(万元)	2321527	1881241
利润总额	(万元)	2031068	2590676
#高新技术企业	(万元)	1354174	1028872
应缴税金总额	(万元)	1607007	1466006
固定资产投资	(万元)	224624	298368
从业人员期末人数	(人)	160490	151753

4-3 续表4 朝阳园主要指标

项　　目		2016	2015
规划总面积	(公顷)	2610	2610
累计已开发土地面积	(公顷)	1471.9	1471.9
累计已供应土地面积	(公顷)	1447.1	1447.1
累计已建成城镇建设用地	(公顷)	1047.6	1036.6
投产(开业)企业个数	(个)	1445	1447
#高新技术企业	(个)	808	820
#工业企业	(个)	177	189
#三资企业	(个)	175	185
总投资	(万元)	544692	970271
#工业企业	(万元)	1890	
#三资企业	(万元)	65069	192532
注册资本	(万元)	544692	970271
合同外资金额	(万美元)	7746	12272
外商实际投资	(万美元)	7746	12272
工业总产值	(万元)	3913404	5817104
工业销售产值	(万元)	3850463	4186074
#出口交货值	(万元)	183813	328826
总收入	(万元)	46035935	42256585
#技术收入	(万元)	10111632	9608343
利润总额	(万元)	4419209	4474515
#高新技术企业	(万元)	2295739	2415142
应缴税金总额	(万元)	4492771	4284879
固定资产投资	(万元)	330000	300000
从业人员期末人数	(人)	224576	224159

4-3 续表5 亦庄园主要指标

项目		2016	2015
规划总面积	(公顷)	2678	2678
累计已开发土地面积	(公顷)	2678	2678
累计已供应土地面积	(公顷)		
累计已建成城镇建设用地	(公顷)	2678	2678
投产(开业)企业个数	(个)	863	739
#高新技术企业	(个)	523	465
#工业企业	(个)	314	282
#三资企业	(个)	180	174
总投资	(万元)		1527859
#工业企业	(万元)		912612
#三资企业	(万元)		529096
注册资本	(万元)		1277413
合同外资金额	(万美元)		24434
外商实际投资	(万美元)		18465
工业总产值	(万元)	25816822	23332392
工业销售产值	(万元)	24928739	22916189
#出口交货值	(万元)	3947081	4032573
总收入	(万元)	44369315	38810670
#技术收入	(万元)	3164211	2282735
利润总额	(万元)	3714492	3182688
#高新技术企业	(万元)	1458516	1716702
应缴税金总额	(万元)	3301920	2796828
固定资产投资	(万元)	1356102	1577409
从业人员期末人数	(人)	241306	214820

4-3 续表6 西城园主要指标

项　　目		2016	2015
规划总面积	(公顷)	1000	1000
累计已开发土地面积	(公顷)	1000	1000
累计已供应土地面积	(公顷)	1000	1000
累计已建成城镇建设用地	(公顷)		
投产(开业)企业个数	(个)	598	529
#高新技术企业	(个)	355	326
#工业企业	(个)	54	55
#三资企业	(个)	21	20
总投资	(万元)	2597790	1140992
#工业企业	(万元)	100	19450
#三资企业	(万元)	701290	7000
注册资本	(万元)	2597790	1140992
合同外资金额	(万美元)	105579	1094
外商实际投资	(万美元)	105579	1094
工业总产值	(万元)	10073641	10283961
工业销售产值	(万元)	10058087	10289590
#出口交货值	(万元)	44614	33679
总收入	(万元)	26869228	25751554
#技术收入	(万元)	2502137	2345340
利润总额	(万元)	2616377	2451345
#高新技术企业	(万元)	523782	954706
应缴税金总额	(万元)	1075302	967331
固定资产投资	(万元)	73036	32750
从业人员期末人数	(人)	104972	96676

4-3　续表7 东城园主要指标

项　　目		2016	2015
规划总面积	(公顷)	603	603
累计已开发土地面积	(公顷)	288.8	288.8
累计已供应土地面积	(公顷)		
累计已建成城镇建设用地	(公顷)	288.8	288.8
投产(开业)企业个数	(个)	388	334
#高新技术企业	(个)	226	202
#工业企业	(个)	16	17
#三资企业	(个)	26	28
总投资	(万元)	162929	980620
#工业企业	(万元)		
#三资企业	(万元)		
注册资本	(万元)	162929	980620
合同外资金额	(万美元)		
外商实际投资	(万美元)		
工业总产值	(万元)	311579	216268
工业销售产值	(万元)	310541	224933
#出口交货值	(万元)	10606	9100
总收入	(万元)	19104337	16703702
#技术收入	(万元)	5066240	3983022
利润总额	(万元)	1810722	1827994
#高新技术企业	(万元)	644149	656658
应缴税金总额	(万元)	1083212	874023
固定资产投资	(万元)	1102794	269492
从业人员期末人数	(人)	73129	78695

4-3　续表8 石景山园主要指标

项　　目		2016	2015
规划总面积	(公顷)	1334	1334
累计已开发土地面积	(公顷)	133.4	127.6
累计已供应土地面积	(公顷)	71.9	58.3
累计已建成城镇建设用地	(公顷)	133.4	127.6
投产(开业)企业个数	(个)	795	795
#高新技术企业	(个)	333	333
#工业企业	(个)	72	78
#三资企业	(个)	46	46
总投资	(万元)	337443	57326
#工业企业	(万元)	100000	
#三资企业	(万元)		
注册资本	(万元)	337443	64468
合同外资金额	(万美元)		
外商实际投资	(万美元)		
工业总产值	(万元)	719110	772446
工业销售产值	(万元)	719532	770614
#出口交货值	(万元)	56769	91434
总收入	(万元)	18814871	16324566
#技术收入	(万元)	3095651	2423135
利润总额	(万元)	3083000	2437407
#高新技术企业	(万元)	525350	679029
应缴税金总额	(万元)	792928	688464
固定资产投资	(万元)	98271	54532
从业人员期末人数	(人)	85642	76004

4-3 续表9 通州园主要指标

项目		2016	2015
规划总面积	(公顷)	3434.6	3434.6
累计已开发土地面积	(公顷)	2553.3	2387.2
累计已供应土地面积	(公顷)	2088.9	1910.4
累计已建成城镇建设用地	(公顷)	1718.2	1709.8
投产(开业)企业个数	(个)	318	331
#高新技术企业	(个)	259	285
#工业企业	(个)	213	224
#三资企业	(个)	36	34
总投资	(万元)	178335	457656
#工业企业	(万元)	137316	67245
#三资企业	(万元)	43360	11
注册资本	(万元)	178335	457656
合同外资金额	(万美元)	3453	11
外商实际投资	(万美元)	3453	11
工业总产值	(万元)	3215059	2927444
工业销售产值	(万元)	3140401	2895863
#出口交货值	(万元)	170127	199686
总收入	(万元)	6276446	5976446
#技术收入	(万元)	867719	1141727
利润总额	(万元)	633305	449299
#高新技术企业	(万元)	531752	417001
应缴税金总额	(万元)	315406	265301
固定资产投资	(万元)	568643	963840
从业人员期末人数	(人)	46726	48746

4-3　续表10 大兴园主要指标

项　　目		2016	2015
规划总面积	(公顷)	1124.7	1124.7
累计已开发土地面积	(公顷)	710.2	710.2
累计已供应土地面积	(公顷)	559	559
累计已建成城镇建设用地	(公顷)	299.5	298.2
投产(开业)企业个数	(个)	284	281
#高新技术企业	(个)	232	243
#工业企业	(个)	210	202
#三资企业	(个)	20	20
总投资	(万元)	31680	26495
#工业企业	(万元)	31680	26495
#三资企业	(万元)		
注册资本	(万元)	21000	25500
合同外资金额	(万美元)		
外商实际投资	(万美元)		
工业总产值	(万元)	4001267	2927961
工业销售产值	(万元)	3828968	2774583
#出口交货值	(万元)	63596	65110
总收入	(万元)	5628465	4079480
#技术收入	(万元)	363454	300780
利润总额	(万元)	407756	284148
#高新技术企业	(万元)	329294	269070
应缴税金总额	(万元)	272834	217792
固定资产投资	(万元)	208931	200999
从业人员期末人数	(人)	46159	39946

4-3 续表11 平谷园主要指标

项　　目		2016	2015
规划总面积	(公顷)	508	508
累计已开发土地面积	(公顷)	227.7	329.0
累计已供应土地面积	(公顷)	103.4	103.4
累计已建成城镇建设用地	(公顷)	85.2	85.2
投产(开业)企业个数	(个)	96	86
#高新技术企业	(个)	53	56
#工业企业	(个)	52	47
#三资企业	(个)	13	11
总投资	(万元)	19106	42553
#工业企业	(万元)		4200
#三资企业	(万元)	300	5000
注册资本	(万元)	19106	42553
合同外资金额	(万美元)	39	272
外商实际投资	(万美元)	39	272
工业总产值	(万元)	846551	645160
工业销售产值	(万元)	831294	616834
#出口交货值	(万元)	38169	40318
总收入	(万元)	1222230	997035
#技术收入	(万元)	63202	37889
利润总额	(万元)	77321	54303
#高新技术企业	(万元)	39415	21399
应缴税金总额	(万元)	67048	50039
固定资产投资	(万元)	51792	45720
从业人员期末人数	(人)	13286	11935

4-3 续表12 门头沟园主要指标

项　　目		2016	2015
规划总面积	（公顷）	189	189
累计已开发土地面积	（公顷）	120	120
累计已供应土地面积	（公顷）	120	120
累计已建成城镇建设用地	（公顷）		
投产（开业）企业个数	（个）	120	100
#高新技术企业	（个）	75	76
#工业企业	（个）	44	41
#三资企业	（个）	3	3
总投资	（万元）	162059	64539
#工业企业	（万元）		
#三资企业	（万元）		
注册资本	（万元）	162059	64539
合同外资金额	（万美元）		
外商实际投资	（万美元）		
工业总产值	（万元）	705548	773146
工业销售产值	（万元）	638716	700622
#出口交货值	（万元）	158941	205419
总收入	（万元）	1745658	1309775
#技术收入	（万元）	226851	102331
利润总额	（万元）	-2112	75658
#高新技术企业	（万元）	52304	122678
应缴税金总额	（万元）	107406	102434
固定资产投资	（万元）	91912	29616
从业人员期末人数	（人）	19401	20220

4-3 续表13 房山园主要指标

项　　目		2016	2015
规划总面积	(公顷)	1573	1573
累计已开发土地面积	(公顷)	1231.3	1214.0
累计已供应土地面积	(公顷)	1060.6	1038.4
累计已建成城镇建设用地	(公顷)	678.9	695.4
投产(开业)企业个数	(个)	149	122
#高新技术企业	(个)	102	102
#工业企业	(个)	86	75
#三资企业	(个)	7	7
总投资	(万元)	74571	3824
#工业企业	(万元)	74571	3824
#三资企业	(万元)		324
注册资本	(万元)	150745	260370
合同外资金额	(万美元)		
外商实际投资	(万美元)		
工业总产值	(万元)	1717507	1521239
工业销售产值	(万元)	1682255	1542820
#出口交货值	(万元)	48409	81819
总收入	(万元)	3021033	2183593
#技术收入	(万元)	137570	47194
利润总额	(万元)	193081	118698
#高新技术企业	(万元)	162516	130151
应缴税金总额	(万元)	153301	103709
固定资产投资	(万元)	392543	409200
从业人员期末人数	(人)	30460	24991

4-3 续表14 顺义园主要指标

项　目		2016	2015
规划总面积	(公顷)	1208.5	1208.5
累计已开发土地面积	(公顷)	912.4	912.4
累计已供应土地面积	(公顷)	567.5	562.5
累计已建成城镇建设用地	(公顷)	410.7	402.4
投产(开业)企业个数	(个)	260	227
#高新技术企业	(个)	210	199
#工业企业	(个)	158	158
#三资企业	(个)	45	44
总投资	(万元)	1893843	1075825
#工业企业	(万元)	20282	418574
#三资企业	(万元)	61	226582
注册资本	(万元)	1893143	1037882
合同外资金额	(万美元)	21	15096
外商实际投资	(万美元)	21	23598
工业总产值	(万元)	9709469	6920880
工业销售产值	(万元)	9580296	6946018
#出口交货值	(万元)	529178	426409
总收入	(万元)	14845663	10397049
#技术收入	(万元)	1649052	1700644
利润总额	(万元)	299427	869070
#高新技术企业	(万元)	921127	1029822
应缴税金总额	(万元)	626771	484746
固定资产投资	(万元)	139469	164004
从业人员期末人数	(人)	117238	96682

4-3　续表15 密云园主要指标

项　　目		2016	2015
规划总面积	（公顷）	1000.8	1000.8
累计已开发土地面积	（公顷）	699.3	699.3
累计已供应土地面积	（公顷）	607	607
累计已建成城镇建设用地	（公顷）	462.4	462.4
投产（开业）企业个数	（个）	129	118
#高新技术企业	（个）	100	88
#工业企业	（个）	78	73
#三资企业	（个）	13	14
总投资	（万元）	32000	49500
#工业企业	（万元）		29000
#三资企业	（万元）		6000
注册资本	（万元）	32700	209801
合同外资金额	（万美元）		
外商实际投资	（万美元）	1702	1973
工业总产值	（万元）	1388064	1283867
工业销售产值	（万元）	1391226	1291468
#出口交货值	（万元）	97999	100563
总收入	（万元）	2133504	1901008
#技术收入	（万元）	68812	38837
利润总额	（万元）	123854	156583
#高新技术企业	（万元）	83294	76185
应缴税金总额	（万元）	140139	114143
固定资产投资	（万元）	27404	32356
从业人员期末人数	（人）	17684	16188

4-3 续表16 怀柔园主要指标

项目		2016	2015
规划总面积	（公顷）	711	711
累计已开发土地面积	（公顷）	693.1	266.3
累计已供应土地面积	（公顷）	664.3	165.3
累计已建成城镇建设用地	（公顷）	359.2	17.9
投产（开业）企业个数	（个）	144	140
#高新技术企业	（个）	106	107
#工业企业	（个）	89	92
#三资企业	（个）	26	28
总投资	（万元）	100340	189300
#工业企业	（万元）	42340	78300
#三资企业	（万元）		
注册资本	（万元）	19081	13880
合同外资金额	（万美元）		
外商实际投资	（万美元）		
工业总产值	（万元）	3467539	1509394
工业销售产值	（万元）	3463462	1492701
#出口交货值	（万元）	131518	46521
总收入	（万元）	5228006	2898388
#技术收入	（万元）	190283	223103
利润总额	（万元）	348644	195862
#高新技术企业	（万元）	306201	147875
应缴税金总额	（万元）	214113	183617
固定资产投资	（万元）	92426	119213
从业人员期末人数	（人）	29995	24943

4-3 续表17 延庆园主要指标

项　　目		2016	2015
规划总面积	(公顷)	491.2	491.2
累计已开发土地面积	(公顷)	270	270
累计已供应土地面积	(公顷)	249.6	249.6
累计已建成城镇建设用地	(公顷)	190.6	190.6
投产(开业)企业个数	(个)	61	47
#高新技术企业	(个)	35	34
#工业企业	(个)	29	26
#三资企业	(个)	4	5
总投资	(万元)	31942	2710
#工业企业	(万元)	12580	2700
#三资企业	(万元)		10
注册资本	(万元)	11019	16691
合同外资金额	(万美元)		
外商实际投资	(万美元)		
工业总产值	(万元)	494460	397246
工业销售产值	(万元)	462910	389234
#出口交货值	(万元)	8243	15773
总收入	(万元)	903804	1098007
#技术收入	(万元)	175386	225652
利润总额	(万元)	33939	77083
#高新技术企业	(万元)	43124	73832
应缴税金总额	(万元)	36257	46112
固定资产投资	(万元)	14179	24996
从业人员期末人数	(人)	6484	6535

4-4 北京天竺综合保税区主要指标

项　　目		2016	2015
规划总面积	(公顷)	594.4	594.4
累计已开发土地面积	(公顷)	349.5	523.4
累计已供应土地面积	(公顷)	316	348
累计已建成城镇建设用地	(公顷)	249.2	206.2
投产(开业)企业个数	(个)	49	44
#高新技术企业	(个)	3	3
#工业企业	(个)	5	6
#三资企业	(个)	15	16
总投资	(万元)	376660	1010376
#工业企业	(万元)		
#三资企业	(万元)	500	60000
注册资本	(万元)	46020	284031
合同外资金额	(万美元)		9375
外商实际投资	(万美元)		9375
工业总产值	(万元)	191178	185940
工业销售产值	(万元)	183306	179594
#出口交货值	(万元)	179754	177016
总收入	(万元)	1413818	1834793
#技术收入	(万元)		
利润总额	(万元)	126190	220051
#高新技术企业	(万元)	45078	35152
应缴税金总额	(万元)	65123	86406
固定资产投资	(万元)	135350	134000
从业人员平均人数	(人)	6650	20217

注：1.北京天竺综合保税区为国家级综合保税区，范围包括北京天竺出口加工区和北京空港保税物流中心。

2.本表“投产(开业)企业个数”、“工业总产值”、“工业销售产值”、“总收入”、“利润总额”、“应缴税金总额”、“从业人员平均人数”的统计范围为注册在开发区内的规模(限额)以上法人单位。

4-5 北京市级开发区主要指标(2016年)

项 目	规划总面积(公顷)	累计已开发土地面积(公顷)	累计已供应土地面积(公顷)	累计已建成城镇建设用地(公顷)	投产(开业)企业个数(个)	总投资(万元)	总收入(万元)	利润总额(万元)	从业人员平均人数(人)
市级开发区合计	**9252.6**	**6644.2**	**5271.0**	**5198.0**	**1572**	**2457315**	**50221415**	**2988338**	**321165**
北京石龙经济开发区	189.0	120.0	120.0		468	1492293	7249209	-547474	51359
北京良乡经济开发区	240.9	136.1	132.7	110.7	116		1782283	42693	9602
北京大兴经济开发区	414.8	294.3	282.4	278.5	111		2489200	59835	23455
北京通州经济开发区	1947.6	770.7	750.5	637.3	69		1710741	444419	15411
北京雁栖经济开发区	1096.0	1096.0	722.2	637.6	144	100340	3996512	430412	27499
北京兴谷经济开发区	503.2	571.7	421.6	596.0	59	50100	2100095	65996	16705
北京密云经济开发区	1249.5	1249.5	1000.4	910.0	190	134000	3582381	186285	30896
北京林河经济开发区	416.0	385.0	260.0	349.0	36	19462	1914358	85097	25375
北京天竺空港经济开发区	660.0	660.0	449.2	432.2	148	372124	19948331	1828509	92652
北京八达岭经济开发区	480.8	318.6	209.6	295.1	85		1240347	230731	11181
北京永乐经济开发区	459.8	219.3	137.1	137.1	6		63306	5995	568
北京延庆经济开发区	418.6	173.2	143.0	221.0	87	263496	1498546	32510	6632
北京昌平小汤山工业园区	257.3	14.3	23.5	45.3	4		22273	106	236
北京采育经济开发区	355.0	327.1	319.7	314.0	22		2070405	103960	7781
北京房山工业园区	218.5	159.5	150.7	122.8	21	22900	428839	19535	1589
北京马坊工业园区	345.6	149.0	148.4	111.5	6	2600	124590	-271	224

注：本表“投产(开业)企业个数”、“总收入”、“利润总额”和“从业人员平均人数”的统计范围为注册在开发区内的规模(限额)以上法人单位。

第五章

六大高端产业功能区

简要说明

一、本章资料的主要内容

本章资料主要反映六大高端产业功能区主要指标数据。

按统计制度规定，六大高端产业功能区中的中关村国家自主创新示范区按注册地统计，其他功能区都按经营地统计，因此，示范区与其他 5 个功能区的单位有重复，在核算六大高端产业功能区合计时剔除了重复部分，所以分功能区数据相加不等于功能区合计。

二、本章资料的数据来源

本章资料由北京市统计局根据相关资料整理提供。

5-1 六大高端产业功能区规模以上法人单位主要财务指标（2008-2016年）

单位：亿元

项目	2008	2009	2010	2011	2012	2013	2014	2015	2016
六大高端产业功能区资产总计	**231482.3**	**282433.8**	**326671.7**	**379132.6**	**439140.9**	**551156.0**	**631584.0**	**753426.6**	**880708.7**
（剔除重复部分）									
中关村国家自主创新示范区	12049.7	16812.7	20085.8	25903.4	35287.8	46156.4	58737.7	73131.4	91154.6
金融街	204394.6	247446.0	279566.7	321315.1	366544.0	462465.0	520272.5	620991.5	720852.1
北京商务中心区	6103.4	8291.6	14929.8	18299.4	22017.7	26715.9	32455.1	39212.2	45139.9
北京经济技术开发区	2179.2	2812.3	3691.0	4606.8	4863.5	5460.3	6364.2	7227.3	8727.9
临空经济区	3700.3	4133.8	4831.1	5279.7	5741.2	6325.1	7930.5	7940.9	8644.7
奥林匹克中心区	4585.8	5528.5	6577.4	6951.9	8643.9	9727.4	11958.6	12860.2	16599.2
六大高端产业功能区收入合计	**21641.5**	**24518.6**	**31499.2**	**37609.0**	**45451.8**	**51567.1**	**58432.2**	**63979.0**	**69805.3**
（剔除重复部分）									
中关村国家自主创新示范区	9945.8	12747.1	15587.7	19035.7	24283.4	29655.8	35154.6	39516.6	44326.4
金融街	5440.8	5627.1	6454.8	7096.3	8109.6	8093.2	8895.2	10764.0	10016.0
北京商务中心区	2345.8	2480.6	4338.7	4985.4	5854.5	7018.3	7278.1	7018.3	7201.2
北京经济技术开发区	2985.5	3241.3	3738.1	4136.4	4328.3	4787.3	5589.9	6670.1	8065.6
临空经济区	2096.6	2234.4	3029.3	3488.0	3619.3	3790.8	4774.4	3986.6	4149.0
奥林匹克中心区	1259.1	1465.0	2287.2	2624.6	2876.0	3041.1	2692.0	2618.8	4269.9
六大高端产业功能区利润总额	**2582.4**	**3112.7**	**4037.5**	**5341.4**	**6292.5**	**6941.2**	**8302.3**	**10863.7**	**9872.3**
（剔除重复部分）									
中关村国家自主创新示范区	757.1	1137.3	1319.4	1533.1	1755.3	2247.5	3014.0	3443.3	3761.7
金融街	1536.7	1449.1	1833.9	2762.1	3433.6	3513.3	3740.5	5701.8	4320.4
北京商务中心区	166.9	199.2	451.7	472.6	556.5	707.2	1010.6	1134.4	1335.9
北京经济技术开发区	274.4	282.1	329.3	339.7	212.2	276.5	249.2	384.6	399.7
临空经济区	-13.9	154.7	265.2	317.9	257.3	281.9	385.6	412.9	330.4
奥林匹克中心区	90.9	167.2	174.2	228.9	286.1	199.7	199.9	195.5	220.8

注：1.自2010年起，北京商务中心区的数据为东扩后的数据。

2.2016年奥林匹克中心区数据为调整后数据。

5-2 六大高端产业功能区规模以上法人单位主要财务指标（2016年）

项　　目	法人单位数（个）	资产总计（亿元）	收入合计（亿元）	利润总额（亿元）
六大高端产业功能区合计	**11892**	**880708.7**	**69805.3**	**9872.3**
（剔除重复部分）				
中关村国家自主创新示范区	7058	91154.6	44326.4	3761.7
#工　业	1698	18011.9	11132.0	881.8
信息传输、软件和信息技术服务业	2216	13542.5	6504.3	809.8
科学研究和技术服务业	1446	14147.7	5493.3	412.9
金融街	681	720852.1	10016.0	4320.4
#金融业	222	680165.0	7319.7	3129.1
批发和零售业	41	1859.6	971.4	-18.0
信息传输、软件和信息技术服务业	25	19556.9	478.0	1006.9
北京商务中心区	1759	45139.9	7201.2	1335.9
#租赁和商务服务业	577	5476.8	1311.6	131.7
批发和零售业	243	3286.9	2832.5	123.6
金融业	205	31278.6	1806.3	968.3
北京经济技术开发区	794	8727.9	8065.6	399.7
#工　业	276	4006.2	2951.2	305.4
批发和零售业	157	1381.0	3983.9	22.5
科学研究和技术服务业	85	378.3	135.6	10.1
临空经济区	800	8644.7	4149.0	330.4
#工　业	104	1008.1	1573.8	127.9
交通运输、仓储和邮政业	145	3087.7	1520.9	138.7
租赁和商务服务业	59	1645.2	124.6	36.8
奥林匹克中心区	1492	16599.2	4269.9	220.8
#工　业	25	381.8	113.8	3.4
批发和零售业	247	4281.1	2114.1	13.4
交通运输、仓储和邮政业	20	392.9	127.5	80.3

注：1.本表行业划分执行《国民经济行业分类》（GB/T 4754-2011）标准。

2.奥林匹克中心区数据为调整后数据。

第六章

四大功能区

简要说明

一、本章资料的主要内容

本章主要反映首都功能核心区、城市功能拓展区、城市发展新区、生态涵养发展区，近几年在人口、地区生产总值、财政、房地产开发、工业、商业、利用外资和旅游等领域的主要经济指标情况。

二、本章资料的数据来源

本章数据由北京市统计局根据相关资料整理取得。

6-1 首都功能核心区主要指标(2008-2016年)

项 目		2008	2009	2010	2011	2012	2013	2014	2015	2016
户籍人口	(万人)	227.4	228.7	230.1	232.5	235.3	238.2	240.9	242.6	243.9
常住人口	(万人)	212.1	215.7	216.2	215.0	219.5	221.2	221.3	220.3	213.7
#常住外来人口	(万人)	41.9	48.0	54.7	53.4	54.5	55.4	54.0	51.7	48.4
地区生产总值	(亿元)	2666.8	2937.9	3342.4	3769.0	4143.8	4548.3	4863.8	5254.3	5664.2
一般公共预算收入	(亿元)	286.6	293.3	318.8	405.0	509.6	501.0	562.5	622.4	580.1
一般公共预算支出	(亿元)	255.8	297.7	377.0	409.2	481.2	480.4	564.6	750.5	663.6
全社会固定资产投资	(亿元)	591.0	522.2	362.4	362.5	381.0	408.1	455.9	481.2	517.3
规模以上工业总产值	(亿元)	598.6	646.0	753.3	883.4	942.7	1006.7	1127.4	1270.2	1291.9
建筑业总产值	(亿元)	469.7	571.4	739.6	956.0	1005.9	1081.5	1174.5	1137.0	1274.7
社会消费品零售总额	(亿元)	924.6	1048.8	1211.4	1401.8	1547.1	1656.5	1775.9	1898.5	2015.4
实际利用外商直接投资额	(万美元)	121959	139728	115126	109453	124282	116194	94415	86274	100676
入境旅游者人数	(万人次)	153.9	143.0	157.2	165.9	164.0	151.7	144.4	143.2	138.8
小学在校学生数	(万人)	9.53	9.47	9.56	9.97	10.24	10.98	11.53	12.22	12.84
普通中学在校学生数	(万人)	10.80	10.30	9.92	9.72	9.59	9.45	9.09	8.46	8.03
幼儿园在园幼儿数	(人)	22751	24812	27051	28003	28583	29107	29891	31591	33111
卫生机构数	(个)	1053	1065	1073	1163	1144	1159	1196	1216	1236
卫生机构床位数	(张)	22864	22956	23925	23853	24591	25510	26284	26650	26783

注：1. 社会消费品零售总额按产业在地原则核算（下表同）。

2.2016年根据国家统计局统一部署，实施地区研发支出核算方法改革，各区2005年以来地区生产总值数据均进行了调整（下表同)。

6–2 首都功能核心区基本情况

项目		2016	2015	占全市比重(%)		增长速度(%)
				2016	2015	
户籍人口	(万人)	243.9	242.6	17.9	18.0	0.5
常住人口	(万人)	213.7	220.3	9.8	10.1	-3.0
#常住外来人口	(万人)	48.4	51.7	6.0	6.3	-6.4
地区生产总值	(亿元)	5664.2	5254.3	22.1	22.1	7.2
第二产业增加值	(亿元)	385.1	373.8	7.7	8.2	1.6
第三产业增加值	(亿元)	5279.0	4754.4	25.6	25.9	7.6
一般公共预算收入	(亿元)	580.1	616.0	11.4	13.0	-5.8
一般公共预算支出	(亿元)	663.6	712.1	10.4	12.4	-6.8
全社会固定资产投资	(亿元)	517.3	481.2	6.1	6.0	7.5
房地产开发投资	(亿元)	112.0	208.2	2.8	4.9	-46.2
商品房施工面积	(万平方米)	218.8	335.4	1.7	2.6	-34.8
商品房竣工面积	(万平方米)	16.2	134.0	0.7	5.1	-87.9
商品房销售面积	(万平方米)	19.1	36.0	1.1	2.3	-47.0
规模以上工业总产值	(亿元)	1291.9	1270.2	7.1	7.3	1.7
社会消费品零售总额	(亿元)	2015.4	1898.5	18.3	18.4	6.2
实际利用外商直接投资额	(万美元)	100676	86274	7.7	6.6	16.7
入境旅游者人数	(万人次)	138.8	143.2	33.3	34.1	-3.1
星级饭店个数	(个)	136	138	26.0	26.1	-1.4

注：地区生产总值增速按可比价计算(下表同)。

6-3 城市功能拓展区主要指标(2008-2016年)

项　　目		2008	2009	2010	2011	2012	2013	2014	2015	2016
户籍人口	(万人)	531.0	542.2	550.7	563.3	574.9	585.4	593.4	598.8	605.1
常住人口	(万人)	882.6	916.2	955.4	986.4	1008.2	1032.2	1055.0	1062.5	1033.8
#常住外来人口	(万人)	300.0	336.0	379.1	400.0	413.0	426.0	436.4	437.4	413.0
地区生产总值	(亿元)	5264.6	5703.3	6913.6	7970.0	8859.9	9853.3	10597.8	11394.2	12345.4
一般公共预算收入	(亿元)	354.5	413.4	491.6	644.0	934.9	1080.1	1412.8	945.1	1019.9
一般公共预算支出	(亿元)	417.4	497.0	649.8	904.1	992.1	1232.0	1530.7	1239.6	1322.5
全社会固定资产投资	(亿元)	1872.4	2120.0	2456.9	2486.2	2689.3	2906.7	3073.5	3172.7	3316.9
农林牧渔业总产值	(亿元)	11.4	11.6	11.1	10.9	13.7	13.7	12.7	10.7	10.1
规模以上工业总产值	(亿元)	2874.7	2920.8	3447.4	3419.7	3418.4	3496.6	3893.7	3619.4	3585.0
建筑业总产值	(亿元)	1718.0	2104.4	2769.9	3126.1	3394.4	3828.9	4239.4	4458.3	4711.6
社会消费品零售总额	(亿元)	2862.4	3293.9	3797.3	4236.3	4725.2	5117.1	5517.7	5882.9	2268.5
实际利用外商直接投资额	(万美元)	347090	368687	395982	421030	494678	529621	604833	1079022	959390
入境旅游者人数	(万人次)	195.3	235.0	279.8	304.8	288.2	256.1	245.1	240.0	237.3
小学在校学生数	(万人)	28.69	28.58	28.99	30.63	31.74	35.20	36.96	38.13	38.80
普通中学在校学生数	(万人)	19.91	19.64	19.50	19.63	20.17	20.52	20.28	19.04	18.14
幼儿园在园幼儿数	(人)	111165	120954	136649	154756	163886	169090	174167	183537	193394
卫生机构数	(个)	2718	2804	2773	2863	2938	3072	3136	3181	3291
卫生机构床位数	(张)	33021	36366	36946	37563	39719	41742	43914	45483	49213

6-4 城市功能拓展区基本情况

项目		2016	2015	占全市比重(%)		增长速度(%)
				2016	2015	
户籍人口	(万人)	605.1	605.1	44.4	44.5	
常住人口	(万人)	1033.8	1062.5	47.6	49.0	-2.7
#常住外来人口	(万人)	413.0	437.4	51.1	53.2	-5.6
地区生产总值	(亿元)	12345.4	11394.2	48.1	48.1	7.0
第一产业增加值	(亿元)	3.4	3.6	2.7	2.6	-4.4
第二产业增加值	(亿元)	1374.8	1315.1	27.8	29.0	2.8
第三产业增加值	(亿元)	10967.1	9535.0	53.3	52.0	7.5
一般公共预算收入	(亿元)	1019.9	945.1	20.0	20.1	7.9
一般公共预算支出	(亿元)	1322.5	1239.6	21.6	20.6	6.7
全社会固定资产投资	(亿元)	3316.9	3172.7	39.2	39.7	4.5
房地产开发投资	(亿元)	1727.1	1687.0	42.7	39.9	2.4
商品房施工面积	(万平方米)	4920.0	4728.4	37.6	36.1	4.1
商品房竣工面积	(万平方米)	719.8	692.2	30.2	26.3	4.0
商品房销售面积	(万平方米)	421.5	394.0	25.2	25.3	7.0
规模以上工业总产值	(亿元)	3585.0	3619.4	19.8	20.7	-1.0
社会消费品零售总额	(亿元)	6230.5	5882.9	56.6	56.9	5.9
实际利用外商直接投资额	(万美元)	959390	1079022	73.6	83.0	-11.1
入境旅游者人数	(万人次)	237.3	240.0	57.0	57.1	-1.1
星级饭店个数	(个)	212	212	40.5	40.2	

6–5 城市发展新区主要指标(2008–2016年)

项目		2008	2009	2010	2011	2012	2013	2014	2015	2016
户籍人口	(万人)	308.7	311.7	314.6	319.2	323.9	328.8	334.5	339.0	348.2
常住人口	(万人)	492.5	541.7	603.2	629.9	653.0	671.5	684.9	696.9	730.3
#常住外来人口	(万人)	174.1	202.8	240.0	257.7	275.1	289.6	296.9	302.2	313.9
地区生产总值	(亿元)	2070.1	2468.7	3071.7	3507.2	3833.1	4255.8	4610.0	4993.3	5423.4
一般公共预算收入	(亿元)	205.3	340.8	888.9	649.7	550.2	923.9	1401.4	390.0	424.1
一般公共预算支出	(亿元)	345.2	544.3	1008.6	935.1	927.6	1297.5	1681.5	1761.6	1201.5
全社会固定资产投资	(亿元)	1077.2	1805.8	2216.0	2504.6	2725.3	2947.4	3188.1	3588.3	3770.2
农林牧渔业总产值	(亿元)	194.3	199.6	206.0	227.0	246.3	263.4	267.8	226.4	203.5
规模以上工业总产值	(亿元)	5537.2	5809.0	7065.2	7520.9	7879.3	8698.0	8958.6	8335.3	8909.3
建筑业总产值	(亿元)	704.3	1145.3	1403.6	1607.7	1801.6	2158.6	2364.5	2423.7	2456.0
社会消费品零售总额	(亿元)	680.4	834.3	1080.8	1287.3	1511.9	1718.5	1927.3	2102.8	2268.5
实际利用外商直接投资额	(万美元)	119550	86012	107725	140409	151746	140400	187191	126343	229399
入境旅游者人数	(万人次)	27.2	33.2	51.4	47.9	47.0	39.1	36.0	34.8	38.7
小学在校学生数	(万人)	19.19	18.78	19.22	20.01	22.51	25.20	25.85	26.63	27.06
普通中学在校学生数	(万人)	15.56	14.71	14.29	13.72	13.88	13.91	13.42	12.58	12.02
幼儿园在园幼儿数	(人)	64674	71619	80139	90881	99203	110689	121776	136070	144687
卫生机构数	(个)	2040	2046	2001	3661	3777	3816	3882	3987	4086
卫生机构床位数	(张)	22421	22686	23725	24672	26959	27841	30457	30213	31702

6–6 城市发展新区基本情况

项目		2016	2015	占全市比重(%)		增长速度(%)
				2016	2015	
户籍人口	(万人)	348.2	339.0	25.6	25.2	2.7
常住人口	(万人)	730.3	696.9	33.6	32.1	4.8
#常住外来人口	(万人)	313.9	302.2	38.9	36.7	3.9
地区生产总值	(亿元)	5423.4	4993.3	21.1	21.1	7.9
第一产业增加值	(亿元)	77.0	85.1	52.3	60.7	-10.7
第二产业增加值	(亿元)	2586.2	2324.5	52.3	51.2	9.7
第三产业增加值	(亿元)	2760.1	2430.2	13.4	13.3	6.7
一般公共预算收入	(亿元)	424.1	390.0	8.4	8.1	13.1
一般公共预算支出	(亿元)	1201.5	1084.5	18.8	18.9	10.7
全社会固定资产投资	(亿元)	3770.2	3588.3	44.6	44.9	5.1
房地产开发投资	(亿元)	1769.8	1988.1	43.7	47.0	-11.0
商品房施工面积	(万平方米)	6702.1	6883.4	51.2	52.6	-2.6
商品房竣工面积	(万平方米)	1418.4	1532.2	59.5	58.2	-7.4
商品房销售面积	(万平方米)	989.9	927.7	59.1	59.7	0.7
规模以上工业总产值	(亿元)	8909.3	8335.3	49.3	47.8	6.9
社会消费品零售总额	(亿元)	2268.5	2102.8	20.6	20.3	7.9
观光农业收入	(万元)	99139	98370	35.4	37.4	0.8
星级饭店个数	(个)	106	108	20.3	20.5	-1.9

6–7 生态涵养发展区主要指标(2008–2016年)

项 目		2008	2009	2010	2011	2012	2013	2014	2015	2016
户籍人口	(万人)	162.7	163.2	162.4	162.9	163.4	163.9	164.6	164.7	165.6
常住人口	(万人)	183.8	186.4	186.4	187.3	188.6	189.9	190.4	190.8	195.1
#常住外来人口	(万人)	25.1	27.4	30.7	31.1	31.2	31.7	31.4	31.3	32.2
地区生产总值	(亿元)	450.2	494.2	568.2	654.8	726.5	798.2	858.4	932.7	1009.4
一般公共预算收入	(亿元)	63.1	69.9	65.3	83.6	94.7	106.8	117.7	130.4	136.2
一般公共预算支出	(亿元)	193.8	265.9	266.5	304.8	343.2	423.6	419.7	501.6	522.2
全社会固定资产投资	(亿元)	308.1	410.4	458.3	557.2	667.2	769.9	844.7	748.7	857.3
农林牧渔业总产值	(亿元)	98.2	103.4	109.9	124.5	134.7	143.8	137.9	129.3	122.9
规模以上工业总产值	(亿元)	663.2	795.0	976.6	1077.1	1091.5	1234.6	1283.4	1121.1	1219.0
建筑业总产值	(亿元)	174.2	238.6	282.9	356.5	386.4	390.6	431.4	417.7	398.9
社会消费品零售总额	(亿元)	178.1	210.4	250.9	296.9	339.3	380.0	417.1	453.8	490.7
实际利用外商直接投资额	(万美元)	19573	17667	17525	34555	33454	66203	17646	7996	13393
入境旅游者人数	(万人次)	2.6	1.4	1.7	1.8	1.7	3.2	1.9	2.0	1.7
小学在校学生数	(万人)	8.54	7.88	7.55	7.44	7.38	7.55	7.77	8.05	8.14
普通中学在校学生数	(万人)	8.16	7.59	7.12	6.66	6.26	5.94	5.65	5.20	4.95
幼儿园在园幼儿数	(人)	28091	30393	33155	37777	39852	39795	39120	42923	45790
卫生机构数	(个)	712	688	692	2012	2100	2079	2036	2022	2005
卫生机构床位数	(张)	7890	8092	8275	8647	8898	8941	9134	9209	9265

6-8 生态涵养发展区基本情况

项目		2016	2015	占全市比重(%)		增长速度(%)
				2016	2015	
户籍人口	(万人)	165.6	164.7	12.2	12.2	0.5
常住人口	(万人)	195.1	190.8	9.0	8.8	2.3
#常住外来人口	(万人)	32.2	31.3	4.0	3.8	2.9
常住人口密度	(人/平方公里)	223	218	16.8	16.4	2.3
地区生产总值	(亿元)	1009.4	932.7	3.9	3.9	7.1
第一产业增加值	(亿元)	48.6	50.8	37.4	36.2	-6.0
第二产业增加值	(亿元)	458.3	422.1	9.3	9.3	9.0
第三产业增加值	(亿元)	502.6	436.4	2.4	2.4	6.8
一般公共预算收入	(亿元)	136.2	130.4	2.7	2.8	4.4
一般公共预算支出	(亿元)	522.2	501.6	8.2	8.7	4.1
全社会固定资产投资	(亿元)	857.3	748.7	10.1	9.4	14.5
房地产开发投资	(亿元)	436.5	343.1	10.8	8.1	27.3
商品房施工面积	(万平方米)	1248.8	1147.8	9.5	8.8	8.8
商品房竣工面积	(万平方米)	228.7	273.1	9.6	10.4	-16.2
商品房销售面积	(万平方米)	244.6	197.1	14.6	12.7	24.1
规模以上工业总产值	(亿元)	1219.0	1121.1	6.7	6.4	8.7
社会消费品零售总额	(亿元)	490.7	453.8	4.5	4.4	8.1
民俗旅游总收入	(万元)	119255	107015	83.1	83.2	11.4
星级饭店个数	(个)	69	70	13.2	13.3	-1.4

2017
北京区域统计年鉴

第七章

BEIJING AREA
STATISTICAL YEARBOOK

四大直辖市经济社会发展比较

简要说明

一、本章资料的主要内容

本章资料主要反映2016年北京、天津、上海、重庆四个直辖市的自然资源（面积、气象等），经济发展（地区生产总值、投资、财政、价格、商业、进出口、利用外资、金融、旅游等），社会领域（人口、就业、教育、文化、卫生等）的主要指标数据。

二、本章资料的数据来源

北京市数据由北京市统计局根据相关资料整理提供，天津、上海、重庆的数据分别摘自2017年出版的《天津统计年鉴》、《上海统计年鉴》、《重庆统计年鉴》以及《中国统计年鉴》。

7-1 京津沪渝主要指标比较(2016年)
——自然情况

项目		北京	天津	上海	重庆
土地面积	(平方公里)	16411	11917	6341	82403
平均气温	(摄氏度)	13.8	13.6	17.7	18.5
平均相对湿度	(%)	52	59	75	80
降水量	(毫米)	669.1	654.3	1597.1	1345.8
日照时数	(小时/年)	2502	2411	1669	1151
湿地面积	(千公顷)	48.1	295.6	464.6	207.2
自然保护区个数	(个)	20	8	4	58
自然保护区面积	(万公顷)	13.55	9.11	13.68	82.12

7-2 京津沪渝主要指标比较(2016年)

——经 济

项　　目		北 京	天 津	上 海	重 庆
地区生产总值	(亿元)	25669.1	17885.4	28178.7	17740.6
第一产业	(亿元)	129.8	220.2	109.5	1303.2
第二产业	(亿元)	4944.4	7571.4	8406.3	7898.9
第三产业	(亿元)	20594.9	10093.8	19662.9	8538.4
地区生产总值构成	(%)	100.0	100.0	100.0	100.0
第一产业	(%)	0.5	1.2	0.4	7.4
第二产业	(%)	19.3	42.4	29.8	44.2
第三产业	(%)	80.2	56.4	69.8	48.4
人均地区生产总值	(元)	118198	115053	116562	58502
全社会固定资产投资	(亿元)	8461.7	14629.2	6755.9	17361.1
#城镇固定资产投资	(亿元)	7728.2	14606.2	6751.7	17361.1
#房地产开发投资	(亿元)	4045.4	2300.0	3709.0	3725.9
一般公共预算收入	(亿元)	5081.3	2723.5	6406.1	2227.9
一般公共预算支出	(亿元)	6406.8	3699.4	6918.9	4001.8
居民消费价格总指数(以上年=100)	(%)	101.4	102.1	103.2	101.8
城镇单位在岗职工工资总额	(亿元)	9005.0	2385.5	7601.4	2524.2
城镇单位在岗职工平均工资	(元)	122749	87806	119935	67386
城镇登记失业率	(%)	1.41	3.50	4.08	3.70
社会消费品零售总额	(亿元)	11005.1	5635.8	10946.6	7271.4
地区进出口总值	(亿美元)	2823.8	1026.5	4338.1	627.7
实际利用外商直接投资	(亿美元)	130.3	101.0	185.1	26.3
接待入境旅游者人数	(万人次)	416.5	335.0	854.4	316.6
金融机构(含外资)本外币存款余额	(亿元)	138408.9	30067.0	110511.0	32160.1

注：1.2016年根据国家统计局统一部署，实施地区研发支出核算方法改革（下表同）。

2.表中上海城镇单位在岗职工工资总额和平均工资数据口径为城镇单位就业人员工资；天津、重庆数据口径为城镇非私营在岗职工工资。

7-3 京津沪渝主要指标比较(2016年)
——社 会

项 目		北 京	天 津	上 海	重 庆
常住人口	(万人)	2172.9	1562.1	2419.7	3048.4
户籍人口	(万人)	1362.9	1044.4	1450.0	3392.1
从业人员	(万人)	1220.1	677.1	1365.2	1717.5
第一产业	(万人)	49.6	65.1	45.5	496.0
第二产业	(万人)	193.0	306.4	448.5	476.7
第三产业	(万人)	977.5	530.9	871.3	744.9
普通高等学校在校学生数	(万人)	58.8	51.4	51.5	78.5
普通中学在校学生数	(万人)	55.2	42.0	66.6	157.3
小学在校学生数	(万人)	86.8	63.1	79.0	209.8
科技活动人员	(万人)	81.0	25.0	49.9	11.2
研究与试验发展经费支出	(亿元)	1484.6	537.3	1049.3	302.2
公共图书馆图书总藏量	(万册)	6229.0	1806.0	7676.4	1441.8
电影放映场次	(万场次)	228.5	94.3	252.0	—
登记结婚对数	(万对)	16.6	9.8	12.5	27.9
离婚登记对数	(万对)	10.6	6.5	8.3	12.2
城镇居民人均住房面积	(平方米)	32.38	—	36.10	34.00
农村居民人均住房面积	(平方米)	44.50	—	—	53.74
城镇(市)居民人均可支配收入	(元)	57275	37110	57692	29610
农村居民人均可支配收入	(元)	22310	20076	25520	11549
医院个数	(个)	713	421	349	699
医院床位数	(万张)	11.00	5.76	11.01	13.62
卫生机构拥有执业医师人数	(万人)	10.09	3.78	6.55	6.47
城市绿化覆盖率	(%)	48.4	37.2	38.8	40.8

注：本表中居民人均住房面积指标，北京、天津、重庆数据为建筑面积，上海数据为居住面积。

2017
北京区域统计年鉴

第八章

BEIJING AREA
STATISTICAL YEARBOOK

全国主要经济区域

简要说明

一、本章资料的主要内容

本章资料包括2016年全国、京津冀地区、长江三角洲地区、珠江三角洲地区主要情况，内容涵盖了人口、就业、产业、经济发展、人民生活等方面。

二、本章资料的数据来源

本章中北京市数据由北京市统计局根据相关资料整理提供，全国及天津、河北、上海、江苏、浙江、广东六省市数据分别摘自2017年出版的《中国统计年鉴》、《天津统计年鉴》、《河北经济年鉴》、《上海统计年鉴》、《江苏统计年鉴》、《浙江统计年鉴》、《广东统计年鉴》。

8-1 三大经济区域主要城市指标对比

—— 土地、人口

地区	土地面积(平方公里)	常住人口(万人)			户籍人口(万人)		
		2016	2015	增长速度(%)	2016	2015	增长速度(%)
全国	**9600000**	**138271**	**137462**	**0.6**			
京津冀地区							
北京	16411	2172.9	2170.5	0.1	1362.9	1345.2	1.3
天津	11917	1562.1	1547.0	1.0	1044.4	1026.9	1.7
河北	187693	7470.0	7424.9	0.6	7702.3	7649.8	0.7
石家庄	15848	1078.5	1070.2	0.8	974.4	1028.8	-5.3
唐山	13472	784.4	780.1	0.5	759.6	755.0	0.6
秦皇岛	7523	309.5	307.3	0.7	297.5	295.6	0.6
邯郸	12062	949.3	943.3	0.6	1054.7	1049.7	0.5
邢台	12486	732.0	729.4	0.3	788.4	780.4	1.0
保定	20584	1163.5	1155.2	0.7	1081.8	1202.2	-10.0
张家口	36873	442.5	442.2	0.1	469.6	469.0	0.1
承德	39548	353.2	353.0	0.05	383.3	382.3	0.3
沧州	14053	750.6	744.3	0.8	779.5	774.4	0.7
廊坊	6429	461.5	456.3	1.1	469.9	460.1	2.1
衡水	8815	445.3	443.5	0.4	454.9	452.3	0.6
长江三角洲地区							
上海	6341	2419.7	2415.3	0.2	1450.0	1443.0	0.5
江苏	107200	7998.6	7976.3	0.3	7775.7	7717.6	0.8
浙江	105500	5590.0	5539.0	0.9	4910.9	4873.3	0.8
珠江三角洲地区							
广州	7249	1404.4	1350.1	4.0	870.5	854.2	1.9
深圳	1997	1190.8	1137.9	4.7	400.5	369.6	8.3
珠海	1732	167.5	163.4	2.5	114.8	112.5	2.1
佛山	3798	746.3	743.1	0.4	400.2	389.0	2.9
惠州	11347	477.5	475.6	0.4	364.3	357.1	2.0
东莞	2460	826.1	825.4	0.1	200.9	195.0	3.0
中山	1784	323.0	321.0	0.6	161.3	158.7	1.6
江门	9505	454.4	452.0	0.5	393.9	391.4	0.6
肇庆	14891	408.5	406.0	0.6	444.2	438.3	1.3

8-2 三大经济区域主要城市指标对比

——地区生产总值

单位：亿元

地区	地区生产总值			第一产业		
	2016	2015	增长速度(%)	2016	2015	增长速度(%)
全　国	**744127.2**	**689052.1**	**6.7**	**63670.7**	**60862.1**	**3.3**
京津冀地区						
北　京	25669.1	23014.6	6.8	129.8	140.2	-8.7
天　津	17885.4	16837.9	9.1	220.2	208.8	3.0
河　北	32070.5	30025.1	6.8	3492.8	3439.5	3.5
石家庄	5927.7	5440.6	6.8	480.9	494.4	0.9
唐　山	6354.9	6103.1	6.8	599.0	569.1	3.5
秦皇岛	1349.4	1250.4	7.0	195.9	177.6	5.3
邯　郸	3361.1	3145.4	6.8	417.2	402.8	1.9
邢　台	1975.7	1764.7	7.1	269.8	275.6	3.4
保　定	3477.1	3300.6	7.2	452.7	433.5	3.9
张家口	1466.0	1363.5	7.0	266.0	243.7	4.8
承　德	1438.6	1358.7	6.9	237.8	235.6	6.7
沧　州	3544.7	3320.6	7.9	308.6	319.4	1.1
廊　坊	2720.5	2473.9	8.0	198.3	206.2	-0.1
衡　水	1420.2	1220.0	7.8	184.3	168.9	2.9
长江三角洲地区						
上　海	28178.7	25643.5	6.9	109.5	109.8	-6.6
江　苏	77388.3	70116.4	7.8	4077.2	3986.1	0.7
浙　江	47251.4	42886.5	7.6	1965.2	1832.9	2.7
珠江三角洲地区						
广　州	19547.4	18100.4	8.2	239.3	226.8	0.4
深　圳	19492.6	17502.9	9.0	7.2	6.7	-0.6
珠　海	2226.4	2025.4	8.5	43.5	45.1	-6.6
佛　山	8630.0	8003.9	8.3	145.3	136.5	2.2
惠　州	3412.2	3140.0	8.2	171.7	151.5	4.8
东　莞	6827.7	6275.1	8.1	24.2	21.0	5.6
中　山	3202.8	3010.0	7.8	68.3	66.5	-1.3
江　门	2418.8	2240.0	7.4	189.0	174.5	3.3
肇　庆	2084.0	1970.0	5.0	317.1	288.3	3.6

注：1.地区生产总值及分产业增加值的绝对值按现价计算，增长速度按可比价格计算；人均地区生产总值按常住人口计算。
2.2015年实施研发支出核算方法改革后，国家统计局对地区生产总值数据进行了调整；2016年按照国家统计局统一部署，实施地区研发支出核算方法改革（下表同）。

8-2 续表

单位：亿元

地区	第二产业			第三产业			人均地区生产总值(元)		
	2016	2015	增长速度(%)	2016	2015	增长速度(%)	2016	2015	增长速度(%)
全　国	**296236.0**	**282040.3**	**6.1**	**384220.5**	**346149.7**	**7.8**	**53980**	**50251**	**6.1**
京津冀地区									
北　京	4944.4	4542.6	6.8	20594.9	18331.7	7.0	118198	106497	6.3
天　津	7571.4	7918.1	8.4	10093.8	8710.9	10.0	115053	109916	7.5
河　北	15256.9	14386.9	4.9	13320.7	11979.8	9.9	43062	40551	6.1
石家庄	2693.9	2452.4	4.4	2752.9	2493.8	10.4	55177	51043	6.0
唐　山	3499.9	3364.5	5.1	2256.0	2169.5	10.2	81239	78398	6.2
秦皇岛	468.6	445.1	5.4	684.8	627.7	8.5	43755	40746	6.4
邯　郸	1600.2	1483.4	5.1	1343.7	1259.3	10.5	35519	33450	6.2
邢　台	925.8	793.7	5.7	780.2	695.5	10.2	27038	24256	6.6
保　定	1681.9	1645.7	6.5	1342.5	1221.4	9.3	29992	28648	6.5
张家口	547.2	545.6	3.4	652.8	574.3	11.3	33142	30840	6.9
承　德	658.8	636.4	5.1	542.0	486.7	9.5	40741	38505	6.9
沧　州	1757.8	1646.4	6.6	1478.3	1354.8	11.0	47425	44819	6.9
廊　坊	1203.8	1102.4	5.3	1318.4	1165.3	12.0	59281	54460	6.9
衡　水	668.3	563.1	5.2	567.5	488.0	12.4	31955	27543	7.4
长江三角洲地区									
上　海	8406.3	8259.0	1.2	19662.9	17274.6	9.6	116562	105944	7.0
江　苏	34619.5	32044.5	6.6	38691.6	34085.9	9.7	96887	87995	7.5
浙　江	21194.6	19711.7	5.7	24091.6	21341.9	9.7	84916	77644	6.8
珠江三角洲地区									
广　州	5751.6	5726.1	5.5	13556.6	12147.5	9.6	141933	136188	4.4
深　圳	7780.5	7207.9	8.0	11705.0	10288.3	9.8	167411	157985	3.7
珠　海	1079.9	1007.3	7.8	1103.0	973.0	10.0	134548	124706	6.5
佛　山	5146.0	4839.5	7.6	3338.7	3028.0	9.7	115891	108299	7.5
惠　州	1837.5	1726.1	8.1	1403.0	1262.4	8.8	71605	66231	7.7
东　莞	3173.2	2922.1	8.7	3630.3	3332.0	7.6	82682	75616	8.6
中　山	1677.3	1632.7	6.4	1457.3	1310.9	9.9	99471	94030	7.1
江　门	1150.8	1084.7	6.8	1079.1	980.8	8.7	53374	49608	7.0
肇　庆	999.4	990.2	3.7	767.5	691.5	7.5	51178	48670	4.4

8-3 三大经济区域主要城市指标对比
——财政、金融

单位：亿元

地 区	一般公共预算收入			一般公共预算支出		
	2016	2015	增长速度(%)	2016	2015	增长速度(%)
全 国	**87239.4**	**83002.0**	**5.1**	**160351.4**	**150335.6**	**6.7**
京津冀地区						
北 京	5081.3	4723.9	7.6	6406.8	5737.7	11.7
天 津	2723.5	2667.1	10.0	3699.4	3232.4	6.3
河 北	2849.9	2649.2	7.6	6049.5	5632.2	7.4
石家庄	410.7	375.1	9.5	746.1	682.4	9.3
唐 山	355.1	335.0	6.0	642.5	592.3	8.5
秦皇岛	116.0	114.4	1.4	245.6	228.3	7.6
邯 郸	204.5	190.6	7.3	531.6	515.6	3.1
邢 台	111.5	102.7	8.6	409.4	373.7	9.6
保 定	240.1	212.9	12.8	612.1	566.8	8.0
张家口	141.7	133.4	6.2	415.2	390.3	6.4
承 德	82.1	97.3	-15.6	303.8	292.5	3.8
沧 州	220.4	210.9	4.5	504.9	484.8	4.1
廊 坊	338.7	303.4	11.6	508.9	481.9	5.6
衡 水	95.7	88.5	8.1	302.8	268.9	12.6
长江三角洲地区						
上 海	6406.1	5519.5	16.1	6918.9	6191.6	11.7
江 苏	8121.2	8028.6	1.2	9982.0	9687.6	3.0
浙 江	5302.0	4809.9	9.8	6974.3	6646.0	4.9
珠江三角洲地区						
广 州	1393.6	1349.5	3.3	1943.8	1727.7	12.5
深 圳	3136.5	2726.9	15.0	4211.0	3521.7	19.6
珠 海	292.4	270.0	8.3	417.2	388.8	7.3
佛 山	604.5	557.6	8.4	695.9	799.9	-13.0
惠 州	361.3	340.0	6.3	509.1	486.1	4.7
东 莞	544.8	518.0	5.2	599.3	581.2	3.1
中 山	295.0	287.5	2.6	367.6	355.4	3.4
江 门	204.2	199.0	2.6	293.2	292.9	0.1
肇 庆	91.7	143.4	-36.0	248.2	267.7	-7.3

8-3 续表

单位：亿元

地 区	金融机构人民币存款余额			金融机构人民币贷款余额			住户存款余额		
	2016	2015	增长速度(%)	2016	2015	增长速度(%)	2016	2015	增长速度(%)
全 国	**1505864**	**1357022**	**11.0**	**1066040**	**939540**	**13.5**	**597751.1**	**546078.0**	**13.5**
京津冀地区									
北 京	132791.9	123767.4	7.3	56618.9	50559.5	12.0	29505.7	27703.9	6.5
天 津	28676.4	26754.3	7.2	27019.2	24104.9	12.1	9105.2	8721.5	4.4
河 北	55513.3	48550.9	14.3	37352.2	32151.4	16.2	32710.9	29116.7	12.3
石家庄	11077.9	10674.7	3.8	7175.9	8800.0	-18.5	5348.2	4928.9	8.5
唐 山	8279.9	7456.8	11.0	4975.0	4779.4	4.1	4893.2	4466.2	9.6
秦皇岛	2584.9	2390.8	8.1	1526.5	1500.4	1.7	1741.1	1558.9	11.7
邯 郸	4621.1	4139.5	11.6	3129.2	2803.8	11.6	3098.0	2707.2	14.4
邢 台	3335.3	2936.9	13.6	1995.9	1759.2	13.5	2402.4	2110.0	13.9
保 定	6298.5	5495.3	14.6	3083.4	2590.9	19.0	4166.6	3743.8	11.3
张家口	2882.8	2346.0	22.9	2026.4	1679.8	20.6	1816.6	1594.9	13.9
承 德	2210.3	1932.9	14.4	1656.8	1496.0	10.7	1438.7	1274.5	12.9
沧 州	4298.7	3823.8	12.4	2474.7	2132.4	16.1	2959.3	2641.4	12.0
廊 坊	6130.0	4918.4	24.6	4833.0	3325.4	45.3	2847.4	2377.4	19.8
衡 水	2566.5	2435.8	5.4	1458.8	1284.2	13.6	1924.6	1713.5	12.3
长江三角洲地区									
上 海	97331.2	92711.0	5.0	50931.3	45150.3	12.8	25113.0	23384.7	7.4
江 苏	121106.6	107873.0	12.3	91107.6	78866.3	15.5	43900.5	40563.0	8.2
浙 江	96438.2	87393.3	10.3	79926.1	74070.2	7.9	38077.1	34218.6	11.3
珠江三角洲地区									
广 州	45937.3	40732.0	12.8	28885.5	25540.4	13.1	13939.7	13236.3	5.3
深 圳	59562.3	51806.2	15.0	35165.5	27130.0	29.6	10361.2	9429.4	9.9
珠 海	5689.1	5058.5	12.5	3915.6	2828.4	38.4	1419.7	1297.0	9.5
佛 山	12789.6	11435.4	11.8	8515.6	7749.7	9.9	6652.3	6170.9	7.8
惠 州	4544.7	3598.2	26.3	3155.1	2442.0	29.2	1944.7	1717.1	13.3
东 莞	11198.4	9685.9	15.6	6402.5	5756.0	11.2	4878.8	4587.9	6.3
中 山	4690.5	4113.7	14.0	3238.0	2765.2	17.1	2277.3	2082.3	9.4
江 门	3870.1	3624.2	6.8	2367.1	2095.7	13.0	2400.9	2228.7	7.7
肇 庆	2023.1	1756.4	15.2	1283.2	1253.3	2.4	1263.1	1151.5	9.7

8-4 三大经济区域主要城市指标对比
——投资、消费

单位：亿元

地区	全社会固定资产投资			#房地产开发			社会消费品零售总额		
	2016	2015	增长速度(%)	2016	2015	增长速度(%)	2016	2015	增长速度(%)
全　国	**606465.7**	**561999.8**	**7.9**	**102580.6**	**95978.8**	**6.9**	**332316.3**	**300930.8**	**10.4**
京津冀地区									
北　京	7943.9	7990.9	-0.6	4000.6	4226.3	-5.3	11005.1	10338.0	6.5
天　津	14629.2	13065.2	12.0	2300.0	1871.6	22.9	5635.8	5257.3	7.2
河　北	31750.0	29448.3	7.8	4695.6	4285.3	9.6	14364.7	12990.7	10.6
石家庄	5957.6	5727.5	4.0	1036.3	986.3	5.1	2975.2	2693.0	10.5
唐　山	5036.3	4619.6	9.0	458.9	568.7	-19.3	2371.1	2147.9	10.4
秦皇岛	892.5	892.4	0.01	251.7	257.2	-2.2	699.8	633.8	10.4
邯　郸	3818.4	3526.6	8.3	381.7	341.3	11.9	1508.9	1364.5	10.6
邢　台	2066.9	1886.6	9.6	191.5	182.0	5.3	969.9	875.3	10.8
保　定	2965.0	2754.0	7.7	735.8	538.8	36.5	1828.2	1652.7	10.6
张家口	1647.3	1574.2	4.6	326.0	211.7	54.0	683.2	618.1	10.5
承　德	1632.8	1535.1	6.4	136.6	131.5	3.9	543.3	490.8	10.7
沧　州	3530.7	3169.9	11.4	283.4	238.1	19.0	1227.8	1109.1	10.7
廊　坊	2490.8	2166.8	15.0	703.6	670.9	4.9	881.9	796.4	10.7
衡　水	1255.2	1129.5	11.1	190.1	158.9	19.6	675.4	609.0	10.9
长江三角洲地区									
上　海	6755.9	6352.7	6.3	3709.0	3468.9	6.9	10946.6	10131.5	8.0
江　苏	49663.2	46246.9	7.4	8956.4	8153.7	9.8	28707.1	25876.8	10.9
浙　江	30276.1	26664.7	13.5	7469.4	7111.9	5.0	21970.8	19784.7	11.0
珠江三角洲地区									
广　州	5703.6	5406.0	5.5	2540.9	2137.6	18.9	8706.5	7988.0	9.0
深　圳	4078.2	3298.3	23.6	1756.5	1331.0	32.0	5512.8	5017.8	9.9
珠　海	1389.8	1305.1	6.5	641.0	524.1	22.3	1016.1	915.2	11.0
佛　山	3512.0	3035.5	15.7	1230.0	945.4	30.1	3017.8	2705.2	11.6
惠　州	2039.7	1863.9	9.4	747.6	610.5	22.5	1227.9	1070.7	14.7
东　莞	1557.5	1446.5	7.7	642.8	575.2	11.7	2470.8	2184.7	13.1
中　山	1149.0	1055.4	8.9	543.6	481.0	13.0	1205.8	1086.7	11.0
江　门	1517.8	1307.9	16.0	353.6	311.0	13.7	1159.1	1034.3	12.1
肇　庆	1373.7	1330.0	3.3	145.2	159.8	-9.1	732.0	648.4	12.9

8-5 三大经济区域主要城市指标对比
——对外经济贸易

单位：亿美元

地区	地方出口值			地方进口值			实际利用外商直接投资		
	2016	2015	增长速度(%)	2016	2015	增长速度(%)	2016	2015	增长速度(%)
全国	**20976.3**	**22734.7**	**-7.7**	**15879.3**	**16795.6**	**-5.5**	**1260.0**	**1262.7**	**-0.2**
京津冀地区									
北京	520.2	546.7	-4.8	2303.3	2647.5	-13.0	130.3	130.0	0.2
天津	442.9	511.8	-13.4	583.7	631.6	-7.6	101.0	211.3	12.2
河北	305.8	329.4	-7.2	160.5	185.4	-13.6	73.5	61.8	19.0
石家庄	70.2	73.2	-4.1	45.8	48.1	-5.3	11.8	9.0	31.2
唐山	71.1	85.2	-16.6	36.2	53.9	-33.1	14.4	12.3	16.5
秦皇岛	29.6	29.8	-0.7	14.4	16.3	-11.7	6.6	5.3	25.3
邯郸	15.7	17.5	-10.1	9.5	12.2	-21.8	9.7	7.9	22.4
邢台	13.5	13.3	1.8	4.5	4.5	-0.3	5.1	1.5	248.0
保定	29.4	34.2	-14.2	11.3	13.2	-14.6	6.6	4.3	52.7
张家口	4.0	4.3	-7.4	1.6	2.4	-31.9	4.1	3.2	30.4
承德	4.4	3.8	14.2	0.4	0.2	130.7	1.1	1.2	-4.2
沧州	21.0	21.4	-2.1	7.5	6.1	21.9	4.2	4.0	4.1
廊坊	22.6	23.4	-3.6	27.2	25.1	8.1	7.8	6.7	17.3
衡水	24.4	23.2	5.2	2.2	3.5	-36.5	2.2	1.6	32.7
长江三角洲地区									
上海	1834.7	1969.7	-6.9	2503.4	2547.6	-1.7	185.1	184.6	0.3
江苏	3190.5	3386.7	-5.8	1902.4	2069.5	-8.1	245.4	242.8	1.1
浙江	2678.6	2763.3	-3.1	687.1	704.5	-2.5	175.8	169.6	3.6
珠江三角洲地区									
广州	781.8	811.7	-3.7	511.3	526.9	-3.0	57.0	54.2	5.3
深圳	2373.4	2640.4	-10.1	1611.0	1784.2	-9.7	67.3	65.0	3.6
珠海	273.3	288.1	-5.1	144.0	188.3	-23.5	22.9	21.8	5.4
佛山	469.8	482.1	-2.5	152.0	175.1	-13.2	14.7	23.8	-38.1
惠州	298.8	347.8	-14.1	162.7	195.8	-16.9	11.4	11.0	3.4
东莞	990.1	1036.1	-4.4	734.8	639.3	14.9	39.3	53.2	-26.2
中山	266.6	280.1	-4.8	71.9	75.9	-5.3	4.7	4.6	4.0
江门	150.3	153.7	-2.2	40.6	44.6	-9.0	4.8	8.8	-45.9
肇庆	46.8	47.7	-1.8	22.6	34.4	-34.4	3.7	13.9	-73.4

注：各地区进出口数据按经营单位所在地统计。

8–6 三大经济区域主要城市指标对比
——旅 游

地 区	入境旅游者人数(万人次)			旅游创汇(亿美元)		
	2016	2015	增长速度(%)	2016	2015	增长速度(%)
全 国	**13844.4**	**13382.0**	**3.5**	**1200.0**	**1136.5**	**5.6**
京津冀地区						
北 京	416.5	420.0	-0.8	50.7	46.1	10.0
天 津	335.0	326.0	2.8	35.6	33.0	7.8
河 北	147.6	138.2	6.8	6.7	6.2	7.8
石家庄	19.3	18.6	3.8	0.7	0.9	-27.6
唐 山	10.7	9.5	13.2	0.4	0.5	-4.3
秦皇岛	29.1	28.4	2.5	2.1	1.8	16.4
邯 郸	5.8	5.1	12.8	0.2	0.2	-7.2
邢 台	2.7	2.4	12.6	0.07	0.07	3.8
保 定	15.9	15.0	6.1	0.5	0.5	-5.7
张家口	11.2	10.6	5.5	0.3	0.3	1.5
承 德	32.5	31.2	4.2		1.2	
沧 州		2.7			0.1	
廊 坊	15.5	13.7	13.2	0.5	0.5	-10.8
衡 水	1.6	1.1	52.0	0.04	0.02	44.4
长江三角洲地区						
上 海	854.4	800.2	6.8	65.3	59.6	9.6
江 苏	329.8	305.0	8.1	38.0	35.3	7.8
浙 江	1120.3	1012.0	10.7	74.3	67.9	9.5
珠江三角洲地区						
广 州	862.5	803.6	7.3	62.7	57.0	10.1
深 圳	1171.2	1218.7	-3.9	47.3	49.7	-4.9
珠 海	317.2	309.5	2.5	10.4	9.6	8.5
佛 山	139.8	137.5	1.7	14.4	13.8	5.0
惠 州	227.5	222.6	2.2	9.3	8.8	4.6
东 莞	253.4	254.6	-0.4	15.5	15.8	-1.5
中 山	62.2	59.8	3.9	2.7	3.0	-8.9
江 门	222.7	195.1	14.2	10.9	9.7	12.8
肇 庆	51.5	49.6	3.9	3.3	3.2	1.5

8-7 三大经济区域主要城市指标对比

——物 价

单位：%

地 区	居民消费价格指数		工业生产者出厂价格指数		工业生产者购进价格指数	
	2016	2015	2016	2015	2016	2015
全 国	**102.0**	**101.4**	**98.6**	**94.8**	**98.0**	**93.9**
京津冀地区						
北 京	101.4	101.8	98.1	96.9	98.5	93.7
天 津	102.1	101.7	97.9	90.3	98.3	92.4
河 北	101.5	100.9	99.9	89.1	98.3	90.3
石家庄	101.6	101.0				
唐 山	101.4	101.0				
秦皇岛	101.2	101.1				
邯 郸	101.4	101.9				
邢 台	101.6	101.0				
保 定	101.8	101.0				
张家口	101.4	100.7				
承 德	101.7	101.4				
沧 州	101.6	101.4				
廊 坊	101.4	100.4				
衡 水	101.6	100.9				
长江三角洲地区						
上 海	103.2	102.4	98.8	96.1	97.7	90.6
江 苏	102.3	101.7	98.1	95.3	98.0	92.1
浙 江	101.9	101.4	98.3	96.4	97.8	94.5
珠江三角洲地区						
广 州	102.7	101.7	98.8	96.8		
深 圳	102.4	102.2	99.3	97.6		
珠 海	101.9	101.7	99.4	96.9		
佛 山	102.3	101.6	99.2	97.2		
惠 州	101.9	101.9	98.3	92.5		
东 莞	102.7	101.4	99.9	98.2		
中 山	101.9	100.8	99.7	98.0		
江 门	102.2	101.8	99.3	97.8		
肇 庆	101.7	100.8	98.9	96.3		

8-8 三大经济区域主要城市指标对比
——从业人员

单位：万人

地区	从业人员			第一产业		
	2016	2015	增长速度(%)	2016	2015	增长速度(%)
全　国	**77603**	**77451**	**0.2**	**21496**	**21929**	**-2.0**
京津冀地区						
北　京	1220.1	1186.1	2.9	49.6	50.3	-1.4
天　津	902.4	896.8	0.6	65.1	66.2	-1.6
河　北	4224.0	4212.5	0.3	1380.3	1387.8	-0.5
长江三角洲地区						
上　海	1365.2	1361.5	0.3	45.5	46.0	-1.2
江　苏	4756.2	4758.5	0.0	841.9	875.6	-3.9
浙　江	3760.0	3733.7	0.7	466.2	492.7	-5.4
珠江三角洲地区						
广　州	835.3	811.0	3.0	62.1	62.9	-1.2
深　圳	926.4	906.1	2.2	0.1	0.1	-15.4
珠　海	109.6	108.9	0.6	6.2	7.3	-16.1
佛　山	438.8	438.4	0.1	22.1	21.6	2.0
惠　州	285.6	281.5	1.4	49.4	50.1	-1.5
东　莞	654.0	653.4	0.1	5.9	6.1	-3.1
中　山	213.0	210.5	1.2	10.0	9.8	2.0
江　门	244.1	242.9	0.5	79.4	79.0	0.5
肇　庆	220.3	218.4	0.9	106.5	112.2	-5.1

8-8 续表

单位：万人

地区	第二产业			第三产业		
	2016	2015	增长速度(%)	2016	2015	增长速度(%)
全　国	**22350**	**22693**	**-1.5**	**33757**	**32839**	**2.8**
京津冀地区						
北　京	193.0	200.8	-3.9	977.5	935.0	4.5
天　津	306.4	320.2	-4.3	530.9	510.5	4.0
河　北	1439.7	1437.4	0.2	1403.9	1387.2	1.2
长江三角洲地区						
上　海	448.5	459.7	-2.4	871.3	855.8	1.8
江　苏	2045.2	2046.2	-0.05	1869.2	1836.8	1.8
浙　江	1782.2	1804.3	-1.2	1511.5	1436.7	5.2
珠江三角洲地区						
广　州	288.1	286.9	0.4	485.1	461.2	5.2
深　圳	418.5	422.6	-1.0	507.8	483.4	5.0
珠　海	54.7	54.7	0.0	48.7	46.9	3.9
佛　山	252.1	253.2	-0.5	164.7	163.6	0.7
惠　州	142.7	139.8	2.1	93.5	91.6	2.1
东　莞	446.3	445.8	0.1	201.8	201.5	0.1
中　山	140.8	140.0	0.5	62.3	60.7	2.6
江　门	96.0	95.9	0.1	68.7	68.0	1.0
肇　庆	56.8	54.8	3.7	57.0	51.5	10.7

8-9 三大经济区域主要城市指标对比
——职工工资与居民收入

地区	城镇单位在岗职工年末人数(万人)			城镇单位在岗职工平均工资(元)		
	2016	2015	增长速度(%)	2016	2015	增长速度(%)
全国	**17888.1**	**18062.5**	**-1.0**	**68993**	**63241**	**9.1**
京津冀地区						
北京	733.5	724.8	1.2	122749	113073	8.6
天津	270.3	278.2	-2.8	87806	81486	7.8
河北	595.6	599.8	-0.7	56987	52409	8.7
石家庄	95.1	96.0	-0.9	60566	54441	11.3
唐山	83.3	85.1	-2.1	59623	55565	7.3
秦皇岛	30.4	31.2	-2.6	61988	56397	9.9
邯郸	70.4	71.4	-1.4	50847	46550	9.2
邢台	42.4	41.9	1.1	50205	46944	6.9
保定	92.6	91.5	1.2	54279	50394	7.7
张家口	34.6	35.3	-1.9	52277	48892	6.9
承德	26.8	27.4	-2.2	53449	49071	8.9
沧州	47.5	48.2	-1.4	58122	54779	6.1
廊坊	45.0	43.6	3.4	71352	63426	12.5
衡水	27.5	28.2	-2.7	50134	47088	6.5
长江三角洲地区						
上海	627.8	637.2	-1.5	120503	109279	10.3
江苏	1410.7	1467.5	-3.9	72684	67200	8.2
浙江	1003.1	1027.5	-2.4	74644	66668	12.0
珠江三角洲地区						
广州	311.5	304.1	2.4	89096	81171	9.8
深圳	442.6	447.4	-1.1	89757	81034	10.8
珠海	69.9	71.2	-1.9	74931	67958	10.3
佛山	169.3	167.4	1.2	67187	61810	8.7
惠州	92.7	88.3	5.0	64766	58607	10.5
东莞	226.9	226.8	0.1	57649	53221	8.3
中山	78.3	81.1	-3.4	64790	58776	10.2
江门	56.2	55.6	1.0	61366	54106	13.4
肇庆	40.8	41.1	-0.9	59591	54469	9.4

注：1.本表中全国、上海数据口径为城镇单位就业人员口径。

2.本表中天津、河北省及其各市数据以及珠三角地区各市数据口径为城镇非私营单位在岗职工数据口径。

8-9 续表

地区	城镇居民人均可支配收入(元)			农村居民人均可支配收入(元)		
	2016	2015	增长速度(%)	2016	2015	增长速度(%)
全　国	**33616**	**31195**	**7.8**	**12363**	**11422**	**8.2**
京津冀地区						
北　京	57275	52859	8.9	22310	20569	9.0
天　津	37110	34101	8.8	20076	18482	8.6
河　北	28249	26152	8.0	11919	11051	7.9
石家庄	30459	28168	8.1	12345	11442	7.9
唐　山	33725	31272	7.8	15023	13935	7.8
秦皇岛	30348	28158	7.8	11621	10782	7.8
邯　郸	26603	24630	8.0	12153	11247	8.0
邢　台	23913	21895	9.2	10006	9152	9.3
保　定	25680	23663	8.5	11612	10558	10.0
张家口	26069	23841	9.3	9241	8341	10.8
承　德	24856	22885	8.6	8736	7923	10.3
沧　州	28605	26350	8.6	11340	10389	9.2
廊　坊	34633	31925	8.5	14286	13159	8.6
衡　水	23787	21615	10.0	10069	9030	11.5
长江三角洲地区						
上　海	57692	52962	8.9	25520	23205	10.0
江　苏	40152	37173	8.0	17606	16257	8.3
浙　江	47237	43714	8.1	22866	21125	8.2
珠江三角洲地区						
广　州	50941	46735	9.0	21449	19323	11.0
深　圳	48695	44633	9.1			
珠　海	42537	38322	11.0	22889	20510	11.6
佛　山	43120	39757	8.5	24159	22063	9.5
惠　州	33213	30057	10.5	17603	15830	11.2
东　莞	43096	39793	8.3	26526	24225	9.5
中　山	41613	37254	11.7	27529	24405	12.8
江　门	29557	27117	9.0	15226	13817	10.2
肇　庆	25907	23746	9.1	15115	13982	8.1

2017
北京区域统计年鉴

第九章

BEIJING AREA
STATISTICAL YEARBOOK

北京与全国对比

简要说明

一、本章资料的主要内容

本章资料主要反映北京与全国主要指标数据对比和北京各项指标占全国比重情况，内容涵盖了产业发展、财政、金融、旅游、对外贸易、人口、就业、收入、教育、婚姻、城市建设等经济领域。

二、本章资料的数据来源

本章北京市数据由北京市统计局根据相关资料整理提供，全国数据摘自 2017 年出版的《中国统计年鉴》。

9-1 北京与全国主要指标对比
——经 济

项 目		2016			2015		
		北 京	全 国	北京占全国(%)	北 京	全 国	北京占全国(%)
地区生产总值	(亿元)	25669.1	744127.2	3.4	23685.7	689052.1	3.4
第一产业	(亿元)	129.8	63670.7	0.2	140.4	60862.1	0.2
第二产业	(亿元)	4944.4	296236.0	1.7	4660.6	282040.3	1.7
第三产业	(亿元)	20594.9	384220.5	5.4	18884.7	346149.7	5.5
人均地区生产总值	(元)	118198	53980	—	109603	53980	—
一般公共预算收入	(亿元)	5081.3	87239.4	5.8	4723.9	83002.0	5.7
一般公共预算支出	(亿元)	6406.8	160351.4	4.0	5737.7	150335.6	3.8
全社会固定资产投资	(亿元)	8461.7	606465.7	1.4	7990.9	561999.8	1.4
社会消费品零售总额	(亿元)	11005.1	332316.3	3.3	10338.0	300930.8	3.4
海关出口值	(亿美元)	520.2	20976.3	2.5	546.7	22734.7	2.4
海关进口值	(亿美元)	2303.6	15879.3	14.5	2647.5	16795.6	15.8
外商直接投资项目数	(个)	1073	27900	3.8	1386	26575	5.2
实际利用外商直接投资	(亿美元)	130.3	1260.0	10.3	130.0	1262.7	10.3
入境旅游人数	(万人次)	416.5	13844.4	3.0	420.0	13382.0	3.1
金融机构(含外资)人民币存款余额	(亿元)	132791.9	1505863.8	8.8	123767.4	1357021.6	9.1
#住户存款余额	(亿元)	29505.7	597751.1	4.9	22703.9	546077.9	4.2
金融机构(含外资)人民币贷款余额	(亿元)	56618.9	1066040.1	5.3	58559.4	939540.2	6.2

注：1. 部分数据取自《北京统计年鉴》、《中国统计年鉴》。
2. 全国一般公共预算收支为全国31个省（市、自治区）合计数。
3. 2015年实施研发支出核算方法改革后，国家统计局对地区生产总值数据进行了调整；2016年按照国家统计局统一部署，实施地区研发支出核算方法改革，北京市对1996年以来的数据进行了调整。

9-2 北京与全国主要指标对比
——社 会

项 目		2016			2015		
		北 京	全 国	北京占全国(%)	北 京	全 国	北京占全国(%)
年底人口数(年末常住人口)	(万人)	2172.9	138271	1.6	2170.5	137462	1.6
城镇人口	(万人)	1879.6	79298	2.4	1877.7	77116	2.4
乡村人口	(万人)	293.3	58973	0.5	292.8	60346	0.5
从业人员	(万人)	1220.1	77603	1.6	1186.1	77451	1.5
城镇居民人均可支配收入	(元)	57275	33616	—	52859	31195	—
农村居民人均可支配收入	(元)	22310	12363	—	20569	11422	—
登记结婚对数	(万对)	16.6	1142.8	1.5	16.6	1224.7	1.4
登记离婚对数	(万对)	10.6	415.8	2.5	8.2	384.1	2.1
普通高等学校本专科在校学生数	(万人)	58.8	2695.8	2.2	59.3	2625.3	2.3
普通中学在校学生数	(万人)	43.1	6696.0	0.6	45.3	6686.3	0.7
小学在校学生数	(万人)	86.8	9913.0	0.9	85.0	9692.2	0.9
城市排水管道长度	(万公里)	1.7	57.7	2.9	1.6	54.0	2.9
客运出租小轿车	(万辆)	6.8	110.3	6.2	6.8	109.2	6.3

注：表中普通中学在校学生数范围为普通高中和普通初中。

2017
北京区域统计年鉴

附 录

BEIJING AREA
STATISTICAL YEARBOOK

指标解释

附录：指标解释

（一）法人情况

法人单位 指有权拥有资产、承担负债，并独立从事社会经济活动（或与其他单位进行交易）的组织。法人单位应同时具备以下条件：（1）依法成立，有自己的名称、组织机构和场所，能够独立承担民事责任；（2）独立拥有（或授权使用）资产或者经费，承担负债，有权与其他单位签订合同；（3）具有包括资产负债表在内的账户，或者能够根据需要编制账户。

单产业法人 指仅包含一个产业活动单位的法人单位，该法人单位同时也是一个产业活动单位。

多产业法人 指由两个及以上产业活动单位组成的法人单位，这些产业活动单位接受法人单位的管理和控制。

（二）人口和就业

户籍人口 指公民依照《中华人民共和国户口登记条例》已在其经常居住地的公安户籍管理机关登记了常住户口的人。

常住人口 指在某地区实际居住半年以上的人口。

常住外来人口 指不具有本市户籍户口，来自北京市行政区划以外的省、自治区、直辖市，且在京居住半年以上的人口。

从业人员 指在各级国家机关、党政机关、社会团体及企业、事业单位中工作，取得工资或其他形式的劳动报酬的全部人员，包括在岗职工、聘用的离退休人员，在单位中工作的港澳台及外籍人员、兼职人员、借用的外单位人员和第二职业者，不包括本单位的不在岗职工。

在岗职工 指在本单位工作并由单位支付工资的人员，以及有工作岗位，但由于学习、病伤产假（6个月以内）等原因暂未工作，仍由单位支付工资的人员。

在岗职工工资总额 指单位在报告期内直接支付给本单位在岗职工的劳动报酬总额，包括基础工资、职务工资、级别工资、工龄工资、计件工资、奖金、各种津贴和补贴、交通补贴、洗理费、书报费、旅游费、过节费、伙食补助、住房补贴、住房提租补贴、由单位从个人工资中直接为其代扣或代缴的个人所得税、房水电费、住房公积金、社会保险基金个人缴纳部分等。

在岗职工平均工资 指企业、事业、机关等单位的在岗职工在一定时期内的人均劳动报酬，它表明一定时期在岗职工工资收入的高低程度，是反映在岗职工工资水平的主要指标。

（三）国民经济核算

地区生产总值 指按市场价格计算的地区生产总值的简称，它是一个地区所有常住单位在一定时期内生产活动的最终成果。地区生产总值有三种表现形式：价值形态、收入形态和产品形态。从价值形态看，它是所有常住单位在一定时期内所生产的全部货物和服务价值超过同期投入的全部非固定资产货物和服务价值的差额，即所有常住单位的增加值之和；从收入形态看，它是所有常住单位在一定时期内所创造并分配给常住单位和非常住单位的初次分配收入之和；从产品形态看，它是最终使用的货物和服务减去进口货物和服务。在实际核算中，地区生产总值的三种表现形态表现为三种计算方法：生产法、收入法和支出法，三种方法分别从不同的方面反映地区生产总值及其构成。

三次产业 根据社会生产活动历史发展的顺序对产业结构的划分，产品直接取自自然界的部门称为第一产业，对初级产品进行再加工的部门称为第二产业，为生产和消费提供各种服务的部门称为第三产业。这是世界上通用的产业结构分类，但各国的划分不尽一致。我国 2011 年版国民经济行业分类标准：

第一产业：农、林、牧、渔业（不含农、林、牧、渔服务业）。

第二产业：采矿业（不含开采辅助活动），制造业（不含金属制品、机械和设备修理业），电力、热力、燃气及水生产和供应业，建筑业。

第三产业：除第一产业、第二产业以外的其他行业。

（四）财政和税收

一般公共预算收入 通过一定的形式和程序，由各级财政部门组织并纳入预算管理的各项收入。

税收收入 包括增值税、营业税、企业所得税、个人所得税、资源税、城市维护建设税、房产税、印花税、城镇土地使用税、土地增值税、车船税、耕地占用税、契税等。

一般公共预算支出 指各级财政部门对集中的一般预算收入有计划地分配和使用而安排的支出。

一般公共服务支出 指政府提供基本公共管理与服务的支出，包括人大事务、政协事务、政府办公厅（室）及相关机构事务、发展与改革事务、统计信息事务、财政事务、税收事务、审计事务、海关事务、人力资源事务、纪检监察事务、人口与计划生育事务、 商贸事务、知识产权事务、工商行政管理事务、国土资源事务、 海洋管理事务、 测绘事务、地震事务、气象事务、民族事务、宗教事务、港澳台侨事务、档案事务、共产党事务、民主党派事务及工商联事务、群众团体事务、彩票事务等。

教育支出 指政府教育事务支出，包括教育行政管理、学前教育、小学教育、初中教育、普通高中教育、普通高等教育、初等职业教育、中专教育、技校教育、职业高中教育、高等职业教育、广播电视教育、留学生教育、特殊教育、干部继续教育、教育机关服务等。

科学技术支出 指用于科学技术方面的支出，包括科学技术管理事务、基础研究、应用研究、技术研究与开发、科技条件与服务、社会科学、科学技术普及、科技交流与合作等。

社会保障和就业支出 指政府在社会保障与就业方面的支出，包括社会保障和就业管理事务、民政管理事务、财政对社会保险基金的补助、补充全国社会保障基金、行政事业单位离退休、企业改革补助、就业补助、抚恤、退役安置、社会福利、残疾人事业、城市居民最低生活保障、其他城镇社会救济、农村社会救济、自然灾害生活救助、红十字事务等。

医疗卫生与计划生育支出 指政府医疗卫生与计划生育管理方面的支出。

节能环保支出 指政府环境保护支出，包括环境保护管理事务支出、环境监测与监察支出、污染治理支出、自然生态保护支出、天然林保护工程支出、退耕还林支出、风沙荒漠治理支出、退牧还草支出、已垦草原退耕还草、能源节约利用、污染减排、可再生能源和资源综合利用等支出。

交通运输支出 指政府交通运输和邮政业方面的支出，包括公路运输支出、水路运输支出、铁路运输支出、民用航空运输支出、邮政业支出等。

城乡社区事务支出 指政府城乡社区事务支出，包括城乡社区管理事务支出、城乡社区规划与管理支出、城乡社区公共设施支出、城乡社区住宅支出、城乡社区环境卫生支出、建设市场管理与监督支出等。

农林水事务支出 指政府农林水事务支出，包括农业支出、林业支出、水利支出、扶贫支出、农业综合开发支出等。

税费收入 指由各级地方税务局征缴的各项税收收入和罚没收入，包括企业所得税、个人所得税、资源税、房产税、契税、城市维护建设税等。

（五）投资和建筑业

全社会固定资产投资 包括城镇固定资产投资（含房地产开发投资）和农村固定资产投资。

城镇固定资产投资 指城镇各种登记注册类型的企业、事业、行政单位及个体户进行的计划总投资在 500 万元及以上的建设项目投资；镇及镇以上各级政府及主管部门直接领导、管理的建设项目和企事业单位的投资均为城镇固定资产投资。

农村固定资产投资 农村投资统计以投资项目建设地址所在的地域为界定农村投资统计的范围，即农村投资是指各种投资主体建设的建设项目地址在农村区域范围内的、以满足农村居民生产、生活需要为主要目的的各种投资活动。农村固定资产投资包括农户和非农户固定资产投资。

房地产开发投资 指从本年 1 月 1 日起至本年最后一天止完成的全部用于房屋建设工程和土地开发工程的投资额，以及公益性建筑和土地购置费等投资。

房屋施工面积 指报告期内施工的全部房屋建筑面积。包括本期新开工的面积和上年开工跨入本期继续施工房屋面积，以及上期已停建在本期恢复施工的房屋面积。本期竣工和本期施工后又停建、缓建的房屋面积仍包括在施工面积中，多层建筑应填各层建筑面积之和。

房屋竣工面积 指报告期内房屋建筑按照设计要求已全部完工，达到住人和使用条件，经验收鉴定合格（或达到竣工验收标准），可正式移交使用的各栋房屋建筑面积的总和。

建筑业总产值 以货币表现的建筑业企业在一定时期内生产的建筑产品和服务的总和，包括建筑工程产值、安装工程产值、其他产值三部分内容。

年末从业人员 指年末最后一日 24 小时在本单位工作，并取得工资或其他形式劳动报酬的人员数。该指标为时点指标不包括最后一日当天及以前与单位解除劳动合同关系的人员，是在岗职工、劳务派遣人员及其他从业人员之和。

利润总额 指企业在一定会计期间的经营成果，是生产经营过程中各种收入扣除各种耗费后的盈余，反映企业在报告期内实现的亏盈总额。

（六）能源、环境

能源消费总量 指一定地域（行政或地理区域）内，国民经济各行业和居民家庭在一定时期所消费的各种能源的总和。能源消费总量包括终端能源消费量、能源加工转换损失量、能源运输和管理过程的损失量三部分。

生活垃圾无害化处理量 指报告期内简易处理场和各种垃圾无害化处理场（厂）处理垃圾的总量。垃圾简易处理量指垃圾简易填埋场所处理的垃圾总量，垃圾无害化处理量指垃圾无害化处理场（厂）所处理的垃圾总量。

生活垃圾无害化处理率 指报告期垃圾无害化处理量与垃圾产生量的比率。在统计时，如果生活垃圾产生量不易取得，可用清运量代替。

污水处理量 指污水处理厂和处理装置实际处理的污水量，包括物理处理量、生物处理量和化学处理量。

（七）农　　业

农林牧渔业总产值 以货币表现的农林牧渔业的全部产品总量和对农林牧渔业生产活动进行的各种支持性服务活动的价值。

农作物播种面积 指实际播种或移植有农作物的面积。凡是实际种植有农作物的面积，不论种植在耕地上还是种植在非耕地上，均包括在农作物播种面积中。在播种季节基本结束后，因遭灾重新改种和补种的农作物面积，也包括在内。

设施农业 指以工厂化生产方式，建造人工设施，改变气候条件，提高农作物抵御自然灾害的能力，改良生物特性，使作物实现错季或反季节生产，达到农作物均衡生产的目的。

农业机械总动力 指主要用于农、林、牧、渔业的各种动力机械的动力总和，包括耕作机械、排灌机械、收获机械、农用运输机械、植物保护机械、牧业机械、渔业机械和其他农用机械（内燃机按引擎马力折成瓦（特）计算，电动机按功率折成瓦（特）计算）。不包括专门用于乡、镇、村、组办工业、基本建设、非农业运输、科学实验和教学等非农业生产方面用的动力机械与作业机械。

农村用电量 指本年度内，扣除在农村中的国有经济工业交通、基建等单位的用电量以后的农村生产和生活的全年用电总量（计量单位千瓦小时，按全年累计数统计），即包括国家电网供电，也包括农村自办电站供电量。

农用化肥施用量 指本年度内实际用于农业生产的化学肥料数量，包括氮肥、磷肥、钾肥和复合肥。施用量要求按折纯量计算数量，即各类化学肥料的实际施用数量按其含氮、五氧化二磷、氧化钾的比例折成百分之百计算。

乡镇及行政村常住户数 指长期（一年以上）居住在乡镇（不包括城关镇）行政管理区域内的住户，还包括居住在城关镇所辖行政村范围内的农村住户。户口不在本地而在本地居住一年及以上的住户也包括在本地农村住户内；有本地户口，但举家外出谋生一年以上的住户，无论是否保留承包耕地都不包括在本地农村住户范围内，不包括乡村地区内的国有经济的机关、团体、学校、企业、事业单位的集体户。

乡镇及行政村常住人口 指乡村地区常住居民户数中的常住人口数，即经常在家或在家居住6个月以上，而且经济和生活与本户连成一体的人口。外出从业人员在外居住时间虽然在6个月以上，但收入主要带回家中，经济与本户连为一体，仍视为家庭常住人口；在家居住，生活和本户连成一体的国家职工、退休人员也为家庭常住人口。但是现役军人、中专及以上（走读生除外）的在校学生、常年在外（不包括探亲、看病等）且已有稳定的职业与居住场所的外出从业人员，不应当作家庭常住人口。

乡镇及行政村从业人员 指全部乡镇及行政村人口中 16 岁以上实际参加生产经营活动并取得实物或货币收入的人员，既包括劳动年龄内经常参加劳动的人员，也包括超过劳动年龄但经常参加劳动的人员，但不包括户口在家的在外学生、现役军人和丧失劳动能力的人，也不包括待业人员和家务劳动者。从业人员按从事主业时间最长（时间相同按收入）分为农业从业人员，工业从业人员，建筑业从业人员，交通运输仓储及邮政业从业人员，信息传输、计算机服务和软件业，批发与零售业从业人员，住宿和餐饮业从业人员及其他从业人员。

（八）工　业

工业总产值　指工业企业在报告期内生产的以货币形式表现的工业最终产品和提供工业劳务活动的总价值量，包括在本企业内不再进行加工，经检验、包装入库（规定不需包装的产品除外）的成品价值，对外加工费收入，自制半成品、在制品期末期初差额价值。工业总产值采用“工厂法”计算，即以工业企业作为一个整体，按企业生产活动的最终成果来计算。

轻工业　指主要提供生活消费品和制作手工工具的工业。按其所使用的原料不同，可分为两大类：（1）以农业为原料的轻工业，是指直接或间接以农产品为基本原料的轻工业，主要包括食品制造、饮料制造、烟草加工、纺织、缝纫、皮革和毛皮制作、造纸以及印刷等工业。（2）以非农产品为原料的轻工业，是指以工业品为原料的轻工业，主要包括文教体育用品、化学药品制造、合成纤维制造、日用化学制品、日用玻璃制品、日用金属制品、手工工具制造、医疗器械制造、文化和办公用机械制造等工业。

重工业　指为国民经济各部门提供物质技术基础的主要生产资料的工业，按其生产性质和产品用途，可以分为下列三类：（1）采掘（伐）工业。指对自然资源的开采，包括石油开采、煤炭开采、金属矿开采、非金属矿开采和木材采伐等工业。（2）原材料工业。指向国民经济各部门提供基本材料、动力和燃料的工业，包括金属冶炼及加工、炼焦及焦炭化学、化工原料、水泥、人造板以及电力、石油和煤炭加工等工业。（3）加工工业。指对工业原材料进行再加工制造的工业，包括装备国民经济各部门的机械设备制造工业、金属结构、水泥制品等工业，以及为农业提供的生产资料如化肥、农药等工业。

工业销售产值　以货币形式表现的，工业企业在报告期内销售的本企业生产的工业产品或提供工业性劳务价值的总价值量。包括企业在报告期内实际销售（包括本期生产和非本期生产）的全部成品、半成品的总价值，报告期内完成的对外承接的工业品加工的加工费收入，对外工业品修理作业可获取的加工费收入和对内非工业部门提供的加工修理、设备安装等收入。已销售的成品、半成品不论是本期生产的，还是非本期生产的，只要是本期销售出去的均包括在内。企业为本单位基本建设部门、生活福利部门等提供的产品和工业性作业及自制设备也应视同销售，这部分也应作为销售统计。

资产总计　指企业过去的交易或者事项形成的、由企业拥有或者控制的、预期会给企业带来经济利益的资源。资产一般按流动性分为流动资产和非流动资产，其中流动资产可分为货币资金、交易性金融资产、应收票据、应收账款、预付款项、其他应收款、存货等；非流动资产可分为长期股权投资、固定资产、无形资产及其他非流动资产等。

负债合计　指企业过去的交易或者事项形成的、预期会导致经济利益流出企业的现时义务。负债一般按偿还期长短分为流动负债和非流动负债。

所有者权益合计　指企业资产扣除负债后由所有者享有的剩余权益。公司的所有者权益又称股东权益。包括实收资本、资本公积、盈余公积、未分配利润等。

主营业务收入　指企业确认的销售商品、提供劳务等主营业务的收入。

利润总额　指企业在一定会计期间的经营成果，是生产经营过程中各种收入扣除各种耗费后的盈余，反映企业在报告期内实现的亏盈总额。

应交增值税　指企业按税法规定，从事货物销售或提供加工、修理修配劳务以及进出口货物实现的增值额，企业在报告期内应交纳的税金。应交增值税不含期初末抵扣税额。

（九）商　　业

社会消费品零售总额　指企业（单位、个体户）通过交易直接售给个人、社会集团非生产、非经营用的实物商品金额，以及提供餐饮服务所取得的收入金额。个人包括城乡居民和入境人员，社会集团包括机关、社会团体、部队、学校、企事业单位、居委会或村委会等。

批发和零售业单位　指在流通环节主要从事商品批发活动和零售活动的单位。

商品购进额　指从本企业（单位）以外的单位和个人购进（包括从国外直接进口）作为转卖或加工后转卖的商品金额（含增值税）。本指标反映批发和零售业从国内外市场上购进商品的总量。

商品销售额　指对本企业以外的单位和个人出售的商品金额（包括售给本单位消费用的商品，含增值税）。本指标反映批发和零售业在国内市场上销售商品以及出口商品的总量。

餐饮业企业　指在一定场所，专门从事对食物进行现场烹饪、调制，并出售给顾客主要供现场消费服务活动的企业。如各种饭馆、中西餐厅、酒馆、茶馆和火车餐车、车站食堂、飞机场餐厅等。

住宿业企业　指有偿为顾客提供临时住宿服务活动的单位，如旅游饭店、宾馆、酒店和旅馆、旅店等。

（十）对外贸易

进出口总值　指实际进、出我国海关并能引起我国境内物质资源增加或减少的进出口货物总金额，包括我国境内法人和其他组织以一般贸易、易货贸易、加工贸易、补偿贸易、寄售代销贸易等方式进出口的货物、租赁期一年及以上的租赁进出口货物、边境小额贸易货物、国际援助物资或捐赠品、保税区和保税仓库进出口货物等的金额合计。进出口总值是观察一个国家在对外贸易方面的总规模。我国规定出口货物按离岸价格统计，进口货物按到岸价格统计。

实际利用外商直接投资额　指批准的合同外资金额的实际执行数，外国投资者根据批准外商投资企业的合同（章程）的规定实际缴付的出资额和企业投资总额内外国投资者以自己的境外自有资金实际直接向企业提供的贷款。

（十一）旅　　游

入境旅游者　指来中国（大陆）观光、度假、探亲访友、就医疗养、购物、参加会议或从事经济、文化、体育、宗教活动，且在中国（大陆）的旅游住宿设施内至少停留一夜的外国人、港澳台同胞等游客。入境旅游者不包括以下人员：（1）应邀来华访问的政府部长以上官员及其随行人员；（2）外国驻华使领馆官员、外交人员以及随行的家庭服务人员和受赡养者；（3）常住中国（大陆）一年以上的外国专家、留学生、记者、商务机构人员等；（4）乘坐国际航班过境不需要通过护照检查进入中国（大陆）口岸的中转旅客；（5）边境地区往来的边民；（6）回大陆定居的港澳台同胞；（7）已在中国（大陆）定居的外国人和原已出境又返回在中国（大陆）定居的外国侨民；（8）归国的中国（大陆）出国人员。

（十二）价格指数

居民消费价格指数　指度量消费商品及服务项目价格水平随着时间而变动的相对数，反映居民家庭购买的消费品及服务价格水平的变动情况。居民消费价格指数变动率通常被用来作为反映通货膨胀（或紧缩）程度的指标。

工业生产者出厂价格指数 指反映全部工业产品出厂价格总水平变动程度的相对数，包括工业企业售给商业、外贸、物资部门的产品，还包括售给工业和其他部门的生产资料以及直接售给居民的生活消费品。通过工业生产价格指数能观察工业产品出厂价格变动对工业总产值的影响。

工业生产者购进价格指数 指反映全部工业原材料、燃料、动力购进价格总水平变动程度的相对数，用以观察和研究工业企业原材料价格变动对生产的影响，以及企业对原材料涨价的消化能力和承受能力，为制定价格政策提供依据。

（十三）城乡居民收支

可支配收入 指调查户在调查期内获得的、可用于最终消费支出和储蓄的总和，即调查户可以用来自由支配的收入。可支配收入既包含现金，也包括实物收入。按照收入的来源，可支配收入包含四项，分别为：工资性收入、经营净收入、财产净收入和转移净收入。

消费支出 指调查户用于满足家庭日常生活消费需要的全部支出，包括用于消费品的支出和用于服务性消费的支出。根据用途不同，消费支出可划分为食品烟酒、衣着、居住、生活用品及服务、交通通信、教育文化娱乐、医疗保健、其他用品及服务八大类。

（十四）教　　育

普通高等学校 指按国家规定的设置标准和审批程序批准举办的，通过国家统一招生考试，招收高中毕业生为主要培养对象，实施高等教育的全日制大学、独立设置的学院和高等专科学校、短期职业大学。

毕业生数 指上学年度内具有学籍的学生学完教学计划规定的全部课程，考试及格，取得毕业证书，实际毕业的学生数。不包括结业生和肄业生数。

招生数 指新学年开始时，按照国家计划实际招收入学的新生数，不包括留级生和复读学生数。

在校学生数 指学年初开学以后，具有学籍的注册学生数。

专任教师 指主要从事教育工作的人员。包括临时（一年以内）调去帮助做其他工作的教学人员。不包括调离教学岗位，担任行政领导工作或其他工作的原教学人员；不包括兼任教师和代课教师。

（十五）文化、科技

公共图书馆藏书 指各级文化部门举办的面向社会服务的独立的图书馆（不包括文化馆的图书室，也不包括文化系统以外的图书馆）藏书数量。

专利申请量 指企业在报告年度内向专利行政部门提出专利申请并被受理的件数。

专利授权量 指企业在报告年度内获得专利行政部门授权的专利的件数。

（十六）卫生、体育

卫生机构 指从卫生行政部门取得《医疗机构执业许可证》，或从民政、工商行政、机构编制管理部门取得法人单位登记证书，为社会提供医疗保健、疾病控制、卫生监督服务或从事医学科研和医学在职培训等工作的单位。

卫生技术人员 指由卫生机构支付工资的全部固定职工和合同制职工中现任职务为卫生技术工作的专业人员，不包括从事管理工作的人员。

执业医师和注册护士 指领取医师执业证书和注册护士证书的人员，不包括从事管理工作的医师和护士。

体育场地 指专门用于体育训练、比赛和健身活动的，有一定投资的公益性或经营性体育建筑设施，包括必要的附属功能用房。

（十七）社会福利

优抚对象 依照法律和政策的规定，享受国家、社会和群众抚恤优待的人员，包括中国人民解放军（包括中国人民武装警察部队）现役军人、革命伤残人员、复员退伍军人、革命烈士家属、因公牺牲军人家属、病故军人家属、现役军人家属。

社会救助对象总人数 指在报告期末生活在当地规定的最低生活保障线以下的家庭人员及国家规定由民政部门救济的特殊人员和上世纪60年代精简退职老职工救济人员等。

城市居民最低生活保障人数 指报告期末家庭平均收入在当地规定的最低生活保障线以下的城镇居民数，包括“三无”对象、失业人员和在职、下岗、退休人员等。

农村居民最低生活保障人数 指报告期末在建立农村最低生活保障制度的地区，得到当地政府或集体给予最低生活保障的农业人口家庭人数。

参加基本养老保险人数 指报告期末按照国家法律、法规和有关政策规定参加基本养老保险并在社保经办机构已建立缴费记录档案的职工人数，包括中断缴费但未终止养老保险关系的职工人数和参加基本养老保险的离休、退休和退职人员的人数，不包括只登记未建立缴费记录档案的人数。

参加基本医疗保险人数 指报告期末按国家有关规定参加基本医疗保险的人数，包括参加保险的职工人数和退休人员数。

参加失业保险人数 指报告期末按照国家法律、法规和有关政策规定参加了失业保险的城镇企业事业单位的职工及地方政府规定参加失业保险的其他人员的人数；参加失业保险人数为参加失业保险的职工人数。

社区服务机构数 指报告期末社区服务站、社区服务中心、其他社区服务设施的总和。

（十八）开发区

已开发土地面积 指在规划范围内达到“七通一平”标准的，具备进行房屋建筑物施工或出让条件的土地面积。

已供应土地面积 指开发区内通过各种方式获得土地使用权的土地面积，包括出让、划拨、租赁等。

总收入 指企业全年的生产产品销售收入、技术性收入和与本企业产品相关的商品的销售收入、其它收入等各种收入的总和，等于主营业务收入加上其他业务收入。总收入应按不含增值税的价格计算，不包括补贴收入、营业外收入、投资收益。

总投资 指批准的合同（章程）规定的投资总额。

注册资本 指为设立经营企业在工商行政管理机关注册的资本总额。

合同外资金额 指批准的合同（章程）中，外商和港、澳、台商的出资额。

外商实际投资 指按合同规定的外方和港、澳、台方以现金、实物、工业产权及专有技术的计价实缴资本投资额。

出口交货值 指工业企业自营（委托）出口（包括销往香港、澳门、台湾地区）或交给外贸部门出口的产品价值，以及外商来样、来料加工、来件装配和补偿贸易等生产的产品价值。

应缴税金总额 指企业按国家规定应向税务机关缴纳各种税金的总额。主要包括应交增值税、应交所得税、营业税金及附加、管理费用中的税金等。

普通高等教育“十二五”规划教材

MATLAB教程及实训 第2版

曹弋 ◎ 主编

机械工业出版社
CHINA MACHINE PRESS

MATLAB教程及实训 第2版 曹弋 主编

机械工业出版社
CHINA MACHINE PRESS

Black

13-12-13 下午4:50